'노유진의' 할말은 합시다

정의가 부재한 사회에 던지는 통렬한 질문

'노유진의' 할말은 합시다

노회찬 + 유시민 + 진중권 지음

쉼

시작하며

나는 오늘도 꿈을 꾼다

〈노유진의 정치카페〉는 나에게 정치교과서다. 분석의 심도와 밀도는 타의 추종을 불허하는 지경이다. 그런데 '교과서'라는 비유가 다소 진부하다. 또 약하다. 권부(權府)부터 노동자, 농민의 세계까지를 꿰뚫는다는 점에서 사드 레이더망과 비교해봄이 어떨까. 미국, 중국, 조야(朝野)의 영욕마저 살피는 통찰력에 따르면 ICBM(대륙간 탄도미사일)의 기운마저 느껴지기도 한다. 아니, 안드로메다에 있는 박근혜 각하의 속내까지 간파하는 걸로 봐서는 북괴 광명성의 위용을 상상하게 한다. 그래, 이 정도로 정리해야겠다. '실로 1,000대의 컴퓨팅을 가동한다는 AI(인공지능)가 어찌 세 사람의 촉을 능가할 수 있을까 싶다'로.

특정 정당에서 만드는 팟캐스트라 '당리당략을 위해 사실을 비트는 기만술만 있는 건 아니냐'고 물을 수도 있을 것이다. 자당 정치인을 출연시켜 정책대안을 제시케 하는 등 홍보기능을 수행하긴 한다. 그러나 노유진 세 사람이 입버릇처럼 '작은 정당' '약한 존재감'을 자조하는 걸 보면, 정의당의 자백방송이라는 우려는 기우임을 확인하게 된다. 스스로 자임했듯이 야권공영방송의 기능도 수행한다. 그래서 많은 이들은 정의당이 대한민국 대안정당으로서의 실력을 갖춰가고 있는지 주시한다.

〈노유진의 정치카페〉 진행자인 세 사람의 명성과 지성, 입담은 추가로 설명할 필요가 없다. 다만 세 사람에 대한 내 주관적 인상의 첫 부분은 이러하다.

우선 노회찬. 1972년 10월 유신과 함께 '국회해산'이 발표되자 '국회해산은 대통령 권한 밖'이라는 학교 수업 내용과 현실이 이격됐음을 확인한다. '왜 이럴까'로 시작한 의문은 숱한 고초와 영욕을 겪으면서도 진보정치의 한길을 걷게 한 동력이 됐고, 이로써 '시대의 답변자' 노회찬을 완성케 했다.

다음 유시민. 그는 남의 글과 말에 세심히 귀를 기울인다. 뉴스의 주체가 어떤 말을 했는지, 어떤 글을 썼는지 세밀하게 분석하는 노력은 〈노유진의 정치카페〉에서 가장 빛나는 부분이다. 궤변, 허언, 막말도 가리지 않고 해부대 위에 올린다. 그는 '말과 글로써 자기 생각을 표현하지 못하는 권력자는 폭군이 될 가능성이 크다'고 했다. 글을 쓸 시점을 기준으로 우리는 이를 8년에 걸쳐 확인해오고 있다.

마지막으로 진중권. 그는 진보에서 엄숙주의를 깬 선구자다. 통상의 미학자가 사조와 예술에 치중하는 때, 그의 지평은 이미 사회현실 전반에도 확대됐다. 거침없는 직언으로 이름 높은 그는, 자신에게 한 번 당한 어느 누군가 《싸가지 없는 진보》라는 책을 썼을 때 최고의 동기부여자로 손꼽았다. 그는 진보정당이란 진보정당에는 모두 참여했다. 공직선거 후보자로 나서지 않았지만, 그에게 정당은 생활이며 또한 소비다. 정의당이 선도를 잃는다면 가차 없이 당적을 파낼 수 있다.

그가 정의당 팟캐스트에서 여전히 큰 역할을 하고 있다는 건 정의당이 그만큼 희망이 있는 정당이란 뜻은 아닐지. 아니면 출연료가 세든가.

각양각색의 세 사람의 일치된 철학은 '야만의 세상으로 돌아갈 수 없다'이다. 그래서 상상한다. 〈노유진의 정치카페〉는 매 월요일마다 아는 즐거움 또 꿈꾸는 즐거움을 제공해줬다. 그리고 나는 이것이 〈노유진의 정치카페〉만이 아닌, 언젠가는 매일의 진보정치로 확장되기를 꿈꾼다. 때로는 나 또한 땜빵으로나마 참여할 수 있어 영광이었다. 진보정치가 천덕꾸러기가 돼버린 비루한 오늘이지만, 그래도 나는 다운로드로써 그 꿈에 다시 한 번 동참한다. 〈노유진의 정치카페〉도 이 책을 읽는 독자 여러분도, 우리 모두 파이팅이다.

김용민 **국민TV PD**

차례

제2부

이면의 세상을 파헤치다

'해봤자 소용없다' '그것은 지혜로운 삶의 방식이 아니다' 이런 식으로 계속 주입되고 세뇌되는 면도 있는 것이고, 그 반면에 '아니다. 그럼에도 불구하고 싸워야 한다'는 목소리가 있고 그렇게 서로 대립하고 있는 상황이죠. 하지만 포기할 이유도 없고, 패배주의를 넘어서려면 끊임없이 시도를 해야 하죠.

제1부 노유진, 입을 떼다

1.

여전히 현재진행형인 불가침의 성역

나라 좀먹는 1조: 특수활동비

정치카페 65편 1부 ● 2015년 8월 31일

노회찬 + 유시민 + 진중권

유시민 2015년 8월 31일입니다. 여름이 거의 지난 것 같지만 그래도 아직은 늦더위가 좀 남아 있습니다. 안 그래도 더운데 짜증 나는 일이 꽤 많죠. 지금 국회 본회의가 안 열리고 오늘 파행이 되는 것 같은데요, 정부의 특수활동비 문제로 여야가 다투고 있습니다. 그래서 오늘은 특수활동비에 대해서 좀 알아볼까 합니다.

진중권 네, 특수활동비라고 하니까요 저는 떠오르는 게, 뭔 놈의 특수활동인가, 어떤 활동이 특수활동인가? 보통 사람들이라면 직장인들 몰래 룸살롱 가는 활동? 정부 차원에서도 이렇게 말하기 힘든 무슨 활동이 있나 보죠?

유시민 있죠. 노 대표님도 들어보셨죠? 특수활동비라는 거에 대해서.

노회찬 그렇죠. 일종의 합법적인 예산인데, 어디에 쓰는지 어떻게 쓰는지를 알리지 않고, 보고할 의무가 합법적으로 면제된 비용을 이야기하는 거죠.

진중권 공개가 안 되니까 그걸로 나쁜 짓을 할 수 있는 거잖아요. 그리고 사적으로 그걸 갖다가 자기네들이 맘대로 써먹을 수도 있는 거고요. 그런데 왜 이런 게 필요해요?

유시민 기획재정부의 2014년 '예산운용계획 집행지침'에 의하면 이렇게 정의하고 있어요. '특수활동비란 기밀유지가 요구되는 정보 및 사건 수사, 기타 이에 준하는 국정수행활동에 직접 소요되는 경비를 말한다.' 말하자면 이런 거예요. 특수활동을 수행하는 사람한테는 필요할 때 지급해야 돼요. 지금 당장 대북공작 같은 걸 들어가야 하는데 절차가 번거로우면 언제 결재받아요? 필요한 시기에 지급해야죠. 그런데 구체적인 지급대상이나 방법이나 지급하는 시점 등은 각 중앙관서가 개별적인 업무특성을 감안해서 알아서 결정하라는 거예요.

진중권 멋대로 하라는 거네요?

유시민 '장관 맘대로 해' 그거예요. 그래도 국가 돈을 쓴 건데

증빙서류가 남아야죠. 이건 감사원에서 만든 '특수활동비에 대한 계산 증명지침'이라는 게 있어요.

진중권 있긴 있군요.

유시민 네, 있어요. 그런데 이 지침에 따르면 '각 중앙관서의 장은 이 지침의 취지에 맞게 현금사용을 자제하고…' 자제하래. '불가피하게 현금사용을 할 때도 경비집행의 목적달성에 지장을 받을 우려가 있을 때만 현금을 집행하고, 그런 믿음 아래 집행내용확인서는 생략하고…' 복잡하게 이야기했는데 간단하게 말하면….

진중권 '내가 너를 믿을 테니 네가 알아서 좀 해라' 이거죠?

유시민 네, 그런 거고요, 증빙서류라는 것은 이 돈을 갖다 쓴 사람이 돈을 받았다는 수령증 서명만 남는 거예요. 우리 진중권 교수가 장관이고 내가 특수활동하는 사람이야. 내가 '저, 특수활동비 1억 원 필요한데요' 하면 1억 원을 줘요. 그러면 '1억 원 받았습니다'라고만 쓰고, 그 1억을 어디에 썼는지는 아무 기록을 남기지 않아도 돼요.

노회찬 사실 예산을 쓰면 보고하게 되어 있잖아요. 그리고 어떻게 썼는가를 증명하게 되어 있죠. 예산을 쓴 걸 보고하는 과정에서 무슨 일을 했는지가 드러나게 되어 있어요. 그런데 드러나지 않는 게 더 좋겠다고 판단되는 공무집행이 있을 수 있는 거예요. 수사라든가 기밀, 예를 들면 형사들이 어떻게 수사했고 어디에 숨어서 그동안 뭘 사 먹었는지 이런 것이 있잖아요. 그런 것 중에는 보고하지 않는 게 오히려 더 나은 것이 있을 수 있는 거죠. 그런 걸 말하는 건데… 특수활동비 총액이 얼마 정도 되죠?

유시민 추산하기에 따라 다른데요. 공식적으로 나온 것은 한 8800억이고요, 실제로는 한 연간 1조 원이 넘어가는 규모입니다.

노회찬 2015년 기준으로 우리나라 전체 예산이 375조인데, 그중에 1조예요. 특수활동으로 인정되는 부분은 원래는 아주 적은 부분이에요. 그런데 이걸 들여다보면 과연 정당한 특수활동에 쓴 건지를 가려내기가 굉장히 어려운 거죠.

진중권 아무리 비밀유지를 한다고 하더라도 1조씩이나 해야 하는…. 이거 이상한 나라죠? 1조씩이나.

노회찬 그래서 그 구체적인 것을 지금 따져보자는 거죠.

유시민 진 교수가 국정원장이고 내가 국정원 요원이에요, 유 땡땡이. 유 땡땡 국정원 요원한테 특수활동비 1억 원을 줬어요. 내가 사인을 했어, 1억 원 받았다는 걸. 그러면 국정원 회계처리에는 1억 원이 정당하게 집행된 걸로 나오겠죠. 그런데 내가 그 돈을 가지고 실제 특수활동에 썼을 수도 있고, 우리 집사람 갖다 줬을 수도 있지.

진중권 입장을 바꿔놓고 생각을 해봐요. 내가 1억을 받았는데 아무것도 할 의무가 없는 거야, 그러면 어떡하겠어요? 나처럼 도덕성이 높은 사람도 헷갈리고 벌써 고민되기 시작하는데.

유시민 노 대표님도 과거 젊은 시절에 이 특수활동비로 밥 좀 잡숴보지 않았어요? 저는 밥 여러 번 얻어먹었는데…. 보안사, 안기부, 경찰 이런 데서요. 그때 80년대에도요, 안기부가 밥을 제일 잘 사주더라고요. 일식집 이런 데 가서 참치회 같은 거 사주더라고.

진중권 같이 밥을 먹다 보면 '진 교수는 왜 그렇게 먹어본 게 없냐'면서 나를 굉장히 불쌍하게 생각하더라고요. 보니까 이게 다 특수활동비로 먹은 거였네.

유시민 이런 게 다 특수활동비예요. 특수활동비가 얼마쯤 되는지 궁금하시죠? 제가 자료를 좀 뒤져봤는데요, 일목요연하게 나오는 데이터를 찾기가 어렵더라고요. 제가 이제 국회 예산결산 서류를 가지고 있질 않아서…. 우선 2013년도 거를 보니까 한 8500억 정도 돼요. 그중에서 제일 많은 데가 국가정보원이에요, 4566억 원.

진중권 절반 이상이네요.

유시민 네, 반이 훨씬 넘죠. 한 55퍼센트 정도를 국가정보원에서 쓰고 있고요. 그다음 많이 쓰는 데가 국방부예요, 1634억 원. 그다음이 경찰청이에요, 1180억 원이요. 그리고 대통령비서실 · 국가안보실 95억 원, 경호실 89억 원, 대통령실 72억 원, 감사원도 38~39억 원 정도 썼고요, 그다음에 법무부가 또 많아요. 법무부가 256억 원이에요. 여기는 검찰청에서 많이 쓰는 거 같고요. 그리고 의외의 부처들도 있어요, 미래창조과학부요!

진중권 거긴 또 왜.

유시민 여기가 43억 원이 넘어요. 외교부, 통일부도 각각 8억, 14억 정도 됐고요. 방송통신위원회는 왜 있나 몰라? 국세청도 물론 54억 정도 있고요. 교육과학기술부도 있어요, 14억 원 정도. 청와대 특임장관실 14억 원. 장관이 특수활동비를 한 달에 1억 원 넘게 제 마음대로 쓰는 거예요. 국회에도 87억 원 있고요, 국회가 전체의 1퍼센트 정도 갖고 있다가 문제가 됐죠. 이렇게 해서 전체가 8500억. 이게 2013년도 국가결산보고서에 나와 있는 거고요 2014년, 2015년도 비슷해요. 조금씩 늘어서 2014년에는 8671억, 2015년에는 8826억, 그 정도 돼요. 보건복지부에는 특수활동비 없어요. 나 있을 때는 없었어요. 복지부장관이 현금으로, 영수증 첨부 안 하고 기록만 남기고 쓸 수 있는 돈은 월 300만 원이었어요.

진중권 그렇습니까?

유시민 300만 원 갖고 운전하는 비서가 일이 많기 때문에 50만 원 더 줬고요. 수행사무관, 5급 사무관이 또 지방출장 다 따라다니니까 퇴근할 때 50만 원 주고요. 나머지 200만 원은 기관 방문, 시설 방문할 때 금일봉 있죠? 30만 원씩밖에 못 넣었어요. 돈이 없어가지고. 옛날에는 돈 100씩 넣었다는데….

노회찬 30만 원은 금일봉이 아니에요. 금일봉이라는 말의 어원이 금 한 봉지거든.

유+진 하하하!

유시민 사실 이것만 있는 게 아니고요, 더 있어요. 미래창조과학부에서 관리하는 정부예산 예비비가 있죠? 전체 예산의 1~2퍼센트를 예비비로 편성해놓거든요. 그 예비비에서 국정원이 한 해에 3500억 내지 4000억 원을 갖다 써요.

진중권 그러니까 국정원에서 한 1조 원 쓴다는 얘기잖아요.

노회찬 더 쓰죠.

유시민 국방부의 사이버사령부, 기무사령부에 있는 특수활동비, 또 해양경찰청 특수활동비 등등은 그 부처에 편성되어 있는 특수활동비인데, 실제 쓰는 곳은 국정원이에요.

노회찬 분식회계처럼 나눠서 감춰둔 거죠.

유시민 국정원이 예비비에다가, 또 각 부처에 숨겨놓은 특수활동비까지 합치면 이게 정식 편성되어 있는 4600억 원만큼 된다는 거예요. 즉 국정원이 연간 약 1조 원 규모의 특수활동비를 쓰고 있는 거죠. 그런데 이게 불법은 아니에요. 1963년 박정희 대통령 시절에 예산회계특례법이라는 것을 만들었는데요, 그때 중앙정보부의 안보활동경비를 기획재정부의 예비비로 편성할 수 있도록 근거조항을 만들어놨어요. 이 조항에 의해서 국정원 예산은 아무 세부내용 없이 총액만 한 줄로 국회 정보위에 통보할 수 있도록 그렇게 돼 있지요. 이게 살아 있는 화석 같은 거예요. 박정희 대통령 시절 중앙정보부의 특혜, 그게 특례법으로 만들어져서 지금까지 살아남은…. 국정원 예산 전체가 이런 식으로 편성되어 있어서 사실상 특수활동비로 1조 원을 쓰고 있는 거죠.

진중권 특수활동비라는 것이 몇십 년 동안 이어온 관행인데 왜 지금 논란이 되고 있나요?

유시민 사실 여러 군데에서 문제가 불거졌어요. 우선 몇 년 전으로 돌아가면, 노무현 전 대통령 검찰수사 때 전 총무비서관 정상문 씨가 청와대 특수활동비 횡령으로 구속된 적이 있어요. 13억 원 정도인가를 밖에 빼놓은 거예요. 이런 일이 가능해요, 총무비서관 자신이 수령한 것으로 하고 그 돈을 어디에 쓰는지는 알리지 않아도 되니까요. 야금야금 조금씩 몇 년 동안 빼서 모아놨는데요, 이걸 빼놓은 이유는 노무현 대통령이 재산이 없기 때문에 퇴임 후에 지출을 감당하기 어려울 거라고…. 그래서 자기가 모아놓은 거죠. 그런데 퇴임 후에 이 문제가 드러났을 때 노 대통령이 “친구가 한 일은 내 책임이다” 이렇게 이야기를 했죠. 그때 청와대의 특수활동비 집행내역을 이명박 검찰이 다 뒤졌어요. 성역은 아니라는 뜻이에요. 그다음 지난번에 홍준표 경남지사가 그 리스트, 누구 리스트예요?

진중권 성완종리스트?

유시민 네, 그때 홍준표한테 얼마 줬다는 거요.

진중권 그거 성완종이 준 돈 아니에요?

유시민 그런데 그 돈이 성완종이 준 돈이 아니고, 국회위원장 특수활동비를 모아서 부인한테 줬다가 나중에 썼다고 했죠.

진중권 그런데 그것도 일종의 공금횡령이라고 이야기가 나왔었죠.

유시민 그리고 지난 대선 때 댓글공작 사건 때문에 시끄러웠잖아요. 군 사이버사령부의 대선 댓글공작에 국정원의 특수활동비가 지원됐다는 사실이 드러난 바 있죠. 또….

진중권 십알단 문제.

유시민 네, 그 등등에요. 박근혜정부의 청와대 특수활동비도 규모는 좀 나타나 있어요. 2014년도에 275억 원이었거든요. 전체 1700억 중에서 16.2퍼센트가 특수활동비예요. 청와대 정원이 993명이니까 1인당 2770만 원인 셈이죠.

진중권 와! 세다.

유시민 사실 저희가 집권하고 있을 때는 노무현 대통령이 이 돈 남아가지고요, 행정관들 새벽부터 출근해서 일은 많고 월급은 적다고, 수시로 행정관들 보너스로 나눠줬어요.

진중권 그런데 이게 논리적으로 문제가 좀 있는 것 같아요. 한편으로는 이런 제도가 필요한 부분이 분명히 있잖아요. 하지만 다른 한편으로는 그걸 인정하게 되면 통제가 안 되는 부분이 논리적으로 생길 수밖에 없는 거예요. 말하자면 그 돈으로 십알단 알바를 쓰거나, 사적으로 유용하거나.

유시민 1조 원 집행된 특수활동비 중에 진짜 특수활동에 들어간 돈과 개인적으로 유용한 돈의 비율이 어떻게 될까요? 모르는 일이죠, 데이터가 없으니까. 노 대표님 생각에는 어떨 거 같아요?

노회찬 허허, 글쎄. 사실 지금 특수활동비 전체가 다 문제이긴 하지만 문제의 핵심은 국정원 문제예요. 국정원 예산은 일단 공식적인 자기 예산과 비공식적인 예산으로 나뉘는데요, 공식적인 예산은 통으로 '특수활동비'라고 되어 있어요. 아까 말씀하신 4000억 원에서 5000억 원 정도 액수가 통으로 특수활동비예요. 그렇지만 국정원의 경우에도 외부에 밝혀져도 상관없는 경상비용 등이 꽤 있는데 전체가 특수활동비로 되어 있다는 것이 문제인 거고, 그래서 국정원 예산과 관련된 법률을 개정하자는 것이 야당의 요구거든요. 게다가 아까 말씀하신 기획재정부 예비비, 또 경찰청 예비비도 있어요. 제가 법무부 법사위에 있을 때 '법무부 예산 중에도 숨어 있다' 해서 논란이 일었고, 이렇게 곳곳에 숨어 있는데요. 이런 걸 다 합치면 5000억 이상 된다고 보고 있거든요. 이게 다 국정원 예산인데, 예산 감시 자체가 제대로 안 되기 때문에….

유시민 불가능하죠. 제대로 안 되는 게 아니라, 아예.

노회찬 그렇죠, 전혀 안 되고 있는 거죠. 100퍼센트 안 되고 있는 거지. 실제로 국가안보라든가 아주 고도의 기밀을 요구하는 사업들이 있어서 특수활동비로 처리해줘야 하는 부분도 있을 수 있다고 봐요. 그러나 이렇게 예산 전체를 갖다가 특수활동비로 책정하고, 게다가 본예산보다 더 큰 규모의 돈이 각 부처에 숨어 있는 이런 상태의 예산운영은 굉장히 문제가 있는 거죠.

유시민 항간에 장관을 한 번 지내면 평생 먹을 거 마련해놓는다는 소문이 있잖아요? 들어보셨죠? 그래서 장관이 연금을 받는다고 오해를 하시는데, 직업공무원에서 장관이 된 사람들은 공무원연금을 받는 거예요. 그런데 외부에서 장관이 된 사람들은 연금이 없어요. 공무원 20년 해야 연금을 받는데 장관은 보통 1년, 2년 하기 때문에 장관연금이라는 게 따로 없어요. 그러니까 '장관 하면 평생 먹을 거 마련한다'고 하는 건, 이거 한편으로는 부패예요.

진중권 그렇죠.

유시민 뭐 봐주고 돈 받는 거. 이거는 아주 쉬워요, 마음만 먹으면 안 들키고 할 수도 있고. 제가 장관을 해보니까 알겠더라고요. 규제 권한이나 이런 걸 어떻게 행사하느냐에 따라서 아무 표시 나지 않게 어떤 기업에 이익을 줄 수도 있고, 그 반대급부를 내가 직접 받는 게 아니라 아는 사람을 통해서 받으면 얼마든지 가능하겠더라는 거죠. 다른 한편으로는 이 특수활동비가 문제예요. 1997년 정권교체가 되기 전까지는 안기부에서 비공개지만 공식적으로 장관실에 매월 돈을 줬어요. 청와대 비서실에도 줬고요. 제가 들은 바로는 좀 큰 부처에는 3억 원을 줬다고 그러고요, 좀 적게 주는 데는 2억 원을 줬대요.

3억 원을 받으면 3분의 1, 그러니까 1억 원은 잘라서 대변인실로 보냈대요. 기자실이죠, 그 당시에는. 그러니까 그거 월 1억 원을 가지고….

진중권 기자들 촌지 주는 거예요?

유시민 기자들 생일이며 가족들 생일도 챙겨줘야 하고, 휴가비도 줘야 하고, 골프 접대도 해야 하고, 저녁에 술도 사야 하고, 어디 편집국 부장 찾아가서 선물도 줘야 하고. 이런 거는 예산으로 할 수가 없는 거예요. 발렌타인 30년, 이런 거를 어떻게 예산으로 하겠어요?

진중권 예산. 발.렌.타.인. 30년. 하하!

유시민 나머지 3분의 1은 그 밑에 직원들과 기관들에게 격려금 형태로, 일 많이 하는 곳 있죠, 그런 데 업무추진비를 보완해주는 개념으로 돌리고요. 나머지 3분의 1은 정치적으로, 정무적으로 썼대요. 그러니까 국회의원 보좌관들 촌지 주고.

진중권 그럼 자기가 먹는 거는 아니네요?

유시민 장관 중에는 제가 먹는 놈도 있지!

노+진 그러니까 그 정도로만 써도 모범이라는 거죠.

유시민 아무도 알 수가 없는 거예요. 이게 언제 처음 드러났느냐면 김대중 대통령이 98년도에 취임해서 미국 방문인가… 처음으로 해외출장을 나갔어요. 그런데 안기부에서 돈이 막 10억인가 20억인가가 온 거야, 비서실로. 그게 대통령에게 보고가 됐어요. 대통령이 '이게 뭐야' 그러니까 '관례적으로 주던 건데요' 했죠. 그럼 그 돈으로

이 특수활동비가 처음 드러난 건
김대중 대통령 때였어요.
98년에 취임에서
첫 해외출장을 나갔는데,
안기부에서 비서실로
10억인가 20억인가 들어온 거예요.
대통령이 '이게 뭐야' 그러니까
'관례적으로 주던 건데요' 했죠.
이 돈을 사용한 내역을 보면
다 권언유착, 부패와 관련돼 있어요.
국가예산으로 권력기간 사이의
유착과 부패를 북돋우는 데
쓴 거예요.

유시민

어디다 쓰라는 얘기냐, 대통령 가지라는 게 아니에요. 수행기자단부터 시작해서 많잖아, 거기에 다 뿌리라는 이야기예요. 순방 중에 저녁때 술대접도 해야 하고 말이죠. 각 부처에서 이 돈을 쓴 내용을 들여다보면 다 권언유착, 부패, 이런 거하고 관련돼 있어요. 국가예산을 가지고 권력기관 사이의 유착과 부패를 북돋우는 데 쓰는 거예요. 지금도 좀 있긴 한데 예전에는 교육부에도 많았어요, 이 특수활동비가. 왜냐하면 대학생들 학생운동 감시하느라고.

진중권 애들 밥 사주고?

유시민 아뇨, 각 대학에 학생처장들 있잖아요. 그 밑에 교직원 중에는 사실상 학생들을 감시하는 일을 하는, 정보기관의 보조업무를 하는 직원들이 있었어요. 학생처장단 대책회의를 한번 소집하면 봉투를 쫙 줬대요. 그럼 학생처장들은 그 봉투를 가지고 와서 학교 내에서 학생들을 감시하는 직원들한테 또 봉투를 푸는 거예요. 이런 식으로 특수활동비를 썼기 때문에 제가 독재의 유산이라고 말하는 거예요. 이게 다른 부처는 거의 다 없어졌는데 공안부처를 중심으로 남아 있고요. 미래창조과학부에 특수활동비가 왜 있어요? 경제관료들인데. 맨날 기업에 접대를 받고 다니는 사람들인데 특수활동비가 왜 있냐고요.

노회찬 감사원 규정을 보면 그렇습니다. 특수활동비가 되려면 경비사용 내용을 밝힐 경우 경비사용 목적에 어긋나는, 그 목적에 지장을 주는 경우… 그러니까 행위 자체를 감추어야 될 필요가 있는 공무집행일 때죠.

유시민　그렇죠, 기자 접대 그런 거는 밝히면 안 되잖아….

노회찬　그런 말도 있었죠. 뭐, 박정희정권 말기에 중앙정보부 직원이 아닌 정보원들이 한 20만 명 된다는.

유시민　지금도 많아요. 지금 댓글요원들 다 비정규직….

노회찬　그 시절에 그런 비공식적인 활동을 위한 막대한 자금을 이런 식으로 만들었던 거죠.

유시민　이 특수활동비는 국민의 세금을 가지고 조성한 돈으로 개인 비리를 북돋우고요, 그다음에 권언유착을 비롯한 각종 부정부패를 배양하고요, 국가기관의 불법행위를 재정적으로 뒷받침하는 원천이 되는 거거든요. 심각합니다. 이게 큰 문제예요. 국민 돈으로 국가를 타락시키는 거니까요. 이게 처음 적발된 것이 1989년 정기국회 때예요.

진중권　그때 유 작가께서 좀 활약을 하셨죠.

유시민　이해찬 총리 초선 시절에 제가 보좌관을 할 때인데요, 예결위원에 들어갔어요. 그때는 메타데이터(metadata)가 없고, 막 386 컴퓨터 쓰기 시작할 때인데 엑셀 같은 걸로 정리돼 있질 않아서… 그때 안기부가 각 부처에 숨겨놓은 예산을 찾아 나섰는데, 이게 다 책자를 뒤져야 되는 거예요. 액수는 크고, 세부내역은 없고. 끝 번호가 특정한 숫자로 되어 있어서 그걸로 찾았어요. 예산 세목별로 일고여덟 자리로 조합된 번호가 있거든요, 그 끝 번호 세 자리가 같더라고요. 그걸 몇 명이 며칠 밤을 새워서 각 부처 거를 다 뒤져냈죠. 그리고 김대중 총재에게 보고를 했고. 김 총재가 의원들에게 지시를 해서 국정감사 어느 날인가에 일제히 각 부처에 숨겨져 있는 안기부 특수활동비를 뒤져서 그때 큰 이슈가 됐었어요.

진중권 그 후로 어떻게 됐나요? 뭐가 좀 개선이 되었거나 그런 게 있었어요?

유시민 액수가 계속 계속 줄어들었어요. 최종적으로 국민의 정부 때 들어와서 일반 부처에 숨겨놓은 것은 없어진 거고요.

진중권 그럼 지금 있는 거는요?

유시민 국정원 것만 남아 있는 거죠. 일반 부처도 대부분 없어졌지만 공안기관들, 그러니까 검찰, 경찰, 그리고 관세청, 국세청 이런 데는 남아 있고요. 국민을 통제하고 감시하는 기관들은 아직도 남아 있는 거예요. 국정원은 이름만 바뀌었지 안기부 때 예산 형태는 그대로 갖고 있는 거고.

노회찬 수사기능을 가지고 있는 데가 다…. 그게 이제 경찰, 검찰, 군수사기관. 국방부도 액수를 보면 군수사기관을 넘어선 범위의 보안사 이런 데서 군을 정치적으로 통제하는 그런 것에 다 쓰이는 거죠.

유시민 그러니까 이게 비천한 거예요, 어찌 보면. 비천한 거라고요. 돈으로 사람을 컨트롤하고 그런 데 쓰는 거거든요.

진중권　어떻게 해야 합니까, 이 문제를 해결을 하려면?

유시민　어떻게 할 수가 없죠. 각하께서 의지가 굳으신데 어떻게 하겠습니까?! 그러니까 국회는 우선 국회 것부터 없애버려야 해요. 다 업무추진비로 편성하든가 해서 목적과 사용내용을 못 밝히는 일은 하지 말고 밝힐 수 있는 일만 하라는 거야, 그리고 의원들 외유 나가는 데 경비 보태줬으면 보태줬다고 쓰면 되지, 왜 비밀로 하냐는 거예요. 그러니까 이런 건 다 문짝 달아놓고 뒤에서 구린 짓 하는 거라고! 그런데 국회 것만 없앤다고 될 문제가 아니기 때문에 특수활동비 제도 전체를 개선하기 위한 국회의 소위원회를 만들자 하는 거죠. 그러니까 여당은 '싫다, 김정은이 시키더냐' 이렇게 나오고 있는 거고요. 불법행위에 쓰이거나 혹은 횡령하는 것을 막기 위해서 제도개선을 하는 것에 대해 마치 북한을 이롭게 하자는 행위인 것처럼 색깔론을 펴고 있어요. 그다음에 '법 위반이다' 이렇게 말을 하는데요. 그러니까 법을 고치자는 얘기잖아요? 법을 고치기 위해서 소위원회를 만들자고 하는데 소위원회를 열어서 논의하는 것 자체가 법 위반이라고 주장을 하고 있는 거예요. 말 되나요, 이거?

노회찬　그럼 위헌판결을 내리는 헌법재판소는 뭐예요?

진+노　헌정 파괴범인 거지. 하하!

유시민　그렇게 되나, 논리가? 박홍근 의원이 낸 법은 국가재정법 개정안이에요. 여기에 특수활동비에 대한 확실한 규정을 두려고 하는 거예요. 국회가 특수활동비에 대해서 좀 들여다볼 수 있게. 사건 수사비나 안보활동비, 정보수집비 이런 특정영역으로라도 내역을 구분을 하고 집행내역은 국회 정보위원회에 제출하도록 하자는 건데, 이걸 국회의원들한테 보여주면 국가안보가 무너진다고 주장하면서 지금 여당 국회의원들이 거부하고 있는 상황입니다. 통제기능을 좀 더 강화시켜서 국가공무원들이 경각심을 가지고 불법행위나 횡령을 못 저지르도록 해야 하지 않나, 그런 취지예요. 그런데 지금 국회에서 이 개정안이 처리될 가능성은 별로 안 보이죠?

노회찬 내부적으로 그런 조직원 개개인의 일탈행위에 대한 감시체제는 다 되어 있어요. 가장 핵심적인 건 뭐냐 하면, 각 기관 주도세력에 의한 불법행위에 국가예산이 쓰이는 그 문제죠.

유시민 그렇죠, 횡령은 국민의 돈을 공무원이 도둑질하는 거니까 물론 문제지만, 더 적극적으로는 국가기관이 불법행위를 하는 것이 문제가 됩니다. 그런데 의심이 되죠. 극우적인 논조를 펼치는 어떤 인터넷매체들의 경우는….

진중권 왜냐면 경제적으로 이게 도저히 운영이….

유시민 불가능해요. 국정원이 이들을 먹여 살리고 있다는 의문. 그리고 그런 매체들을 대통령의 즐겨찾기에 올려놓지 않았을까? 이런 의문이 드는 거죠.

진중권 정의당에 특수활동비는 없어요?

유시민 특수활동비로 먹고 싶으면 국정원에 연락해야지…. 국내 담당 차장실로 연락해볼까? 왜 〈정치카페〉 밥 사주러 안 오냐고?

노회찬 이거 듣고 연락이 올 것 같은데….

진중권 이제 나 좀 타박하지 마요, 많이 못 먹어봤다고. 뭐 먹을 때 내가 감탄만 하면 '왜 이런 것도 못 먹어봤냐'고. 저는 특수활동비의 혜택을 받지 못해서 먹어본 게 많지 않습니다.

노회찬 특수활동비에 대한, 썼거나 먹었거나 하는 제보를 기다리죠.

2.

진실은
땅속에 묻을 수 없다

성완종 1막2장: 설계자

정치카페 47편 1부 ● 2015년 4월 20일

심상정 정의당 상임대표 + 노회찬 + 유시민

유시민 2015년 4월 20일, '성완종 사태 1막2장'이라는 제목으로 이야기를 나눠볼 텐데요. 오늘은 진중권 교수 대신 심상정 상임대표와 함께하도록 하겠습니다. 오늘의 쟁점은 세 가지예요. 첫 번째는 이른바 '성완종리스트는 진실이다? 아니다?'입니다. '성완종은 진실을 말했다' 혹은 '성완종리스트는 앙심리스트다'라는 주장이 맞서 있습니다. 두 번째 쟁점은요, '도대체 누가 경남기업 성완종을 표적으로 삼았나?'입니다. 그리고 세 번째는 현재 1막2장이 진행 중인데요, 이것이 1막3장으로 갈지 아니면 2막1장으로 넘어갈지, 국면전환이 있을지 없을지를 알아보는 시간 가지도록 하겠습니다. 우선 첫 번째, '성완종리스트는 진실이다? 아니다, 복수를 위한 데스노트다' 어느 쪽으로 보세요?

노회찬 저는 뭐, 진실이기도 하고 동시에 앙심리스트이기도 하다, 그러나 홍준표 지사가 얘기하듯이 양심리스트는 전혀 아니다…. 이 사람은 양심리스트라고 그랬거든요. 청탁을 거절한 사람만 리스트에 올려놓은 것이라고요.

심상정 저는 '진실 and 앙심 and 양심'이라고 생각합니다. 그런 양심이 아니고요, 성완종 씨가 얘기했잖아요. '나 하나가 희생됨으로써 앞으로 그런 일이 다시 있어서는 안 된다….' 물론 이것은 대단히 제한된 여권 내의 돈거래지만 마지막 선택을 하며 일말의 양심도 있지 않았겠나, 그런 점에서 '진실 and 앙심 and 양심' 그렇게 봅니다.

유시민 다시 한 번 체크해드리면, 홍준표 경남지사 1억 원, 이완구 국무총리 3000만 원, 김기춘 비서실장 10만 달러, 허태열 전 비서실장 7억 원, 유정복 현 인천시장 3억 원, 홍문종 의원 2억 원, 서병수 부산시장 2억 원, 이병기 현 청와대 비서실장은 액수가 안 적혀 있어요. 성완종 씨의 이 리스트 폭로 동기가《경향신문》의 녹취록을 보면 조금 나와요. 읽어보셨어요? 어떠셨어요?

심상정 리스트를 선별한 기준이 '의리'와 '신뢰'였죠? '내가 그만큼 도와줬는데 이렇게 나를 외면해?' 이런 기준인 게 분명하게 드러나 있죠.

유시민 그런데 우리가 보통 신뢰, 의리라고 말하는 것과는 의미가 좀 달라요.

심상정 그래서 이번에 국민들이 좀 황당하게 느꼈던 게 '나는 깨끗하게 살고 신뢰를 잘 지켜왔다, 그런데 그 신뢰를 헌신짝처럼 버렸다'는 겁니다. 그런데 사실은 불법 정치자금을 아주 광범위하게 뿌리신 분인데 양심껏 깨끗하게 살았다고 하니까….

노회찬 이분이 말하는 신뢰는… 그 신뢰라는 혈관 속에는 돈이 흘러가는 거죠. 특히 진술 중에 이런 대목이 나와요. 자신은 박근혜 대통령에게 너무 실망했고, 앞으로 자기 같은 사람이 계속 나오지 않겠느냐. 제2, 제3의 성완종이 있을 수밖에 없다. 왜? 신뢰를 안 지키는 집단이니까.

유시민 자기처럼 믿고 돈을 준 사람에게…. 성완종 씨 본인은 부정비리를 저지른 게 없다고 생각해요. '나는 정당한 내 돈으로 좋은 마음으로 정치하는 사람들을 도와줬고, 그렇기 때문에 그 사람들도 의리와 신뢰를 지켜서 나를 대해야 하는데, 헌신짝같이 신뢰를 내팽개치고 죄도 없는 나를 죽이려고 한다' 이게 성완종 씨의 기본 인식이에요.

심상정 이분이 돌아가시기 전에 울면서 기자회견을 할 때 그런 얘기를 했어요. 'MB 자원외교 비리 수사인데, 그에 대해서는 내가 모든 답을 갖고 있다.' 2011년부터 2014년까지 정부에서 기업들에게 성공불융자를 탕감해준 총 금액이 3600억 원 정도인데요, 그중에 경남기업이 한 330억 돼요. 그러니까 경남기업은 총 480억 정도 지원을 받았는데 330억을 성공불융자로 받았어요. 이 양반이 이야기하는 건 그거예요. '우린 1300억을 투자해서 날렸다. 그리고 우리 330억보다 더한 기업들도 있는데, 왜 나를 치느냐.'

노회찬 그게 억울하다는 거죠.

심상정 네, 그게 어디냐 하면 SK예요. SK가 600억 이상 받았다고 해요.

유시민 이 양반 주장은 '투자에 실패해서 자기들도 돈을 날렸고 국가도 돈을 날렸다. 하지만 성공불융자라는 제도의 취지가 그거 아니냐. 내가 여기서 이익 취한 게 없지 않냐' 그 얘기예요.

노회찬 그런 데서 오는 억울하다는 심정과, 또 자기로서는 정말 괴력을 발휘해서, 우리가 보기에는 괴력을 발휘해서 온갖 사람들에게 다 로비를 했는데 자기가 과거에 도와줬던 사람들로부터 냉대를 받으면서 생기는 배신감, 이런 것이 겹쳤던 것 같아요.

유시민 그래서 앙심리스트가 나왔다는 거죠. 진실인데 진실의 전모를 리스트로 쓴 게 아니고 진실의 일부를 썼다, 그 일부만을 발췌해서 쓴 이유는 앙심 때문이다, 그거죠. 그 정도 해석을 하면 될 것 같습니다. '성완종리스트는 진실이다? 앙심이다?' 둘 다 맞아요. 진실

심상정

성완종 씨가 돌아가시기 전에
울면서 기자회견을 할 때 했던 얘기예요.
'MB 자원외교 비리수사에 대한
모든 답을 갖고 있다. 우린
1300억을 투자해서 날렸다. 그리고
우리보다 더한 기업들도 있는데
왜 나를 치느냐.'

노회찬

그게 억울하다는 거죠.

심상정

네, 그게 어디냐 하면
SK예요.

의 일부에 의거해서 성완종 씨의 앙심을 표현한 리스트다. 두 번째, '도대체 누가 경남기업 성완종을 표적으로 설정했나?' 이 질문인데요.

노회찬 사실 지금 경남기업 성완종 회장의 자살과 그 메모가 큰 파문을 일으키고 있지만, 검찰이 당시에 수사의 첫 단추를 경남기업으로부터 시작한 건 아니에요. 거의 동시적이긴 하지만 조금 앞서서 포스코를 수사하기 시작했거든요. 포스코와 경남을 가장 먼저 건드렸다, 이렇게 볼 수 있는데. 그렇다면 포스코는 왜 들어갔을까요? 사실은 당시에 MB정권과 가까웠던 대표적인 기업이거든요.

유시민 정준양 회장.

노회찬 네, 아마도 그래서 들어갔다고 보는 거예요. 그러면 경남기업은 왜 들어갔는가? 성완종 회장이 자살하기 전 심경을 토로한 바에 따르면, 검찰수사를 받는 과정에서 '과거 두 번의 사면 때 누가 도와줬는가'를 얘기하라고 하는데, 할 말이 없어서 못 했다고 하잖아요. 제가 볼 때는 검찰이 그것을 꼬투리를 잡아서 성완종에게 타격을 주는 것이 아니라….

유시민 참여정부를 타깃으로 했다?

노회찬 참여정부와 또 MB정부까지를 다.

유시민 문재인 씨를 타깃으로 했다는 거죠?

노회찬 그렇죠.

유시민 정준양 씨가 MB정권을 타깃으로 한 거라면, 경남기업 성완종 회장은 문재인 씨를 겨냥했다는 얘기가 있죠. 그런 소문 있지 않아요? 이 사람이 현재 야권 주요인사들하고도 돈거래가 있었을 거라는 소문이요.

노회찬 이거는 그냥 제가 추측을 하는 건데요, 이분의 절박한 심정, 자살에까지 이르고 또 자기 몸을 던져서라도 가족까지 번지는 건 막으려고 했던 여러 가지 정황을 놓고 보면, 딜할 거리가 있었다면 딜을 했을 거라고 봅니다.

유시민 '참여정부 시절에 두 번 특별사면 받을 때 누구한테 돈 줬어? 그거 대면 봐줄게' 그러면 당연히 대고 나오죠. 이 문제는 세 번째 주제에 가서 다루기로 하고요, '누가 경남기업 성완종을 표적으로 설정했나?' 여기에 대해서. 성완종 씨는 계속 이완구 씨를 지목했어요. 그런데 이런 소문이 있죠. 이완구 총리는 이런 걸 디자인할 만한 역량이 있는 사람이 아니고, 검찰 쪽에서 성완종을 이미 표적으로 설정해놓고 있다는 사실을 캐치해서 그걸 정치적 공적으로 삼기 위해 자신이 주도해서 부정부패와의 전쟁을 선포한 거라고.

노회찬 이완구 총리가 뇌물을 받은 사람으로 몰려가니까 검찰에서 이완구와 선을 긋기 위해서, 이전부터 자기들이 하고 있던 작업이다, 이완구 총리가 마치 자기 작품인 양 얘기했을 뿐 우리는 이완구 총리의 지시를 받지 않았다, 그 얘기죠.

유시민 합리적으로 한번 생각해보죠. 저는 '현 정권 실세 중에서 누가 성완종을 표적으로 설정했나' 이 질문에 대해서는 '성완종의 진실 and 양심 and 양심리스트'에 오른 사람은 아닐 거라고 봐요. 가깝게 지내고 돈도 받아 썼던 사람이 그 사람을 표적으로 설정할 리가 없어요. 그럼 누굴까? 제가 의심하는 사람은 우병우 민정수석이에요.

심상정 충분히 합리적인 의심이 가능하지요?

유시민 지금 검찰을 지휘하는 사람이거든요. 소개를 좀 해드리면, 쭉 검찰에 근무했고요 이른바 특수통, 특수수사 전문이에요. 노무현 대통령 수사 때 주임검사였고 당시 노무현 대통령에 대한 구속영장 청구를 끝까지 고집했던 인물로 알려져 있습니다. 이후 대검찰청 범죄정보기획관, 수사기획관과 같은 요직을 섭렵하다가 2014년에 청와대 민정비서관으로, 그리고 2015년 1월에 민정수석이 됐어요. 그때 재산공개를 했는데 얼마쯤 되는지 짐작 가세요?

노회찬 1혼가 그랬죠? 고위공직자 재산신고할 때 1등 한 사람 아닙니까?

유시민 네, 420억 원이 넘어요.

심상정 저도 보고 '검찰이 이렇게 돈이 많나' 이런 생각을 한 적이 있어요.

유시민 검찰 봉급은 용돈이에요, 이 사람은. 이 재산이 다 어디서 왔나 보면, 장인에게 상속받은 건데요. 장인이 누구냐 하면 기흥컨트리클럽 이상달이라는 분이에요. 이 사람 원래 부자냐, 그건 아니고요. 전두환정권 때 경우회라는 전직 경찰관 친목모임에서 사업권을 따서 이 기흥컨트리클럽을 만들 때 골프장 건설자금을 이상달 씨에게서 가져왔다고 해요. 그런데 어느 날 보니까 지분이 절반 넘게 이상달 씨에게 넘어가 있는 거예요. 그래서 비리가 있다고 투서가 들어와서 검찰이 수사를 했고, 이상달 씨는 배임뇌물공여죄로 징역 3년형을 받았어요. 당시 사위가 특수수사 전문검사여서 이상달 씨가 덕을 본 게 아니냐 하는 논란이 좀 있었다고 해요. 이 우병우 씨가 지금 민정수석으로 있는데, 제가 성완종리스트에 오른 사람일 리가 없다고 보는 이유가… 우선 자기가 뒤가 찔려서 할 수가 없어요. 김기춘 실장이 그렇게 했을 리가 없어요. 결국 검찰의 핵심 라인이 우병우 민정수석 지휘 아래 사전 대상 기업을 선별할 때 포스코하고 경남기업을 찍었다는 거예요. 이걸 찍을 때 정준양 씨에 대해서는 친MB와 자금거래가 있었을 거라고 이미 조사를 했겠지만, 성완종 씨가 이렇게 광범위하게 친박과 자금 공유를 했으리라고는 인지하지 못했을 거예요.

심상정 그런데 이런 측면도 있을 것 같아요. 우병우 민정수석이 당연히 어떤 식으로든 이 수사대상을 선정하는 데 중심에 있었을 거예요. 그런데 성완종 회장이 죽음에 직면해서 가장 집중적으로 타깃으로 삼은 사람이 이완구 총리거든요. 우병우 민정수석의 지휘 아래 검찰 핵심 라인이 선정했다 하더라도 이완구 총리가 그것을 막지 않고 자기 명예회복이나 정치적인 방패막이로 삼았다, 최소한 그런 정도의 역할은 했을 거라고요. 암묵적인 동의를 했든지, 적극적인 활용을 했든지.

유시민 그래서 이용당했다고 하면서 원망하는 거죠?

심상정 그럼 경남기업이 아니면 어디를 치겠는가, 저도 생각해봤어요. 어쨌든 자원외교 문제가 커졌고, SK 같은 데를 건드리지 않을 거면…. 때마침 성완종 회장이 선거법 위반으로 새누리당에서 쫓겨났지 않았습니까? 어떻게 보면 정권이 위기에 처했을 때 희생양으로 삼기에 현재로서는 가장 최적이었던 것이 아닌가.

노회찬 그 말씀이 맞는 게, 저는 이 해외자원외교 수사의 기본 배경에는 정치적인 계산이 깔려 있다고 봐요. 해외자원외교를 제대로 수사해서 밝혀내자 하는 것이 목표가 아니라. 올 초에 무슨 문제가 있었습니까. 문고리 3인방. 청와대가 발칵 뒤집어졌잖아요. 박근혜 대통령 지지율이 굉장히 낮아지고 레임덕이 빨리 온다고들 했죠. 이 모든 걸 뒤엎는 회심의 역작이 바로 부패와의 전쟁이고, 이걸 통해서 기업이 아니라 전 정권을 치는 게 목표예요. 그래서 SK가 안 들어가고 포스코나 경남기업이 들어간 거였고, 이걸 매개로 해서 야권이나 전 정권으로…. 그런데 그 과정에서 사고가 난 거죠.

유시민 예… 왜 경남기업의 성완종이었나? 누가 설정했나? 누구라고 꼬집어 말하기는 어렵지만 박근혜정권 내부의 실세가 이동하는 와중에 예측 못 한 사고가 터진 것이다, 그래서 앞으로 누가 실세로 등장하고 어떤 그룹에서 의사결정이 이루어지는지를 좀 눈여겨봐야 할 거 같다, 그런 생각이고요.

세 번째 쟁점으로, 지금 성완종리스트 파문은 1막2장이 진행 중인데요, 앞으로 이 사태가 야당으로 번지면 2막으로 접어들게 됩니다. 과연 그럴 가능성이 있는가를 좀 짚어보려고 합니다. 우선 참여정부 때 성완종에 대한 두 차례 특별사면이 이루어진 일이 있었습니다. 아시다시피 2004년도에 성완종 씨가 자민련에 16억여 원을 줬어요. 그런데 이게 회사 돈을 횡령한 것이고 또 불법 정치자금이라고 해서 유죄판결을 받았다가 2005년 5월에 석가탄신일 사면을 받았습니다. 두 번째는 행담도 개발사업 비리인데, 징역 6개월에 집행유예 1년을 받았고 2008년 1월 1일 날 사면되었어요. 그러니까 이명박 후보가 당선되고 노무현 대통령이 퇴임하기 두 달 전에, 마지막으로 특별사면을 할 때 이분이 포함된 거예요. 그런데 첫 번째 사면 2005년 5월에 문재인 씨가 민정수석이었고요, 두 번째 사면 때는 비서실장이었어요. 이게 문제가 된 겁니다. 두 번째 사면 때 75명을 특별사면했는데요, 그 중에서 26명은 실명공개를 안 했어요.

심상정 나는 이게 참 신기하더라고요. 비공개 사면도 있어요?

유시민 네. 왜 그런가 하면 세인의 관심을 끄는 유명인은 밝히는데, 그렇지 않은 사람은 사적정보 보호 차원에서 그렇게 하지 않는 게 관행으로 되어 있어요. 그런데 이 26명 중에 성완종 씨가 들어 있어요. 그리고 흥미로운 것은 같은 날 신문이에요. 1월 1일은 신문이 안 나왔고 1월 2일자 신문에 보도가 나온 건데요. 2007년 12월 31일에 이경숙 인수위원장이 이명박 대통령 인수위원회의 인수위원과 자문위원 명단을 확정합니다. 180명 정도. 그런데 여기에 성완종 씨 이름이 나와요. 재밌죠? 이 보도로 미루어 보건데, 이명박 대통령 인수위원회에서는 성완종 씨가 사면복권된다는 것을 알고 있었어요.

노회찬 인수위원회가 아무나 됩니까? 개국공신들이 되는 게 인수위원회 아닙니까.

유시민 검찰에서는 성완종 씨가 참여정부 관계자들에게 돈을 줬다고 입증하기 위해서 당시 자금 담당했던 사람을 체포해서 조사를 하고 있어요, 지금. 그래서 이건 좀 지켜봐야 하고요.

심상정 이게 특사와 관련이 있든 없든 계속 야권을 같이 끌어들이려는 시도가 더 강도 높게 진행될 거예요, 아마.

노회찬 자기들도 이런 정황을 다 알고 있겠지만 계속해서 연루시키는 거죠. 당시 비서실장이 누구였나, 참고인에 같이 집어넣자, 증인으로 출두해라, 이러면서.

유시민 아니, 뭐 증인으로 나오라고 그러면 당시 문재인 비서실장이 나와도 된다고 봐요, 저는. 이런 거 못 나갈 이유도 없고요. 이제 검찰과 여권에서 이 공세에 성공하면 야권까지 덮어씌워서 2막이 열리는 거고요, 또 2막이 시작될 수 있는 하나의 단서는 성완종 씨가 자살하기 전날 김한길 전 대표와 만났다는 건데요. 장충동에 있는 한 냉면집에서 같이 냉면을 먹었대요.

심상정 보도 보면 아주 절친한 사이로 부부끼리 해외여행도 같이 갔다고 김한길 전 대표가 소상하게 밝혔더라고요.

유시민 김한길 의원이 미리 공개한 이유는, 나중에 드러나면 의심을 받으니까 선제공격한 것으로 보여요. 그런데 검찰은 김한길 의원과 성완종 씨 관계에서 돈이 오간 흔적을 찾기 위해 다 뒤질 겁니다. 이 싸움이 또 볼만한 싸움이 될 거다…. 혹시 뭐 정치권에 돌아다니는 얘기 없나요?

심상정 이른바 찌라시로 야권인사들 명단 돌아다니고 있죠.

노회찬 어떤 신문에서 '성완종 장부'라고…. 그런데 검찰에서는 부인하고 있고.

유시민 《조선일보》요. 《조선일보》가 자기들이 취재했는데 검찰이 장부를 가지고 있다고 보도를 했죠. 검찰에서는 그런 장부는 갖고 있지 않다고 얘기를 했고요. 이거 김한길 씨 에피소드로 끝날 것 같진 않고요, 검찰에서 뒤질 거예요.

심상정 뭐, 김한길 의원뿐만 아니라 많이 뒤질 것 같습니다.

노회찬 결국엔 국민들로 하여금 '모두가 도둑놈이다' 그런 생각이 들도록….

심상정 음, 도긴개긴이다.

유시민 네, 도긴개긴. 그렇게 몰고 가는 게 기본적으로 새누리당과 박근혜정권의 전략이기 때문에. 이 성완종리스트 폭로로 인한 파문이 야권을 집어삼켜 2막으로 가는지 지켜보아야겠습니다. 그렇지 않으면 1막3장으로 가는 거고요. 그러면 이제, 이완구 총리가 사퇴하느냐 또 소환조사 받고 구속될 것인가. 그리고 홍준표 지사가 구속되느냐? 이미 출국금지는 됐으니까요.

노회찬 결국에는 이완구, 홍준표 두 사람의 신변을 어떻게 처리하느냐 그거죠. 두 사람 다 법정에 세우느냐. 아니면 한 사람만? 또 한 사람은 현직에서는 물러나되 기소거리는 안 된다 할 수도 있고요.

유시민 홍준표 지사는 윤 모 씨라는 전달자가 있고요, 이완구 총리는 비타500 상자에 3000만 원을 넣어서 성완종 씨가 직접 준 것이기 때문에, 직접 전달한 사람이 지금 없습니다. 그래서 이게 증거주의에 입각해서 본다면 법률적으로는 이완구 총리보다는 홍준표 지사건이 다루기 수월한 겁니다. 그래서 사법조치 받을 0순위로 홍준표 지사를 얘기하고 있는 거죠.

노회찬 무상급식 대상자.

유시민 네, 교도소 무상급식 대상자가 되는 거예요.

노회찬 그런데 이완구 총리도 친분관계가 없는 사람이라고 하면서 전화를 217번이나 해서. 이게 거의 부부 관계… 거의 뭐 내연의 관계 아니냐….

유시민 저희 집사람하고 통화하는 만큼 한 거 같아요.

심상정 제가 그거 보면서 '아, 부모님께 전화 자주 해야 되겠다'고 생각했어요.

유시민 통화내역 조회해가지고 나중에 '아무개하고는 1년에 300번 통화해놓고 자기 부모님하고는 열 번도 통화 안 했다' 이러면 곤란하죠? 우리가 요즘은 기술의 혜택을 다 누리고 살지 않습니까? 그러나 때로 중요한 일정을 하실 때는 내비게이션, 하이패스, 핸드폰, 신용카드 다 꺼두시는 게 좋습니다.

노회찬 아니, 뭐 감출 게 뭐가 있다고.

유시민 네, 감출 게 없는 분들은 전혀 신경 쓰지 않으셔도 좋습니다. 성완종 사태, 앞으로 어디로 갈지는 정확히는 모르겠는데요, 다음 주에 또 이 문제를 다뤄보도록 하겠습니다.

성완종리스트: 2막은 "없다"

정치카페 48편 1부 ● 2015년 4월 27일

노회찬 + 유시민 + 진중권

진중권 지난주 화요일 새벽이지요. 이완구 총리가 사퇴 의사를 밝히면서 역대 최단명 총리가 됐습니다. 오늘내일 중으로 사표를 수리한다는 얘기가 나오고 있어요.

유시민 2015년 4월 27일, 두 가지 이슈를 준비해봤습니다. 첫 번째는 성완종 사태 2막은 열릴 것인가? 두 번째는 성완종 사태가 터지면서 유탄이 사방으로 날아갔는데요, 어디어디에 이 유탄이 떨어졌는지를 점검해보도록 하겠습니다. 우선 첫 번째, 성완종 사태가 정치권 전체를 소용돌이로 끌고 들어가는 상황이 벌어질 것인가. 결론부터 말씀드리면, 2막이 열릴 것 같지는 않습니다. 성완종 씨가 현 야권 또는 그 당시 노무현정부 관계자들에게 로비를 해서 두 번째 특사를 받았다, 이게 가능성이 있을까요?

진중권 가능성이 별로 없어 보이는 게, 일단 시기가 너무 촉박하잖아요. 정권이 다 넘어갈 때쯤 이루어졌고. 다른 한편으로 이분의 행동반경을 보면, 여야를 넘나들었다고 하지만 야권하고 고리가 연결되는 부분이 김종필 씨예요.

유시민 예, 그 DJP 연합이라는 샛길 때문에….

진중권 예, 그렇죠. 그것 때문에 그렇게 된 거지, 기본적인 라인은 저쪽 라인이라는 거죠.

유시민 성완종 씨가 이명박정권 인수위원단 명단에 올랐다고 말씀드렸잖아요. 그게 2007년 12월 30일에 확정된 거예요. 2007년 12월 31일 아침에 인수위 대변인이 브리핑을 한 거고요. 그거는 명백하게 나와 있고. 노무현 대통령이 양윤재 전 서울시 부시장 등 MB맨 여러 명을 포함한 사면 명단을 최종 사인한 거는 31일 오후예요. 그러니까 사면이 절차적으로 완결되기 전에 이미 성완종 씨가 인수위원단 명단에 나온 거죠. 누군가 사면을 알선수재를 했다면 그건 당시 참여정부 사람이 아니고 현 여권 누군가 한 거고요. 이거는 확인하려면 할 수 있어요. 사면에 관한 것은 대통령기록관 지정기록물로 돼 있을 거예요. 말로만 해명하라고 하지 말고 2007년도 12월 말의 특별사면과 관련돼 있는 대통령 지정기록물을 여야가 합의해서 보자, 그러면 되는 문제라고 봐요.

두 번째가 야당의원에게 자금 제공한 것이 나올 것이냐…. 김한길 의원과 냉면집에서 만난 게 지금 문제가 되었는데요. 이제까지 진행된 걸 보면 현 여권 사람들, 특히 친박 쪽 핵심인사들에게 구명 요청을 했죠. 그중에 예의를 갖추고 공감하면서 응대해준 사람은 신의 있는 사람으로 리스트에서 뺐고, 전화를 안 받거나 냉대를 하거나 인간적으로 배신감을 느끼게 한 사람들 여덟 명을 리스트에 넣은 거예요. 현 여권 사람들에게 다 구명 요청을 해봤는데 안 돼서 기자회견까지 한 것이죠. 그러고 나서 물에 빠진 사람이 지푸라기 잡는 심정으로 예전에 알고 있던 야권 사람들 중에서 그래도 전화통화도 되고 잠시 보자 하면 만나줄 사람으로 잡은 게 김한길 의원이 아니었나…. 김한길 의원은 그런 입장에서 나가서 위로해주고, 그게 다인 것 같죠?

노회찬 김한길 의원의 위치가 어떤 문제를 풀어줄 수 있는 권력선상에 있는 게 아니기 때문에…. 성완종 씨가 답답한 나머지 어떻게 풀면 좋겠는가, 자신이 한 노력에 대한 자문을 받는 수준은 있을 수 있겠지만, 뭘 주고받을 처지는 아니었다고 봅니다.

유시민 김한길 의원은 DJP연합 때 서로 알게 되어서 인간적 교류는 있었을 수 있지만, 참여정부 당시 대통령과는 거리가 있는 행보를 했던 사람이에요. 그래서 참여정부 당시의 김한길 의원이 성완종 씨의 청탁을 받아서 무언가를 해줬을 가능성도 거의 없는 거 같고요. 또 성완종 씨가 걸어갔던 발자국을 따라가 보면, DJP연합과 관련해서 일부 야권인사와의 교류 외에는 현 여권 쪽에 확고하게 제한돼 있는 사람이어서 야당의원들에게는 불길이 넘어가지 않을 것 같습니다. 일주일 동안 새로 나온 정보를 검토해보았지만 성완종 사태는 2막이 아닌 1막 단막극으로 끝날 가능성이 크지 않나 그렇게 보입니다. 지금 1막 2장이 진행 중이고요, 이완구 총리가 대통령 일어나는 시간에 맞춰서 온 국민이 자는 시간에 사표를 냈잖아요? 사표를 냈다고 하지만 그래도 수사를 받아야 되고요. 또 홍준표 경남도지사. 그리고 홍문종 씨 재산형성과 관련해서 지금 여러 가지 보도가 나오고 있습니다.

진중권 허태열, 김기춘, 이병기 씨 수사는 어떻게 되나요?

유시민 수사를 하고 싶으나 특별한 증거가 나오지 않아서 못한다, 이렇게 넘어가겠죠.

노회찬 제가 볼 때는, 국무총리 사임한 거 하나 가지고 퉁치겠다는 것 같아요.

진중권 네, 대선 비자금 수사로 넘어가지 못하게끔.

유시민 한 걸음만 더 가면 박근혜 대통령에게도 바로 뻗히기 때문에, 검찰에서 절대 수사 안 할 거라고 봅니다. 일단 그렇게 봐야 될 거 같고요. 하나 더 살펴봐야 될 게, 성완종 폭탄이 터지면서 유탄이 사방으로 날아갔는데, 누가 누가 맞았나? 우선 가깝게는 측근들이 피해를 보는 건 불가피하죠?

진중권 그렇죠.

유시민 예, 성완종 씨 측근인 경남기업의 이용기 팀장. 그리고 박준호 상무가 증거인멸 혐의로 구속됐어요. 아마 성완종 회장이 지시를 해서 증거인멸하는 데 가담을 한 것 같고 지금 인신구속이 됐는데, 일단 신병확보를 해놓고 좀 겁을 주면서 혹시 야권과 엮어 넣을 수 있는 팩트를 알고 있는 게 있다면 그것과 딜을 하자는, 이런 게 가능한 시나리오로 보입니다. 두 번째 불똥이 튄 데는 금융감독원인데요. 2013년 12월 말에 채권은행들이 경남기업에 대해서 워크아웃을 해야 된다고 금감원에 계획안을 보고했어요. 이 보고내용 중에 성완종 씨 지분을 반 이하로 줄이는 내용이 포함되어 있어요. 당연하죠? 그런데 이후 성완종 씨가 최수현 금감원장과 당시 이 실무를 담당했던 김진수 부원장보를 만난 것으로 확인됐죠? 그다음에 금감원에서 '성완종 회장 지분가치를 줄이는 내용은 삭제하고 워크아웃해라' 이렇게 채권은행에 연락을 해서, 지금 금감원 관계자들이 조사를 받게 됐습니다.

노회찬 경남기업이 사실은 상장폐지까지 되고 망해가는 기업이기 때문에 채권은행단에서 추가대출을 하지 않기로 결정을 했는데, 금감원에서 압력을 넣어서 해줬죠. 그래서 신한은행이 수백억 원을 물렸는데, 감사원에서는 이걸 금감원의 국장 한 명이 그렇게 했다고 감사결과를 발표했어요. 그게 가능한 얘기가 아니죠. 이것도 재수사해야 되고, 저는 감사원도 수사를 받아야 할 것 같아요.

진중권 그때 그 워크아웃 전후로 김기춘 실장 만났잖아요.

유시민 네, 김기춘 실장도 만났고요, 뭐 전방위로 만났어요. 그래서 최수현 당시 금감원장 혼자 힘만으로 그렇게 됐겠느냐는 의구심이 증폭되고 있죠. 수사가 어디까지 갈지는 지켜봐야 할 상황입니다. 유탄이 튄 거예요. 또 유탄이 튀어서 불이 크게 나버린 데가 있어요. 집이 폭삭 다 타버렸어요. 누굴 것 같아요?

진중권 반기문 UN 사무총장.

유시민 맞아요, 빙고! 아니, 반기문 씨가 무슨 죄야, 이게? 반기문 씨 출마 못 하게 생겼어요.

노회찬 출마하려고 했나요?

유시민 그런 게 있었죠. 성완종 씨는 이완구 씨가 자기를 배신했다고 주장했잖아요. 그게 왜 그랬느냐, 성완종 씨 회사에 반기문 UN 사무총장의 동생이 근무했어요. 그리고 자기가 반기문 대망론에 대해서 얘기를 좀 했다는 거예요. 이완구나 반기문이나 같은 충청권인데 자기가 반기문 총장을 밀었다고, 그것 때문에 이완구 총리가 열 받아가지고 나를 죽이려고 그런다, 이게 성완종 씨의 얘기였어요.

진중권 아니, 나도 대선의 꿈이 있는데 왜 그분을 밀어주냐? 나는 안 밀어주고?

노회찬 그런데 반기문 총장을 갖다가 대망론이니 하며 헛된 꿈을 가지고 밀고 그러는 사람들이 좀 문제라고 생각되는데. 본인이 '나도 꿈이 있다' 그런 건 아니잖아요.

진중권 그런데 안 나오겠다는 얘기를 한 번도 한 적이 없어요.

유시민 안 했지, 한 번도 안 했는데, 이번에 처음으로 '사무총장직 마치면 손주들하고 놀란다'라고 했죠? 이 얘기를 처음 한 거예요.

노회찬 실은 그게 경남기업에서 반기문 총장 끈을 보고 동생에게 상임고문이라는 자리를 준 거예요. 원래 직원이 아니라. 그러니까 돈을 주기 위해서 자리를 만든 거죠. 동생이 이런 자리에 못 앉도록 했어야 돼요. 누구를 보고 돈을 줬겠어요.

유시민 반기문 씨를 보고 돈을 줬겠죠.

노회찬 네, 그런 거죠. 저는 동생이 이런 자리에 못 앉도록 했었어야 된다, 그렇게 생각하는 거예요. 그런 것까지는 관리해야 하는 거 아니에요. 이게 김영란법에 걸리는 것 중에 하나예요, 이런 것이….

유시민 이제 조사를 해봐야 되겠죠? 반기문 사무총장의 동생이 실제로 경남기업 계열사에서 하는 업무가 있고 그 대가로 월급을 받았는지, 아니면 아무 하는 일 없이 성완종 씨가 반기문 씨에게 발을 걸쳐두기 위한 수단으로 월급을 준 것인지.

진중권 실제로는 후자라 해도 서류상으로 만들 수 있잖아요.

노회찬 'UN 사무총장 친동생이 우리 회사 고문인데…' 그러면 이 회사 괄시하면 안 되죠. '뭐, 그것만 해도 월급 받을 자격은 있지' 그런 식으로 하면 안 된다는 거지요.

유시민 지금 노 대표님 말씀처럼 '동생 관리 똑바로 못 했지 않소?'라고 하면 할 말이 없죠. 그래서 이런저런 일이 겹치면서 반기문 씨가 이번에는 출마를 안 하겠다는 의미에 굉장히 가깝게 해석할 수 있는 말을 처음으로 한 거고요. 그럼 이제 누가 답답해지느냐. 제가 〈정치카페〉에서 얘기한 적이 있는데, 반기문 카드는 친박 쪽 카드라고요, 원래. 왜냐하면 친박 쪽에 지금 대권후보가 없어요. 그래서 만약의 경우를 대비해 반기문 씨를 친박의 수렴청정을 받는 후보 정도로 하는 기획이 있었던 거거든요. 그런데 이번 사태가 터지면서 다 잿더미가 돼버린 겁니다. 진짜 큰불이 났어요. 성완종리스트 유탄이 튀어서 불난 데 중에 여기가 제일 커요.

진중권 홀라당 다 탔어.

유시민 네, 검찰에서 성완종 씨를 찍어서 수사하는 바람에 어마어마한 사고가 난 거예요. 8인 리스트만 사고가 난 게 아니고, 2017년 대선에서 잠재적으로 쓸 수 있었던 카드 하나가 불타서 없어져버리는 상황이 벌어진 겁니다. 이게 유탄 튄 곳 중에서 제일 큰 피해가 일어난 곳입니다. 이건 이야깃거리 삼아 집어넣어 봤습니다.

진중권 한 가지 첨언을 하자면, 성완종 씨 같은 경우에는 좀 다른 그림을 그렸던 것 같아요. 충청권 그림 있잖아요. 민주당하고 접촉하고 이랬잖아요. 그러니까 꼭 지금의 새누리당이 아니라 범….

노회찬 구동교동계 플러스 충청계.

진중권 그렇죠, 그렇게 새로운 그림을 그리고 그 가운데 반기문 씨를 놨던 거 같아요.

유시민 그런 디자인을 할 수도 있는데, 그게 먹히겠어요? 그게? 참 답답한 노릇이지.

노회찬 꿈이니까요. 한여름 밤의 꿈이니까.

유시민 예, 꿈꿀 권리는 누구에게나 있는 거죠.

노회찬 총리는 누가 됩니까?

유시민 아, 사지선다형으로 얘기를 해볼까요? 총리는 네 가지 가능성이 있어요. 1. 친박에서 먹는다 2. 여권이지만 비박에서 먹는다 3. 야권까지 아우르는 사람을 뽑는다 4. 정홍원을 다시 시킨다. 총리가 지명되면 이제 1막3장이 열리는 거거든요. 넷 중에 어딜 거 같아요?

노회찬 뭐, 1번 2번에서 되겠죠. 사실 냉정하게 이제 박근혜 대통령이 혼자서 할 수 있는 일은 없다 생각해요. 이제 다른 사람 말도 듣고, 야당 말도 듣고 그래야 돼요. 중립 내각이 되면 더 좋겠는데 그걸 안 할 사람이라는 걸 우리는 알고 있으니까 3번은 안 될 것 같고. 4번은, 정홍원 총리는 노인학대죄에 걸릴지도 몰라요. 그러면 안 되는 거고. 결국에는 주변에서 1번 아니면 2번.

유시민 친박 아니면 여권 내에서…. 문고리 3인방 문제가 터지기 전에, 김기춘 비서실장이 막 문제가 됐을 때, 제가 퇴진 반대를 외쳤잖아요. 그때 기억하세요? 김기춘 씨 난 마음에 안 들지만 그 사람이 비서실장을 하고 있으면 어디로 가긴 간다, 이 정권이. 그런데 그 사람이 없으면 아무 데도 못 갈 거다. 아무 데도 못 가고 퍼지르고 있는 것보다는 어디라도 가는 게 낫다고….

진중권 나침반이 없는.

유시민 나침반이 없는데, 이완구를 세워서 그나마 약간 실세 총리 비스무리하게 해서 어디론가 갈 것처럼 했어요. 그게 자원외교 수사다, 대기업 비자금 수사다, 부정부패와의 전쟁으로 간다 했는데, 자기가 끌고 가다가 자기가 받아가지고 침몰해버렸어요.

진중권 그, 부정부패 척결했잖아요, 결국. 자기 자신.

유시민 그러니까 지금 갈 데가 없어요. 그럼 이 상황에서 친박이 아닌 총리를 쓴다는 거는 딱 한 가지 전제를 할 때 가능한 얘기예요. 박 대통령이 자기 권한의 일부를 도려내서 총리한테 준다, 이런 조건이 아니고는. 하지만 절대 그 결단을 못 할 거다, 따라서 어디선가 친박 중에 또 찾아 온다. 거기에 제가 500원을.

진중권 네, 알겠습니다. 두고 보겠습니다.

유시민 안 맞으면 말고…. 네, 좀 웃을 일은 아닌데, 하여튼 뭐, 여기까지 마무리하겠습니다.

3.

모든 입을 틀어막아라

한국판 워킹데드, 언론국정화

정치카페 76편 2부 ● 2015년 11월 17일

추혜선 정의당 언론개혁기획단 단장 + **노회찬** + **유시민** + **진중권**

진중권 청와대에서 낙점하고, 낙점된 사람이 허수아비 이사회와 청문회를 거쳐 신임사장이 되는 공영방송. 이런 걸 공영방송이라고 불러도 될까요?

유시민 관영방송이죠.

진중권 예, 거의 뭐 방송사가 청와대의 아바타가 된다고 해야 되나요? 뭐라고 해야 되죠?

노회찬 청와대 홍보수석 휘하의 부처 하나 정도, 그런 식으로 보는 거 같아요.

유시민 청와대 홍보수석실 여의도 출장소, 뭐 그런….

진중권 지난주 〈뉴스타파〉에서 KBS 고대영 사장후보자의 청와대 낙점 의혹을 보도해 파문이 일어나지 않았습니까? 그런가 하면 또 지금 교육방송도 난리예요. 국정교과서 논란 와중에 청와대에서 뉴라이트 역사학자를 신임사장으로 앉히려 한다는 소문이 흉흉합니다.

유시민 이게 다 위에 충성하면 그만큼 보답을 해준다는 공식을 보여주는 거죠.

진중권 하나님이 자기 형상대로 인간을 만들듯이 참 우리 각하도 꼭 닮은 사람만….

유시민 그래서 반인반신이라고 그러잖아요.

진중권 그런가 하면 지금 또 정부가 5인 미만 인터넷매체를 강제로 폐간하겠다고 하는, 전 세계에서 유례가 없는 정책을 추진하고 있는데요. 그것도 국회에서 법률로 제정하는 게 아니라 시행령 개정으로 간단히 처리해버렸단 말이죠. 이렇게 되면 위헌 아닌가요? 헌법 위에 시행령? 지금 대한민국의 언론 상황이 80년대 신군부의 언론 통제작전이었죠, K공작에 못지않다는 탄식이 여기저기서 터져 나오고 있습니다. 그래서 오늘은 정의당 언론개혁기획단의 추혜선 단장님을 모시고 속수무책으로 무너지고 있는 대한민국의 언론자유 그리고 그 대책에 관한 이야기를 나눠보도록 하겠습니다. 5인 이하 인터넷신문을 강제로 폐간한다는 이 조항, 지금 국무회의를 통과했나요?

추혜선 네, 13일(2015년 11월)에 통과했습니다.

유시민 아, 통과했어요?

진중권 그럼 이게 언제 시행되는 건가요?

추혜선 12월 중에 시행한다는 이야기가 있고요, 1년간의 유예기간이 있어요.

진중권 유예기간이 있습니까? 그런데 지금 전국의 약 6,000개 인터넷언론 가운데 85퍼센트 이상이 군소매체라고 하거든요? 물론 이 중에는 이름만 걸어놓고 이미 폐업 상태인 데도 상당히 있겠지만, 그래도 85퍼센트면 엄청난 숫자거든요. 이게 지금 다 사라진다는 얘기죠?

추혜선 네, 그렇죠. 정확히 말씀드리면 5,950개가 있습니다. 거기서 약 85퍼센트 정도가 퇴출될 거다, 이렇게 예상을 하고 있습니다.

유시민 5,000개는 없어진다는 거네요.

추혜선 네, 인터넷신문 등록기준이 현행 상시인원 세 명에서 이제 다섯 명으로 요건이 강화되는 건데요. 매출 1억 원이 안 되면 다섯 명의 상시인원을 유지하는 게 불가능하다고 하거든요. 그렇게 1억 매출이 안 되는 언론사가 전체의 85퍼센트 정도 된다는 겁니다. 주로 지역언론사죠. 그리고 소수자를 대변하는 그런 매체들이고요.

진중권 황당한 건 이번 시행령의 모법에 해당하는 법률이 신문진흥법이라는 사실인데요. 이게 원래 신문을 진흥하기 위해서 만든 건데, 왜 이걸 가지고 탄압을 하죠?

추혜선 그렇죠, 제가 우리나라 법률 중에 인력 규제를 하는 법이 어디에 있을까를 한번 찾아봤어요.

유시민 몇 명 이상 써야 되나? 그건 위헌이죠. 기업을 몇 명 규모로 하느냐는 경영상의 판단에 따라서 하는 거죠, 자유롭게.

노회찬 이런 게 있잖아요, 근로보호법을 적용하거나 4대보험을 반드시 실시하게 한다거나 할 때 인원 규정은 있어요. 다만 그 인원 규정은 그 사업장의 상시고용 인원수가 5인이면 이러이러한 것은 꼭 적용해야 한다는 얘기지, 5인 미만 사업할 수 없다거나 하는 건…. 예를 들면 냉면집을 내는데 혼자서는 다 못 하니까 몇 명이 하는 거지, 법으로 2인 미만 냉면집을 차릴 수 없다고 그러면 말이 안 되잖아요.

진중권 그거 되게 이상하네요, 듣고 보니까.

유시민 근데 이거 위헌제소를 해야 되는 거 아니에요?

추혜선 네, 준비하고 있습니다. 그래서 제가 말씀을 하나 드릴 건데요. "언론의 자유는 모든 자유 중 가장 근원적인 자유다. 지금이 어느 시대인데, 한마디로, 나라의 수치다. 정부의 이번 조치는 자유민주주의를 근본적으로 부정하는 것이다. 우리 헌법 제21조에 언론의 자유를 명문화하고 있다. 언론 자유의 핵심은 보도의 자유이고, 보도의 자유는 그 핵심이 취재의 자유다." 이거 누가 한 말인 것 같습니까?

유시민 혹시 박근혜 대통령?

추혜선 예, 맞습니다.

유시민 요즘 무슨 좋은 말 나와서 찾아보면 박근혜 어록에 다 있더라고요. 나 이것도 찍은 거예요.

추혜선 이게 참여정부 때 한 말입니다. 예, 취재 시스템 선진화 방안, 잘 기억하시죠?

진중권 자기가 한 말을 이렇게 다 잊어버리면 그 사람 머리는 얼마나 행복할까? 아무 고민 없이….

유시민 '박근혜 대 박근혜' 이렇게 하면 지금 대통령 박근혜가 하는 모든 발언을 다 반박할 수 있대요, 과거 발언으로. 근데 일부러 그러는 건 아닐 거야, 아마.

추혜선 사실 국민들이 듣기에는 인터넷신문의 개수가 줄어든다, 그리고 3인에서 5인으로 등록요건을 강화한다 하는 부분이 왜 문제가 되는지….

진중권 그렇죠, 왜냐하면 이렇게 얘기할 수도 있거든요. '아니, 웬 듣보잡 언론이 이렇게 많아?' 또 기자를 사칭하고 다니면서 횡포를 부리는 사람들도 있고 하니까 국민들 입장에서는 '이거 정리 좀 하자, 정신없다' 이럴 수 있거든요.

노회찬 그런데 우리가 이 문제를 가볍게 볼 수 없는 것이, 이전에 있었던 방송심의규정 개정이나 또 이번에 신문법 시행령을 바꾸려는 시도, 이러한 것이 다가오는 중요한 세 개의 선거와 정권교체기를 앞두고 언론 정비작업으로서 진행되는 면이 있고요. 또 하나는 과학기술의 발전으로 지금 뉴미디어다, 1인 미디어다 하면서 어찌 보면 과거보다 더 소수의 인원이 미디어 기능을 하는 길이 열리고 있지 않습니까? 그런데 오히려 정부에서는 이러한 것을 통제하려고 하는 거죠. 언론사가 너무 많으면 통제하기가 어려우니까 수를 대폭 줄여가지고 손바닥 위에 올려놓고 통제하려는 시도가 지금의 이러한 시행령 개정으로 나타나고 있다, 이렇게 봐야 될 것 같습니다.

진중권 네, 아주 좋은 말씀해주셨는데, 두 가지 점을 짚어주셨어요. 우선 총선을 앞두고 난데없이 인터넷신문을 정리하겠다고 나섰거든요. 첫째는 그런 정치적 의도가 있는 것 같고요, 두 번째 포인트는 저도 생각을 못 했던 건데요, 사실 미디어환경이 변화해서 예전에는 수용자들이 정보를 받기만 했는데 요즘은 스스로 업로딩을 하잖아요. 군소 인터넷매체가 이렇게 많다는 건 사실 과거와는 다른 쌍방향 소통의 현상인데, 그것을 과거의 기준으로 억누르려고 하는, 약간 시대착오 같은 것도 있는 것 같습니다.

유시민 시대착오는 기본이지 뭐, 지금.

추혜선 지금 일련의 언론통제의 흐름이 있습니다. 방송, 신문은 계속 진행되고 있고요. 그런데 이제 온라인매체에도 집중적으로 이렇게 이루어지고 있어요.

유시민 오프라인은 다 장악했으니까.

추혜선 정부가 내건 이 규제 강화의 목적은 사이비언론 퇴출

진중권

총선을 앞두고 난데없이 인터넷신문을 정리하겠다고 나선 데에는 정치적 의도가 있는 것 같아요. 또한 인터넷매체들이 이렇게 많다는 건 과거와는 다른 쌍방향 소통의 현상인데, 그것을 과거의 기준으로 억누르려는 약간의 시대착오도 있는 것 같습니다.

추혜선

지금 일련의 언론통제의 흐름이 있습니다. 방송, 신문은 계속 진행되고 있고 이제 온라인매체에도 집중적으로 이뤄지고 있어요.

유시민

오프라인은 다 장악했으니까요.

이거든요. 사이비언론 퇴출하면… 데자뷰 되시죠? 과거 군사정권의 풍경과 그대로 유사합니다. 그런데 그 퇴출되는 매체들이 풀뿌리 인터넷매체들이죠. 지역매체라고 말씀드렸는데요. 노동, 인권, 여성매체가 있고요 주민참여 마을공동체 미디어운동하는 곳에서 내는 인터넷신문이 주요 대상입니다.

진중권 야, 그런데 이런 신문들은, 사실은 정부에서 지원을 받아야 할 신문들이거든요. 다른 나라 같으면.

추혜선 예, 그럼요.

유시민 그런데 이거 안 없어질 수 있는 방법도 있을 것 같은데.

노회찬 있습니다.

유시민 뭐 생각하시는 거 있어요?

노회찬 이 자체가 잘못된 조치이지만, 또 그에 맞서서 살아남아야 하니까. 1년의 유예기간을 좀 활용해가지고, 이 업체들이 협동조합을 만든다거나….

유시민 빙고! 나도 막 그 생각을 했어요!

노회찬 그렇게 해서 이 법을 타고 넘어가는 거예요. 예를 들면 한 500명 모여가지고 브랜드를 하나 같이 쓰고, 그 속에서 독립경영을 한다거나 여러 가지 대응방식이 있을 것 같아요.

유시민 지역에 가면 지역의 인터넷언론사들이 있어요, 가는 데마다. 제주도 같은 경우는 이런 데가 〈제주의 소리〉부터 몇 개 되거든요. 물론 여기는 규모가 꽤 돼요. 그런데 만약 작은 곳이라면 〈서귀포시의 소리〉가 있고 〈제주시의 소리〉가 있으면 둘이 합치면 돼요. 법적 형식만. 협동조합을 하든 뭘 하든 합쳐놓고….

노회찬 제주소리 총연합.

유시민 예, '총연합' 이렇게 해서 하나의 기업으로 해놓고 그 밑에 서귀포, 제주 그렇게 분사를 만들면 되는 거예요.

노회찬 그럼요, 그럼요.

유시민 그리고 뭐 광명에서 나오는 〈광명의 소리〉라는 인터넷 언론이 있다, 그런데 세 명밖에 안 된다, 그럼 없어져야 되잖아요? 그럼 그 옆에 가면 군포시가 있잖아. 거기에 만약 〈군포의 소리〉도 있으면, '광명군포의 소리'로 합치는 거야. 아잇, 멍청하게 앉아서 죽지 않는다고!

추혜선 아니, 제가 그 말씀을 드리고 싶었는데 이게 정보가 유출될까 봐 말씀을 못 드리는 거예요.

노+유+진 하하하하!

추혜선 예, 대안이 다 나오긴 했는데, 협동조합 체제로 신문사를 경영할 수 없다고 또 입법을 해버리면 안 되니까. 그래도 우리가 민주주의국가인데 이런 규제가 있으면 되겠습니까? 그래서….

유시민 아니, 협동조합이 안 된다 그러면, 개인기업 형식으로 되어 있거나 주식회사로 되어 있으면 기업합병을 하면 돼! 민법상에

길은 다 있어요. 그러니까 너무 쫄지 말자고요.

추혜선 아니 이제, 예, 쫄진 않고요. 이게 헌법소원을 해도 충분히 승산이 있습니다.

진중권 그 인터넷매체들, 그러니까 당사자들 있잖아요. 당사자들의 의견은 어떻습니까? 뭐라고 하고 있어요?

추혜선 이게 굉장히 심각하다는 거죠. 건강하게 이런 인터넷매체를 운영하시는 분들이 주로 기존의 제도언론에서 한계를 절감하고 나가서 대안매체로 운영을 하시는 분들이에요. 두 분, 세 분씩 지역에서 열심히 활동하면서 지역의 비리를 폭로하고, 지역사회의 유착관계를 어렵게 어렵게 뚫고 있는데. 이제 이렇게 되면 사이비언론사로 추락을 하게 되는 겁니다. 그리고 취재권한이 상실이 돼요. 그러면 유사언론행위를 했다고 해서 2000만 원의 처벌을 받게 되고요. 우리나라같이 취재원과 언론의 관계가 폐쇄적인 환경에서 이제 취재를 할 수 없는 여건이 되는 거죠. 그러면 언론사의 기능은 다 했다고 보는 거고요. 또 이렇게 다섯 명을 못 채워서 퇴출되면 똑같은 제호로 2년간 신문사를 차릴 수가 없습니다. 그러다 보면 그런 비판적인 매체들은 시장에서 서서히 사라지고 영구히 퇴출될 것이다, 그렇게 보는 거죠. 그런데 정부가 규제를 강화하거나 완화할 때는 관련기관에서 영향평가를 하잖아요?

진중권 그렇죠, 그 사람들은 뭐라고 얘기해요?

추혜선 연구원들도 이건 말이 안 된다는 생각이긴 한데, 드러내놓고 얘기는 못 하지만…. 그래서 제가 훑어보니까 재밌는 게 있어요. 해외사례를 뒤지고 뒤졌어요. 그런데 찾을 수가 없죠, 이런 사례를. 그래서 이렇게 써놨더라고요. '프랑스를 제외한 다른 국가에서는 인터넷뉴스와 관련된 사례를 찾아보기 힘들어 해외사례와는 직접비교가 어려움.' 그런데 프랑스의 사례가 뭐냐면요, '언론사에 대한 세금감면과 같은 간접지원, 특별재정지원, 지역언론 직접지원' 등이 있습니다.

노+유+진 하하하!

진중권 거 봐요, 지원을 하는 거야!

노회찬 규제하는 나라는 아예 없고.

유시민 그러니까 상시고용 인원을 기준으로 언론사 등록을 취소하거나 하는 나라는 전 세계에 하나도 없다는 거예요?

추혜선 예, 제가 정부의 보고서를 보고 이렇게 웃긴 보고서는 처음 봤습니다. 스스로 위헌적인 규제를 만들기 위해서, 그걸 옹호할 수 있는 사례를 발굴해야 되는데 그게 안 됐던 거죠. 또… 오늘 국회에서 KBS 사장후보자의 인사청문회가 진행되고 있습니다.

유시민 우선 청취자들을 위해 후보자에 대한 기본적인 설명을 좀 해주실까요?

노회찬 아, 굉장한 기록을 많이 갖고 있는 분이죠.

추혜선 예, 고대영이 걸어온 길. KBS 보도본부장 출신입니다.

논란이 됐던 KBS의 보도를 거의 다 주도했습니다. 용산참사를 축소보도했다는 비판이 있었고요, 편파보도에 대해 문제제기했던 후배 기자를 폭행한 일로 주목을 받기도 했지요.

노회찬 이분이 보도국장 당시에도 불신임당했고.

추혜선 예, 90퍼센트가 넘는 내부인사로부터 불신임당했고요.

노회찬 또 보도본부장 시절에도 불신임당했죠.

추혜선 현직 언론인 출신으로 미대사관의 연락책 역할을 하여 논란이 있었습니다.

노회찬 이명박 후보가 당선될 수밖에 없었던 세 가지 이유인가, 그걸 미국 대사관에 공식 보고서로 제출을 했죠. 그런데 이게 위키리크스(Wikileaks)에서….

추혜선 예, 폭로가 돼서 나온 건데요. 그리고 19대 때 기억나실 겁니다. 야당 대표실을 도청해서 여당에 넘긴….

유시민 아, 벽에 대고 도청한 걸 녹음해서.

진중권 야, 엄청난 분이네요.

노회찬 국정원에 가야 될 분인 것 같은데….

추혜선 그런데 청와대에서 인사청문 요청서를 이렇게 보냈습니다. '공영방송의 공공성과 독립성에 대한 확고한 철학과 신념을 가진 인물이다' 그리고 'KBS 뉴스를 신뢰도와 영향력을 유지하도록 기여했다' 이렇게 해서 보냈고요. 이제 EBS 구성원들이 바짝 긴장하고 있습니다. EBS는 사실 어떤 정치적 영역에 끌어들이면 안 되는 거거든요. EBS가 수능연계방송을 하고 있죠. 70퍼센트. 우리나라의 교육 양극화를 해소할 수 있는 유일한 공적 수단입니다.

유시민 사실 공영방송은 지금 EBS 하나 남은 거 아니에요? 사실은?

추혜선 그럼요. 그런데 EBS 이사회의 구조도 만만치 않습니다. 오히려 더 기울어 있죠. 하지만 대부분 EBS에는 별로 신경을 안 썼어요. 그런데 EBS에 보수 역사학자들이 논의가 되고 있는 이 부분은 정말 관심을 갖고 지켜봐야 돼요. EBS의 이 문제는요, 저는 역사교과서 국정화의 연장선상에 있다고 보고 있습니다. 얼마 전에 제가 국회 본청 나오다가 EBS 직원들을 만났어요. 그런데 이렇게… 박스를 끌고 가더라고요. 정무위원장이 역사교재를 다 들고 오라고…. 이제, 보려고 하는 건데요, 이게 이유가 있다는 겁니다. EBS를 대통령이 너무 사랑하신답니다. EBS 방송을 보면서 중국어 공부를 했다고 그렇게 말씀하셨잖아요? 전부터 유일하게 매체에 대한 직접적인 경험을 한 게 EBS라는 얘기가 있어요.

진중권 나름대로 애정을 갖고 있는 거지. KBS나 MBC에 가진 애정과는 조금 다른, 나름대로 약간 고상한 애정.

추혜선 해외순방을 하면서도 EBS에 대해서 항상 자랑을 하신다고 해요.

노회찬 우리 EBS 위험하구먼….

유시민 아, 위험해….

추혜선 예, EBS에 대해서는 탐독 수준이라고 말씀을 하세요. 그런데 이제, 이게 역사 코드와 정확히 맞다라는 부분을…. 대통령이 직접 이 일을 하기 때문에 누구를 보낼지 민감한 거죠. 또 한 가지. '공영언론' 하면 공영방송과 또 기억나는 거 없으세요? 연합뉴스입니다. 저는 연합뉴스 문제가 정말 심각하다고 보는데요. K공작 말씀하셨잖아요? 그땐 보도지침이 있었습니다. 그런 신(新)보도지침의 역할을 하고 있는 언론사가 누군가…. 연합뉴스가 통폐합 때 민간통신사들을 통합해서 연합통신으로 출발을 했잖아요? 지금 연합뉴스로 개명을 해서 이렇게 오고 있는데요. 심각한 것이, 모니터를 해보면 지난 세월호 보도부터 연합뉴스가 하나의 프레임을 정하는 역할을 하고 있습니다. 연합뉴스를 경영하는 곳이 뉴스통신진흥회입니다. 여기는 이사진이 일곱 명으로 구성되어 있는데 대통령 추천이 두 명, 국회 추천이 세 명이고요, 신문협회와 방송협회가 각각 한 명씩 추천을 하죠. 국가기간 통신사로 지정이 되어 있고요, 매년 정부지원금이 약 300억 넘게 지원되고 있습니다. 정부가 보도자료를 내면 연합뉴스 타이틀을 가지고 전국에 타전됩니다. 이것이 뉴미디어 시대 보도지침 역할을 하고 있다고 말씀드릴 수 있습니다. 최근에는 '올바른 역사교과서'라는 프레임을 기사를 통해 반복적으로 노출했고요, '바른 역사교육' 기획기사를 갑자기 편성하기도 했는데 이것이 정부 코드 맞추기란 비판을 받고 있죠. 근데 저는 지금 시대에 국가기간통신사가….

진중권 있어야 되는 거예요? 역할이 뭐예요? 나는 이해가 안 돼서.

유시민 아, 원래는 통신사도 국가에서 지원을 해야 되니까 좋은 취지에서 독립적인 통신사를 지원한 건데요, 지금 돈으로 묶어가지고 관영통신사처럼 된 거예요.

추혜선 예, 제도적인 변화가 좀 필요할 것 같습니다.

진중권 제도적인 변화가 필요하죠. 아니, 내 세금이 왜 이런 데 들어가? 나는 이해가 안 되거든요?

유시민 아니, 뭐 그런 데 들어가는 게 한두 가지야? 어저께 물대포도 다 우리 세금이에요.

추혜선 그래서 이 연합뉴스에 대한 부분, 지금 사각지대로 가려져 있는데요. 공영언론 속에 포함된 연합뉴스, 뭐 지금 KBS 못지않습니다.

진중권 예, 말씀하신 대로 프레임을 정하는 역할, 또 KBS든 MBC든 다른 방송사는 그것을 증폭시켜주고, 종편은 별동대 역할을 하는 것 같고. 여기에 대항하는 인터넷언론들은 통폐합하고. 이쯤에서 초점을 민간으로 옮겨보죠. 또 하나 문제가 남았습니다. SK텔레콤이 CJ헬로비전을 인수합병한다고 하지 않습니까? 이게 뭘 의미하는 건가요? 기업 간 경쟁 그 이상의 문제가 있는 건가요?

추혜선 방송사업자는 일정한 점유율과 지배력을 가지지 못하도록 법으로 규정이 되어 있습니다. 그래서 진입장벽, 특별점유율규제 이런 걸로 다 묶여 있지요.

노회찬 방송콘텐츠를 만드는 회사들이 있어요. PP라고. 여긴 독립 채널을 가진 데도 있고 아닌 데도 있고. 또 망을 갖고 있는 망사업자들이 있어요. KT나 SKT 같은. 그다음에 이 중간에서, 노원구 종로구 강남구 이런 특정지역에서 이 PP를 사다가 이 망에 끼워서 유료로 공급하는 유선방송국이 있어요. 이걸 SO라 그러죠, 종합유선방송국. 이렇게 크게 세 부분이 있었는데. 사실 과학기술이 발전한 측면도 있고요, 또 하나는 기업 간의 경쟁에서 큰 데가 작은 데를 먹어가는 과정도 있고 그런 거죠? 지금 이 SK텔레콤이 CJ헬로비전을 합병한다는 얘기는 뭔가 하면, 망사업자들이 이제는 종합유선방송국도 먹어가기 시작했다는 말이에요. 종합유선방송국은 좀 있으면 다 없어질 거예요. 망사업자들이 또 채널까지 석권해가는…. 그래서 공룡의 탄생, 쥐라기 시대 진입이라고 하는 거죠.

추혜선 이게 출발 신호탄이라고 보시면 될 거 같고요. 이제 망사업자가 단순히 망사업자가 아닌, 채널을 가지고 있는 방송사업자로 전환되는 과정인 겁니다.

진중권 그럼 뭐가 문제가 되나요? 시청자 입장에선?

유시민 망을 관리하는 사람은 콘텐츠를 공급하는 업체 사이에 공정경쟁이 이루어지도록 망을 유지해야 되는데, 망을 가진 업체가 콘텐츠까지 공급하게 되면 결국 그 콘텐츠 공급 경쟁력이 높아지는 거예요, 망을 갖고 있기 때문에. 그러다 보면 그것을 이용해서 담론 영역이라든가 보도 영역이라든가 혹은 여론형성 영역에서 압도적인 힘을 구축할 가능성이 있죠. 그것 때문에 규제를 많이 두는 건데.

노회찬 휴대폰도 마찬가지죠. 휴대폰 기계를 만드는 회사와 통신사가 결탁해서 중간에 소비자가 손해를 보는. 우리나라 와이파이가 다른 나라보다 늦게 개통된 것도, 아이폰이 한동안 못 들어온 것도 다 이런 결탁 때문이었는데요, 방송통신에서 지금 그런 일이 이루어지고 있는 거예요. 영화관들 있잖아요. 단성사, 피카디리. 다 문 닫았잖아요. 그리고 CJ, 롯데처럼 큰 영화 배급사, 제작사 들 쪽에서 영화관까지 다 장악했잖아요. 그렇게 되니까 자기들이 만든 영화는 온 영화관에 다 깔아놓고. 나중에는 그렇게 콘텐츠까지 종속시켜버리는 거죠.

유시민 그러니까 소비자 주권이 힘을 발휘하는 경쟁시장이 되어야 소비자들이 보호받을 수 있는데, 공급자가 망도 장악하고 콘텐츠도 장악하면 나중에 소비자들은 공급자가 주는 대로 먹어야 되는 그런 상황. 이거 빅브라더가 만들어질 수도 있어요.

노회찬 그런 상황이 다가오기 전에 정부에서 시장의 왜곡 가능성이 있는지를 보고서 규제를 만들 수도 있는 건데. 그런 걸 다 못하게 하면서….

유시민 그렇죠, 이게 수직적 통합이기 때문에 원래는 공정거래위원회가 다 관찰을 하면서 경제력 집중이 각각의 시장에서의 경쟁을 저해하거나 혹은 여론시장에서의 독과점을 형성할 위험이 있는지를 검토해서, 추가적인 규제가 필요하면 정부에 법안을 내야 되고, 기존의 법조항을 가지고 규제를 해야 되면 규제에 들어가야 되는데. 규제를 하지도 않으려니와, 만약 규제를 할 수 있는 수단이 불충분해서 그렇다면 추가적인 입법조치를 요구해야 하는데 아무것도 안 하고 있는 거예요, 지금. 속으로 다 통했지.

노회찬 이럴 때 국회에서 이런 거대 재벌의 영향력하에 있지 않은 의원들이 국회 차원에서 의원입법으로 치고 나가고, 이렇게 해야 되는 거죠.

진중권 아니, 그런데 정부에서는 뭐예요, 이걸 모르지는 않을 거 아니에요?

노회찬 모르는 게 아니라 나쁘지 않은 거지.

유시민 이렇게 거대한 손이 출현하면, 이 손만 턱 잡으면 국민 손 안 잡아도 되니까.

진중권 오늘 방송에서 우리가 다룬 대한민국 언론 상황. 한마디로 정리하면 뭐 이런 거죠. 한쪽에서는 정부와 재벌들이 언론을 장악하고 있고, 다른 쪽에선 자유언론의 영역이 점, 점, 점, 점 철거되는, 그야말로 철거되는 상황이라고 할 수가 있는데. 어떻게 해야 되나요, 이거?

추혜선 우리가 두 가지를 봤잖아요. 하나는 정치적인 장악, 그리고 하나는 자본의 장악. 이 두 개의 사슬이 지금 언론과 그 생태계를 이중으로 감싸고 있습니다. 저는 시민의 저항도 중요하지만 언론인들, 힘들겠지만 언론인들에게 꼭 한 말씀 드리고 싶습니다. 많이 회자됐던 얘기인데요, 2차대전 끝나고 프랑스의 언론인들이 처형된 일이 있잖습니까? 그런 극악의 폭력은 저는 절대 동의하지 않지만, 그때 죄명이 있었어요. 침묵이 죄라는 겁니다. 정치권력과 자본 앞에 점점 더 존재를 잃어가는 언론인. 더 이상 역사에 죄를 지으면 안 된다, 그 말씀을 꼭 드리고 싶었어요.

유시민 전국의 언론인이여, 궐기하라!

노회찬 잃을 것은 굴욕뿐이고, 얻을 것은 자유다.

진중권 70년대, 80년대, 90년대 초반까지만 해도 '언론인' 하면 떠오르는 이미지가 있잖아요. 싸우고, 지사적이고. 그런데 지금은 직장 중에서도 가장….

추혜선 네. 하지만 언론인은 샐러리맨이 아니죠. 역사적 사명이 있고, 법률적으로 규정된 사명이 있습니다. 지난 전두환정권에서 언론통제를 했을 때는 가장 먼저 기자들의 임금을 왕창 올려주고 아

힘들겠지만 언론인들에게
꼭 한 말씀을 드리고 싶습니다.
2차대전이 끝나고
프랑스의 언론인들이 처형된 일이
있잖습니까? 그런 극악의 폭력에는
절대 동의하지 않지만, 그때
죄명이 있었어요. 침묵은 죄라는 겁니다.
정치권력과 자본 앞에
점점 더 존재를 잃어가는 언론인.
'더 이상 역사에 죄를 지으면 안 된다'는
말씀을 꼭 드리고 싶었어요.

추혜선

주 따뜻하게 해줬습니다.

유시민 그리고 나머지 말 안 듣는 언론사는 다 통폐합하고 정리해버리고.

진중권 그때 봉투를 받으면 생각했던 것보다 0이 하나씩 더 붙어 있었다잖아요.

노회찬 그리고 일부는 단순하게 말 잘 듣는 차원을 넘어 언론이란 이름의 폭력을 휘두르는 사람이 되어버렸어요.

진중권 종편 보면 좀? 하하!

추혜선 그래서 스스로 통제가 쉬워지는 이 구조에 같이 들어가지 말고 전선에서 저항을 해주시라, 지금은 그럴 때다, 그 말씀을 드리고 싶어요.

유시민 예, 언론인들한테 격려가 되었으면 좋겠습니다.

4.

우리 좀 살게 해주세요!

청년 망국선언문

정치카페 86편 2부 ● 2016년 1월 26일

손아람 작가 + 노회찬 + 유시민 + 진중권

진중권 얼마 전 청년실업률이 역대 최고치라는 기사로 신문 지면이 떠들썩했었죠. 하지만 당사자인 청년들은 그저 웃고만 있습니다. 최악의 청년실업률이라는 9.2퍼센트. 이 통계에는 취업준비생도 빠졌고요, 20대 태반이 백수라는 '이태백', 즉 구직을 포기한 사람들도 다 빠져 있다고 합니다. 말끝마다 청년 일자리 창출에 앞장선다는 대기업들은 어떨까요? 2015년 1월에서 9월까지 아홉 달 동안 삼성, 롯데 등 10대 그룹에서 사라진 일자리만 6,300명에 이른다고 합니다. 고용의 질도 나빠졌고요. 이 와중에 정부는 기어이 근로기준법을 무시하고 쉬운 해고 면허를 기업인들에게 안겨줬습니다. 헬조선의 한 단면인데요, 한 청년 작가는 대한민국을 이렇게 묘사합니다. '이곳을 지옥으로 단정하지 마십시오. 미래의 몫으로 더 나빠질 여지를 남겨두는 곳은 지옥이 아닙니다.' 오늘은 청년의 눈으로 대한민국을 보겠습니다. 아직 대한민국을 지옥으로 단정하지 말라는 서슬 퍼런 〈망국선언문〉으로 최근 화제가 되고 있죠. 용산참사를 다룬 영화 〈소수의견〉의 각본, 그리고 소설 《디 마이너스》의 손아람 작가와 함께합니다.

손아람 안녕하세요? 손아람입니다.

노+유 어서 오십시오.

진중권 크게 두 가지 주제로 이야기 나눠볼 텐데요. 먼저 청년들이 마주한 대한민국, 어쩌다 여기까지 왔는지 생각해보고요. 그리고 이어서 그런 대한민국을 바꿀 유일한 가능성이죠, 바로 정치. 정치가 청년들에게 어떤 모습이고 또 어떻게 변해야 할지 이야기해보겠습니다. 우선 〈망국선언문〉에서 아주 특이했던 게 전태일이라는 이름을 가진 전국의 20대 청년들을 만나서 인터뷰한 이야기, 그리고 5년이 지난 후에 그들이 어떻게 됐는지, 그 부분이 굉장히 인상적이었습니다. 그 이야기를 좀 해주시죠.

손아람 5년 전인 2010년, 전태일 40주기 때 사회과학 출판사들의 연합 기획으로 했던 건데요, '전태일이라는 이름을 가진 우리 시대 청년들을 무작위 표본으로 잡아서 그들의 삶을 조사하고, 40년 전의 전태일과 여러 가지 면에서 비교해보자'는 시도였습니다.

진중권 아니, 사람들을 어떻게 찾았어요? 이름만 가지고 찾은 거예요?

손아람 네, 이름만 가지고 찾았어요. 전화번호부도 뒤져보고.

진중권 전국에 몇 명이나 되던가요? 나이도 알아야 하잖아요.

손아람 엄청나게 많더라고요. 재밌는 건 전태일이란 이름을 가진 사람들은 하나같이 그 이름 덕에 특별한 경험이 있었습니다. 그리고 저보다 다섯 살에서 열 살 정도 어린 친구들을 만났는데요, 노동 현실부터 시작해서 여러 가지가 저 때랑 또 굉장히 많이 달라서 놀랐어요. 2010년 당시에도요. 대학을 다니는 전태일 네 명 중 두 명이 휴학 중이고 그만둘 고민을 하고 있고…. 모든 대학생 전태일이 학교를 징검다리처럼 다니고 있었습니다.

유시민 휴학했다 다녔다….

손아람 네, 한 학기 돈 벌어서 다음 학기 다니고 휴학하고 돈 번 다음에 그 돈으로 다음 학기 등록금을 대고. 등록금은 이제 학생들이 도저히 감당할 수 없는 비용이 되어 있었습니다. 과연 이 돈을 내고 대학을 졸업해서 내가 뭘 얻을 수 있을까라는 고민을 5년 전 그 당시에 대학생들은 하고 있었죠. 그리고 5년 만에 다시 연락을 해봤는데, 과연 그들이 그 비용을 지불하면서 그에 대한 것을 얻어냈느냐? 그렇지가 않더라고요.

진중권 어떻게 살고 있어요?

손아람 당시에도 아르바이트를 안 하는 사람이 한 명도 없었어요. 어떤 식으로도 일을 하지 않는 학생이 없었는데, 인상적이었던 것은 그러면서도 다들 너무나 밝았어요. 미래는 다를 것이고 다른 직업을 가지고 있을 것이라는 믿음이 있었던 거예요. 그런데 사실상 그렇지 못했고, 계속 비슷한 일을 하거나 오히려 더 악화되거나 했죠. 거제도와 부산에 사는 전태일을 만났는데요, 그쪽에 조선업이 많잖아요. 5년 전 거제도의 전태일은 조선소에서 일하면서 '너무 위험한 일이 많지만 걱정 안 한다. 돈도 잘 벌리고, 난 여기서 돈 벌어서 식당 차릴 거다' 이렇게 이야기했는데, 5년 후 다시 연락했을 때는 팔이 부러져서 퇴사를 했고, 식당 살 돈은 아직 모으지 못한 상태였어요. 반대로 부산에서 극장 알바하는 전태일은 그때는 영화감독이 될 거라고 이야기했는데 그분이 조선소에서 일을 하고 있더라고요. 그래서 이것을 현재 노동현실의 축소판으로 봐야 될지….

진중권 전체적으로 상황이 악화됐다고 해야 되나요? 5년 전에는 '내가 지금은 이렇게 살지만 미래에는 다를 것이다'라고 했는데, 5년이 지나도 이게 안 바뀌었단 말이죠. 요즘은 젊은 세대가 그걸 아는 거 같아요. 이게 바뀔 문제가 아니라는 것을….

손아람 맞아요. 성장에 대한 확신이 없죠. 한 사람의 생애주기로 봤을 때 뭔가 끊임없이 성장을 해야 되는데… 청년세대는 부모의 도움이 없다면 이론적으로는 빈손으로 시작하는 게 맞잖아요. 빈손으로 시작하는 사람들이 당연히 성장을 해야 남을 수가 있는 건데, 성장에 대한 확신이 없어요.

유시민 그런데 약간, 이런 면도 있지 않을까 해서 물어보는 건데요. 손아람 작가가 조사한 학생들과 제가 한 30년 정도 차이가 나요. 제가 스무 살이 되던 1978년도는, 우리 동갑이 85만 명 정도 됐는데 그중에 4년제 대학에 들어간 사람이 7만 명이었어요. 전문대학까지 포함해서 15만 명은 고등교육을 받고 나머지 70만 명은 요즘 우리가 기피직종이라고 말하는 일을 했단 말이에요. 그런데 그 30년 동안 한국 사회가 경제적으로 성장하면서 자식들을 다 대학으로 보냈단 말이죠. 조사한 세대는 대학진학률이 85퍼센트가 되었을 때의 세대거든요. '예전에는 대학만 나오면 취직이 됐다'는 이야기를 많이 하는데, 그 당시에는 대학을 못 간 사람이 70퍼센트가 넘었어요. 그런데 지금은 대부분이 대학을 가고. 어찌 보면 한 세대 전과 지금을 수평적으로 비교해서 무조건 모든 것이 다 나빠졌다고 말하기는 좀 어려운 면도 있는 거 아니에요?

손아람 그렇죠. 하지만 사회 전체가 그 30년 동안 굉장히 부유해졌잖아요. 그런데 자신의 삶이 그걸 따라잡을 수 없다고 느낄 때의 박탈감이 지금은 있는 거죠. 말씀하신 것도 맞지만 이제는 명문대생이라고 해도 취업에 대한 기대감이 굉장히 낮아졌거든요. 확신도 없고, 취직을 한다 해도 장기적으로 미래를 계획하기 어렵고. 자기 성장을 전망하지 못하는 시대가 된 것 같아요.

진중권 그 당시만 해도 사실 완전고용 상태였기 때문에 원하면 대부분 취직이 됐는데 지금은 그렇지 않고. 핵심은 이거 같아요. 장하성 교수가 그런 말을 했습니다. "지금 이 세대가 해방 이후 최초로 자기 부모보다 못사는 세대가 될 수 있다."

노회찬 저는 이렇게 말씀드리고 싶어요. 지금 대학진학률이 고등학교 졸업 기준으로 80퍼센트거든요. 세계적으로도 높은 건데…. 어떤 면에서는 부모들의 지불능력이 향상되었기 때문에 진학률이 늘어난 면도 있지만, 다른 한편으로는 대학을 나와야 대접을 받으니까 빚을 내서라도 대학을 보내게 되는 점이 있다고요. '너는 반드시 대학에 가라, 대학 안 가면 나처럼 된다' 그러면서 대학을 보내는 거. 우리는 대학을 안 나오면 무시를 하니까. 다른 나라는 고등학교 졸업해서 하는 일을 우리 대한민국에서는 대학까지 졸업하고도 못 하는 황당한 상황이 되어 있는 거죠.

손아람 그리고 또 하나는, 평생 동안 노동을 해서 어느 정도 안정된 수입을 얻고 삶과 가정을 꾸릴 수 있다면 상관이 없을 텐데, 이제는 모든 노동을 하는 사람들이 일용직 노동자의 기분을 느끼고 있다는 거예요.

진중권 'N포'라고 그러더라고요, 다 포기하고 사는 세대. 과거와 요즘 N포세대의 차이라고 해야 할까요, 어떤 점이 있나요?

손아람 자본과 노동 사이에 뛰어넘을 수 없는 격차가 있다 보니 노동 내의 격차는 말하기가 무의미할 정도가 되었다는 점이 있죠. 가장 크게 느끼는 건 주거예요. 저는 이제 30대 후반이 됐는데요, 주변 30대를 보면 그들의 주거환경이 그들의 노동과 상관성이 거의 없어요. 서울 도심에서 좀 가깝고 멀고, 반지하냐 그 위냐, 좀 더 깨끗한 신축이냐 아니냐의 차이가 있을 뿐 대부분 월세입니다. 거기에서 벗어나서 사는 것은 자기 직업에 따라서가 아니라….

유시민 부모의 직업.

손아람 네, 부모와의 상관성이 명백한 거죠. 제가 어렸을 때는 '부자' 하면 바로 연상되는 게 전문직이었거든요. 의사, 변호사. 그런데 우리 세대는 부자라는 단어가 부자 자신에 대해서 아무것도 연상시키지 않아요.

유시민 그 아버지가… 또는 할아버지가….

진중권 이런 게 이른바 금수저 흙수저 그 얘기죠. 얼마 전에 통계를 보니까 미국에서는 굉장히 큰 자산가들 있잖아요, 대부분이 자수성가형이에요. 나이도 어려요. 대부분 30대, 40대.

노회찬 우리는 상속을 굉장히 긍정적으로 보잖아요. 그런데 미국 같은 경우에는 상속이 세금으로 돌아가는 비율도 높고, 무엇보

손아람

주변 30대를 보면
그들의 주거환경은 그들의 노동과
상관성이 거의 없어요.
거기에서 벗어나서 사는 것은
자기 직업에 따라서가 아닙니다.
부모와의 상관성이 명백해요.
제가 어렸을 때는 '부자' 하면
바로 의사, 변호사 같은 전문직이
연상됐어요. 그런데 우리 세대의
'부자'라는 단어는 부자 자신에 대해서
아무것도 연상시키지 않습니다.

다 자기 힘으로 뭔가 이뤄내는 것을 굉장히 높이 평가하는 사회적 분위기가 있죠.

진중권 ___ 저커버그나 빌 게이츠나 상속 안 하고 그냥…. 애들은 몇 푼만 주겠다….

노회찬 ___ 너무 많이 주면 애들 버린다고 생각하는 거죠.

진중권 ___ 착취 삼투현상이란 말은 무슨 뜻인가요?

손아람 ___ 전태일 시대에만 해도 자본가라는 것이 뭐, 이건희 회장과 같은 사람을 말하는 게 아니었거든요. 자기 고용주 정도를 자본가라고 말했던 거예요. 그런데 그런 고용주라는 사람들이 동대문시장의 자영업자, 요즘으로 말하면 영세상인들이잖아요. 그런데 지금은 노동운동을 할 때도 보면 급여노동자와 고용주 사이에 선을 딱 긋기가 어려운 면이 있어요. 예를 들어 최저임금을 뭐, 두세 배 올린다, 그렇다고 해결되는 게 아니에요. 그들을 고용하는 사람 대부분이 영세 자영업자인데 그들이 감당할 수 있는지를 고려하지 않으면 이게 불가능한 문제가 되어버리잖아요. 그러면 그들이 또 왜 그렇게 힘든가 하면, 사실 임대료로 대부분을 뜯기고 있기 때문에….

진중권 ___ 체인사업이라는 것도 그런 게 있죠. 그 위에….

손아람 ___ 그렇죠, 체인도 뭐 사방으로 가지뻗기가 되어 있죠. 그런데 부동산 소유주가 부자냐 하면, 물론 부자도 있지만 자기 대출을 갚기 위해서 무리하게 임대수입을 뽑아내려고 하는 빌딩푸어도 많아요.

유시민 괴상한 생존방식이죠. 호모사피엔스의 자본주의적 생존방식을 보면…. 에일리언이 와서 관찰해보면 얘네 진짜 재밌는 애들이라 그럴 거야.

진중권 숙주가 다른 놈을 빨아먹고, 걔가 또 다른 놈을 빨아먹고, 쫙 연결돼서. 먹이사슬처럼….

손아람 저는 그런 느낌이 많이 들어요. 특히 주변에서 예술인을 많이 보게 되잖아요. 그런 식으로 하청에 하청에 하청에 하청…. 혹은 아래 입장에서 보면 상납에 상납에 상납의 형태로 되어 있는 경우가 많아요. 얼마 전에 한남동 테이크아웃드로잉, 맘상모(맘편히장사하고픈상인모임) 그런 경우를 보면… 어찌 보면 이게 고용주의 싸움이거든요. 그런데 많은 사람들이 관심을 가지고 응원을 해요. 10년, 15년 전만 해도 이렇지 않았거든요.

진중권 이른바 '제론토크라시(gerontocracy)'라는 말이 있잖아요, 노인 정치라고…. 이런 문제는 어떻게 생각하세요? 언젠가 《한겨레신문》을 보니까 그 이야기가 나오더라고요. 젊은 세대한테는 박정희 시대가 할아버지 얘기래요. 우리한테 6 · 25처럼 경험하지 않은 옛날 이야기인 거예요. 그래서 큰 관심이 없고 오히려 민주화운동 세대에 대해서는 반발감을 많이 느낀다고 하는데, 그들이 기득권을 차지하고 있는 세대로 받아들여지고 있다고요. 실제로 그런가요?

손아람 글쎄요. 저는 그렇게까지 세대를 딱 잘라서 느껴본 적이 없어서….

노회찬 그런데 오늘도 김무성 새누리당 대표가 3퍼센트의 귀족 노동자 때문에 97퍼센트의 노동자가 고통을 받고 있다고 말했는데요. 97퍼센트 노동자의 고통이 다른 잘나가는 회사에 다니는 노동자 때문에 생기고 있다고 말할 수는 없는 거 아니에요. 이와 마찬가지로, 국가와 사회의 문제를 '위 세대가 누리는 특권 태문에 아래 세대는 오히려 헐벗고 있다'는 식으로 세대를 대립시켜서 문제의 본질을 감추는 그런 시도가 있어요.

손아람 네, 그 말씀에 저도 전적으로 동의합니다. 우리가 세대 담론으로 이야기할 때 자주 느끼는 게… 비정규직과 같은 노동불안정을 청년세대로 대표성을 갖게 이야기하잖아요. 그런데 이걸 뒤집어서 반대로 기성세대가 기득권을 대표한다고 이야기하는 것은 위험성이 있다고 느껴집니다.

유시민 진짜 문제를 감추는 거지요.

진중권 그렇죠, 세대담론이라는 게 까딱하면 진짜 문제를 감추는 위험성이 있죠.

유시민 지금 진짜 문제는, 물질에 대한 법적 소유권을 가지고 있는 사람들이 그 소유권을 기반으로 해서, 자기 노동력을 팔아야만 되는 사람들을 다층의 착취구조 속으로 집어넣어놓고 부를 빨아들이는 거 아니에요. 그러면서 한쪽에 계속 쌓고 있단 말이에요. 이게 문제의 본질이라고 생각하는데, 이것을 세대론으로 딱 치환하는 순간…. 그러면 삼성그룹의 이재용 씨는 그 세대의 대표인가? 전혀 아니잖아요. 그럼 무슨 상관이냐고, 세대하고….

손아람 저도 정확히 동의합니다. 부자라고 영원히 사는 것도 아니고 그 부는 결국 다음 세대로 상속이 될 거고, 그 부를 획득하는 과정 사이에 조금의 구조적인 차이가 있을지는 몰라도 그걸 단순한 세대 간의 문제로 이야기하는 것은 분명히 위험성이 있죠.

진중권 손아람 작가 같은 경우에는 민주정부 10년을 20대로 보내셨죠. 요즘 세대는 이명박 박근혜 정부를 20대로 보내고 있단 말이죠. 그 세대 사이에도 차이 같은 것을 느끼나요? 정치적 차이랄까, 문화적 차이랄까.

손아람 많이 있죠. 우리 세대가 좀 특수성이 있었던 것은 IMF 직후 세대라는 점입니다. IMF 이후에 경제적인 체제 변화와 동시에 역사상 처음으로 선거를 통해 정권교체가 일어났는데요. 아쉬운 점은 가장 급변하는 그 시기에, 좀 예민하게 사회를 들여다보고 저항이 필요했을 수도 있는 시기에 약간은 축제 분위기에 싸여 있었다는 거예요.

진중권 아, 정부가 민주정부가 되다 보니까.

손아람 네, 그때 청년 그리고 학생 들의 저항이 힘을 많이 잃었고, 연속성이 단절된 느낌이 있거든요. 그때는 새누리당, 당시 한나라당으로는 다시 정권이 안 넘어갈 줄 알았어요. 그 당시 의원이셨던 노회찬 선생님의 강연을 갔을 때 그런 이야기를 들었거든요. 다시는 오지 않는다고.

노회찬 의지의 표명이었죠.

손아람 전 20대 초반에 그런 이야기를 듣고 믿었어요. '아! 안 오겠구나, 한나라당은 끝났구나.'

유시민 아니, 같은 시기에 나는 한나라당 박멸의 역사적 사명을 띠고 정치에 온 사람이라고 이야기했다고 얻어터지고 있었잖아. 나는 한나라당에 대한 공포감을 그때도 계속 가지고 있었어요. '넘어간다, 이거는. 그리고 이번에 넘어가면 독일 바이마르공화국이 넘어간 뒤에 나치체제가 들어선 것과 유사한 양상으로 사태가 전개될 거다' 이렇게 봤었어요.

손아람 네, 대비가 안 되었고 뭔가 단절됐고. 그 상태에서 정권이 바뀌었단 말이죠. 제가 봤을 때는 지금의 젊은 친구들이 뭐랄까, 오히려 좀 더 보수적이 된 느낌이 있어요.

유시민 《디 마이너스》를 보면서 손아람 작가 세대가 우리랑 다르다는 걸 느낀 게, 우리는 유년기와 청소년기, 청년기를 박정희 전두환 체제 아래에서 보냈단 말이에요. 그 뒤에 김대중정부, 노무현정부가 들어섰는데 이 사람들은 6월항쟁에 우리와 같이한 사람들이잖아요. 그러니까 정치적 소견에서 좀 차이가 있어도 역사적으로 형성된 어느 정도의 동질감을 가지고 그 두 정부를 봤어요. 비판을 할 때도. 그런데 손아람 씨 세대는 그전 정부는 겪은 적이 없고 국민의정부하고 참여정부에서 처음 대면한 거예요, 국가권력이라는 것을. 그러니까 두 정부에 정서적 동질감이 전혀 없는 거 같아요.

노회찬 빙하기를 겪고 간빙기에 온 사람하고, 간빙기에 태어나서 빙하기에 대한 기억이 없는 사람하고는 다를 수밖에 없죠.

손아람 동질감이 약하긴 해요. 그렇다고 꼭 우리가, 예를 들어 이명박 · 박근혜정부랑 똑같이 생각했다고 말할 수는 없고요.

유시민 그래요? 다르게 봐요?

진중권 정당정치에 대한 청년들의 생각은 어떤가요? 우리 세대는 그랬거든요. 밖에서 혁명하겠다고 하다가 이건 아닌 것 같다 싶어서 합법정당으로 들어오고, 이러면서 자신의 정치적인 지향성 같은 것을 나름대로 정제화하는 과정을 겪었는데. 요즘 세대는 정치에 대한 욕망 자체가 있는 건지….

손아람 제가 20대 때까지만 해도 민주정당과 학생 사이에도 거리감이 있었어요. 정당운동 자체가 기성세대의 몫이라는…. 기성체제에 속하는 것이다, 그리고 우리는 체제 바깥쪽에 있다는 그런 인식이 있었거든요. 그것이 처음으로 깨지기 시작했던 게 2004년 총선 때였어요. 민주노동당이 갑자기 약진을 했고, 그때 정당투표가 도입됐잖아요. 그때 저도 민주노동당에 표를 줬었는데, 뭐랄까 아주 엄청난 기대감이라기보다는 항상 너무 고생해왔으니까 약간 동정표에 가까운 거였죠. 그런데 결과를 보고 깜짝 놀랐어요.

진중권 그때가 한창 이른바 진보정치가 성장하던….

유시민 우리 진 교수님이 나를 엄청 공격해댈 때죠, 그때가. 저 친자유주의자, 사이비 이러면서.

손아람 요즘에는 오히려 학생들이 당적을 갖는 데 대한 거부감이랄까, 기성의 정치체제에 편입되는 것이다 하는 그런 생각은 오히려 덜한 것 같아요. 그런데 정당들이 청년세대와 접점을 많이 만드는, 예를 들어 로마시대에 기독교가 포교하는 방식 같은 그런 게 좀 필요하지 않나 하는 생각이 들어요. 정치적으로 사실상 백지상태에 가까운 친구들도 진보정당에 굉장히 호감을 가진 경우가 많아요. 뭔가 문제가 발생했을 때 관심을 가져주고 내 편이 되어줄 이들은 바로 그들이라는 막연한 감정이 있거든요.

유시민 우리나라에서 대학생이 정당과 힘을 합했던 사례는 전부터 있었어요. 4 · 19 때도 그랬지만 1971년 대통령선거 그리고 그 다음 국회의원선거 때가 그랬죠. 지금처럼 이렇게 정당과 정치에 대한 대중적 혐오감이 생긴 것은 보수세력이 언론을 통해 조장한 것이 커요. 또 한편으로는 진보지식인들이 도매급으로 정당을 그냥 때리고. 이런 것이 겹치면서 청년들이 정당을 멀리하게 돼버렸죠. 비정상적인 거죠.

노회찬 그렇죠. 그리고 지금의 청년들은 과거에 비해 훨씬 더 심한 경쟁 속에서 하루하루를 보내야 하기 때문에, 좀 더 집단적이고 미래의 가치실현을 위한 그런 운동에 참여하는 비율이 현저히 떨어지게 되는 것 같아요.

유시민 안타까운 일이죠.

손아람 자치력을 잃었다고 할까요.

진중권 뭐랄까, 청년세대의 정치적인 관심을 조직할 수 있는 새로운 방법이 필요한 것 같습니다.

유시민 저는 가끔 '지금 청년들은 왜 뭔가를 안 하지? 전국적으로 한 100만 명, 200만 명이 궐기하면 안 되나? 우리 때 같으면 어떻게든 궐기를 조직해보려고 사발통문 돌리고 했을 텐데' 이런 생각 들어요. 지금 같으면 온라인으로 소통이 되니까 직접 돌리고 할 필요도 없을 텐데….

손아람 저도 그걸 굉장히 오랫동안 생각해봤는데요. 왜 우리 세대는 가장 큰 불평을 하면서 가장 작은 움직임도 보이지 않을까. 제 느낌에는, 음… 예를 들어 80년대와 90년대 초반에는 어쨌든 군사정권을 무너뜨린 경험이 있고, 90년대 후반부터 2000년대 초반까지는 정권교체의 경험이 있잖아요. 그런데 2000년대 중반 이후로는 어떤 불만과 어떤 여론을 가지고도 항상 마치 예정된 것처럼 선거결과가 나오는 거예요. 여기서 뭔가 패배주의라든가 '뭘 해도 어차피 안 된다'는 의식이 생긴 것 같아요. 이게 분노라기보다는 의아함에 가까운 느낌이에요. 불을 지피면 지필수록 온도가 내려가는 초자연적인 물질을 보는 것 같은….

노+유+진 하하하!

노회찬 '해봤자 소용없다' '그것은 지혜로운 삶의 방식이 아니다' 이런 식으로 계속 주입되고 세뇌되는 면도 있는 것이고. 그 반면에 '아니다, 그럼에도 불구하고 싸워야 한다'는 목소리가 있고. 그렇게 서로 대립하고 있는 상황이죠. 하지만 포기할 이유도 없고, 패배주의를 넘어서려면 끊임없이 시도를 해야 하죠. 얼마 전에 돌아가신 신영복 선생님이 그랬잖아요. '세상에 자기를 맞추는 그런 지혜로운 삶보다 자신에게 세상을 맞추려는 그런 어리석은 사람들의 우직함이 이제까지 세상을 바꾸어왔다'는 거예요.

유시민 난 좀 들고 있어났으면 좋겠어.

진중권 반값등록금, 그때도 정치권에서 화들짝 놀랐잖아요. 빈말로 끝나기는 했지만 그래도 공약이라도 내걸고, 이런 변화가 있었는데….

유시민 선거를 통해서 집권당을 교체하거나 국회를 교체해서 바꿀 수 있는 것도 있지만, 때로는 선거 이외의 방식으로도 국가의 기능과 작동방식에 영향을 줄 수 있는 게 우리 헌법상 있는 장치들이잖아요.

손아람 네, 맞는데요. 제 말은 그런 시위가 미리 경고하고 드러내는 증후로서 기능을 하려면 선거를 이겨보는 종류의 그 경험, 자신감이 필요한데 '뭘 해도 어차피 안 되는데' 하는 생각이 있다는 거예요. 뭔가 고기 맛을 못 본 채식주의자가 되어가는….

노회찬 선거도 참여를 해야 돼요. 그렇게 낮은 참여로는 바꿀 수가 없는 거예요. 청년의 목소리가 반영될 수가 없어요. 투표율이 그런 면에서 큰 문제예요. 지금 선진국들 있죠, 우리가 부러워하는 나라들. 투표율이 80~90퍼센트예요.

진중권 지금 투표소에 나오시는 분들이 다 나이 드신 분들이라고 한다면 결국 정치인들은 표 주는 사람들을 위해서 움직이게 되어 있잖아요. 그러니까 과잉대표가 되는 거거든요. 청년들이 투표를 안 하면 그만큼 자기들의 이익은 과소대표가 되는 거고, 밀릴 수밖에 없는 거죠.

유시민 그래서 나는 청년을 위로하는 담론? 이거 싫더라고요. 청년단체에서 그런 강연요청 많이 받는데, 나는 청년들에게 위로와 격려가 되는 그런 건 못 한다고 했어요.

진중권 난 두 개는 안 해요, 힐링하고 멘토.

손아람 그런데 제 주변에서는, 수많은 다양한 사람들이 있지만 투표를 안 한다는 사람은 없거든요. 그게 참 늘 신기해요. 누가 대체 투표를 그렇게 안 해서 늘 투표율이 낮은 건지.

진중권 요번 선거 앞두고 젊은 사람들 분위기가 어떤지 좀 궁금한데, 어떤 것 같아요?

손아람 분위기가… 뭐, 어떤 결과가 나올지에 대한 대략적인 암울한 전망은 전부 공유하고 있는 것 같은데요.

유시민 잘 안 될 것 같다…. 그게 일종의 학습된 무기력이지.

손아람 저는 이렇게 생각해요. 체제의 유지라는 것은 30년을 해도 성공한 게 아니지만, 체제 변화라는 건 한 번만 해도 성공하는 거고. 사실 어느 사회나 안정 단계에 들어오면 보수가 강세일 수밖에 없잖아요. 그런데 우리가 민주정당 10년의 그 기억이 아직 남아서, 정권 교체라든가 혹은 선거에서의 압도적인 승리라든가 하는 것을 너무 당연하게 여기게 된 것은 아닌가.

진중권 그런 측면이 좀 강해요.

유시민 그런 거는 있죠. 97년하고 2002년, 2004년. 전국선거를 이긴 게 그때뿐이에요, 현재의 야권이. 지금 와서 생각해보면 그 두 차례의 정권이 성립되었던 것이 극히 예외적인 상황이었고. 그것은 극히 대통령 후보의 개인기, 당시 시대적 분위기, 여권의 분열, 이런 많은 요소가 합쳐지면서 일어났던 아주 개연성 낮은 사건이었다는 게 지금 보이는 거죠.

노회찬 그런데 지금은 이명박 후보 당선될 때와 박근혜 후보

당선될 때와는 달라요. 지금은 해도 안 되는 상황이 아니에요. 정권교체를 바라는 사람이 더 많은 것은 사실이에요. 가능성을 현실화시키는 문제예요.

유시민 마음에 덜 들더라도 투표는 해야 해요.

노회찬 투표를 안 하면 어버이연합 표가 두 배가 된다니까!

진중권 우리 얘기는 여기서 마무리해야 될 것 같은데요, 마지막으로 같은 세대의 또는 더 어린 세대의 청년들에게 하고 싶은 말씀 있으면 해주십시오.

손아람 저는요, 우리 세대가 전반적으로 용기가 좀 고갈된 느낌이 있는데, 장기적으로 보면 우리가 좀 더 유리하다는 것을 생각했으면 좋겠어요. 우리가 더 오래 살거든요. 더 오래 살 것이고. 적어도 지금 살아 있는 세대 중에서 우리 젊은 세대가 가장 오랫동안 남아 이 세상을 지키지 않겠어요?

노+유+진 하하하.

진중권 문제의 자연사적 해결방법.

손아람 그리고 우리가, 특히 야당 지지자들 그리고 진보 성향의 유권자인 청년세대는 승리의 경험이 없는데요. 저는 살아 있는 동안 한 번 혹은 두 번이면 충분하다고 생각하거든요. 사실 민주당이 10년 집권한 동안에도 여러 방향으로 정말 엄청난 변화가 일어났잖아요. 진보정당이 우리가 살아 있는 동안 한 번 두 번 정도 집권하는 것만으로도 우리 세계가 너무나 많은 것이 변할 것이고, 우리의 지금 삶과 우리가 준비해온 것은 결국 그때를 위해 달려가는 거고 쌓아가는 과정이 아닌가. 좀 낙관적으로 생각하면 좋겠어요.

5.

역사의 한 장을 넘기며 한 시대가 지나가다

아디오스, YS

정치카페 77편 1부 ● 2015년 11월 23일

정태인 칼폴라니사회경제연구소 소장 + 노회찬 + 유시민 + 진중권

유시민 김영삼 대통령 서거 뉴스가 언론을 다 뒤덮고 있는 2015년 11월 23일입니다. 오늘은 '아디오스 YS'라는 제목으로 김영삼 대통령에 대해서 함께 되짚어보고 생각해보는 시간을 가졌으면 합니다. 실은 2부에 모신 손님인데요, 칼폴라니연구소 정태인 소장님도 함께하십니다. 혹시 김영삼 대통령 생전에 직접 만나본 분 계세요?

노회찬 예, 저는 만나봤습니다. 대등한 위치에서 대화하는 그런 자리는 아니었고요, 87년 이한열 열사의 영결식 날 연세대학교에서 발인을 하고 그 대열이 시청 앞까지 갔어요. 거의 100만 명이 모였

었죠? 그때 YS가 함께 걸어서 시청 앞까지 갔는데, 그때 보았습니다.

유시민 음, 떠나보내시면서 어떤 생각이 들었어요?

노회찬 만감이 교차하죠. 한국 민주주의의 발전에 결정적인 역할을 여러 번 한 분이고, 특히 대통령이 되어서 추진했던 정책 중에 보면 그런 게 있다고 생각하는데요, 다른 한편으로는 민주주의에 대한 헌신과 별도로 민주주의를 거꾸로 돌리는 3당합당과 같은 일을 추진했던 분이니까요. 사실 부산이나 경남 지역은 과거에 야당이 굉장히 셌던 지역이에요. 지금까지 이쪽이 '묻지 마 새누리당!'이 된 건 3당합당 이후, 김영삼 씨를 지지했던 야당 세력이 그리로 가서 다시 안 오기 때문이에요.

유시민 진 교수님은 어때요? 김영삼이라는 정치인의 여러 모습 중에서 가장 강렬하게 남아 있는 어떤 장면 있어요?

진중권 그, 닭장차에 끌려 들어가면서… "닭의 모가지를 비틀어도 새벽은 온데이" 했던 거?

유시민 아, 그거 생각나세요? 어릴 때 아니에요?

진중권 중학교 때인데, 저는 단편 단편 기억나요. 제명당한 것 기억나고요, 그다음에 YH사건. 또 제가 다닌 중학교에서 신민당사가 가까웠어요. 10원 내면 당보를 사서 읽을 수 있었는데 그걸 보면 검열을 당해서 내용이 지워져 있던 그런 것도 기억납니다.

정태인 우리 대학생일 때 중학생이었구나. 진 교수님 젊네요.

유시민 지금은 같이 늙어가는 거예요. 우리 정태인 소장님은 어떤 게 있어요?

정태인 저는 김영삼 대통령한테 돈을 받았어요. 김영삼 대통령의 가장 큰 잘못 중 하나가 세계화, 바로 그 세계화의 일환으로 외국을 공부하는 사람들에게 장학금을 주고 외국에 보내줬는데요. 제가 그 돈 1호를 받고 갔습니다.

유시민 감사한 마음이 좀 있겠네요, 그래도.

정태인 그럼요.

유시민 저는 김영삼 대통령 생각하면 사랑스러운 면도 있고요, 그리고 좀 그악스러운 면도 있어요. 그래서 막 좋아하기도 좀 께름칙하고, 그렇다고 막 싫어하려고 하기에는 너무 매력적이고 그런 사람인데, 나한테는…. 1986년도에 교도소 인권문제가 심각해서 구속자 가족들, 주로 어머니들 모시고 상도동에 간 적이 있어요. 그때 직접 보고 '야… 멋쟁이다' 하는 생각이 들더라고요. 왜 여름에 멋쟁이들은 러닝 안 입고 와이셔츠 입잖아요. '옷을 잘 입는다, 귀공자다' 그런 느낌이 있었고요. 그런데 저는 제일 멋지게 기억하는 게 1987년 6월 24일. 잊어버리지도 않아요. 6월 26일 대행진을 앞두고 제가 속해 있던 단체가 그날 영등포에서 독자적인 시위를 계획하고 있었어요. 잔뜩 벼르고 있는데 YS 총재가 청와대에 간다는 거예요, 전두환 만나서 담판하러. 뭔가 합의가 돼서 나오면 우리는 시위를 못 하잖아요. 그래서 결과를 기다리고 있는데 "협상은 결렬되었다" 딱 이러는 거예요. 그래서 화염병 들고 나갔지. 그런데 그날 "협상은 결렬되었습니다" 하고 딱 선언하는데 그 표정이며 어조며 그 문장이 너무나 인상적이었던 거예요. 나한테는 그날 본 김영삼이 제일 멋있는 김영삼이었어요.

노회찬 그분 특징이 있어요. 아프지 않았다면 교과서 파동 났을 때 그분이 할 얘기는 한 문장밖에 없어요. "씰데없는 소리!"

정+유+진 하하하! "씰데없는 소리 하네."

유시민 자, 우리가 고인을 보내드리면서 고인의 삶의 자취에 대해서 개괄적으로는 알아봐야 돼요. 그래서 중요한 것만 몇 가지 말씀드리고 이야기를 이어나갈게요. 그러고 나서 대통령 김영삼이 성취했던 업적과 오류, 즉 공과를 따져보도록 하겠습니다. 공은 공대로 챙겨드리고 좀 미흡하거나 판단 착오했던 것은 그것대로 짚어봐야 그게 고인과 제대로 작별하는 게 아닐까 싶어서요.

우선 1927년생이에요. 그리고 지금은 거제시지만 그때는 통영군이었던 장목면 외포리에서 태어났습니다. 김홍조, 박부련의 6남매 중 장남으로 태어났고요. 1948년에 정부수립 기념 웅변대회에서 외무부장관상을 받았어요. 이때 외무부장관이 장택상 씨였죠? 이게 인연이 되어서 정치에 입문하게 됐습니다. 1954년도에 자유당 소속으로 제3대 민의원에 당선되어 만 26세, 우리 나이로 28세에 최연소 국회의원이 됐습니다. 그리고 그해에 3선개헌을 비판하면서 자유당을 탈당해 민주당으로 넘어갔죠. 그 뒤로 9선 의원을 지냈고요.

1969년 11월에 '40대 기수론'을 최초로 들고 나와서 대선출마를 선언했는데요, 김대중 후보한테 역전패를 당한 후 경선결과에 승복하고 김대중 선거유세를 도왔습니다. 호텔방에서 밤마다 울면서요. 제가 보기에는 이 대목이 인상적이에요. 그다음에 쭉 유신체제에 투쟁을 하다가 1979년에 총재경선에서 당선이 돼요. 그리고 1979년 6월의 외신기자클럽 발언, "야당총재로서 통일을 위해서라면 누구든 만나겠다." 누구든에 김일성도 들어가냐 했더니 "들어간다." 그러자 북한에서 환영성명 나오고, 그때부터 공화당의 공격을 받기 시작했습니다. 상이군경과 반공청년 들이 신민당 중앙당사를 난입하는 사건도 있었고요.

진중권 이게 요즘 또 부활하고 있잖아요. 어버이연합, 일베, 여러 군경단체.

유시민 그렇죠, 그다음에 1979년 8월에 YH무역 노동자들이 신민당 당사에서 농성을 했고, 이때 이들을 격려하면서 3박 4일간 투쟁했죠. 그러다 경찰 2,000명이 들어와서 당직자들을 다 떡을 만들고 연행을 했습니다. 그리고 9월 16일 《뉴욕타임스》 인터뷰에서 미국정부를 향해 '박정희정권 지지하지 마라' 이렇게 얘기했다가 헌법 부정, 사대주의라고 해서 의원직을 박탈당합니다. 그때요, "날 제명하면 박정희는 죽는다" 이렇게 말했습니다. 살벌하죠? 그리고 신민당 의원 66명하고 민주통일당 소속 의원들이 집단 사퇴서를 내니까 공화당과 유정회가 사퇴서 중에서 선별 수리한다고 해서 난리가 났었죠.

진중권 이때도 장난 아니네요.

유시민 네, 장난 아니에요. 수준이 거의 요즘 새누리당이죠. 이제 1979년 10월 15일, 부산대학교 학생시위를 도화선으로 해서 부마항쟁이 약 닷새 동안 진행됐고 12 · 6이 일어났습니다. 1980년 봄에는 김대중 씨하고 연합을 못 하고 경쟁하다가 5 · 18이 나서 가택연금 당하고요, 그러다가 1983년 5월 18일부터 23일 동안 민주화 5개항을 요구하는 단식투쟁을 벌입니다. 이게 기폭제가 되어서 야권과 재야가 전두환정권과 대결 모드로 전환하는 계기가 됐습니다. 그리고 1985년 2 · 12 총선 직전에 김대중 씨가 미국에서 귀국했고요, 두 사람이 손잡고 신한민주당을 창당했죠. 그리고 아시는 것처럼 6월항쟁 이후로 김대중과 후보 문제로 갈등을 하다 따로따로 당을 만들어서 출마하고, 28퍼센트 얻고 집니다. 그 이후 1990년에 3당합당, 그리고 1992년도에 대통령으로 당선되었고요. 취임하자마자 자신과 가족의 재산공개부터 시작해서 하나회 숙청, 율곡비리 관련자 처벌, 양심수 석방, 임정요인 유해환국사업, 중앙청 조선총독부 건물 철거, 이인모 노인 송환 등등.

진중권 아주 시원하게 가던 때죠.

유시민 네, 그리고 전두환, 노태우 씨를 잡아넣습니다. 광주민주화운동특별법을 제정하라고 지시를 했고요. 이제 그다음으로 넘어가서요, 당시 우리나라 1인당 GDP가 1만 달러를 넘어서 1996년 12월에 경제협력개발기구에 가입을 했습니다. 그리고 여세를 몰아 97년 1월 노동법 날치기를 했다가 사과하고 원위치시키는 일이 있었고요. 그해 2월에 차남 김현철 씨가 뇌물수수와 권력남용 혐의로 구속됩니다. 이때 대국민 사과성명을 발표했고요. 또 97년 초부터 한보철강, 기아자동차부터 부도사태가 시작되어서 97년 말 외환위기로 IMF 구제금융을 받게 되었습니다. 이런 정도로 고인의 일생을 주마간산식으로 훑어봤고요. 자, 이제 대통령 김영삼의 공과 과를 돌아보는 시간을 가지도록 하죠. 노 대표님, 정치하는 분으로서 김영삼 대통령의 공을 짚어주신다면?

노회찬 1987년에 이르기까지 민주화대열에 굳건히 서서 박정희정권에 타협하지 않고 민주화에 기여한 점이 가장 크다고 보고요. 두 번째는, 대통령에 당선된 이후 우리나라 민주화의 진전을 위한 몇 가지 아주 눈에 띄는 역할을 한 점이 아닌가 합니다.

진중권 제가 볼 때는 이 당시만큼 개혁을 한 분이 없어요. 왜냐하면 금융실명제 엄청나죠, 그리고 이때 재산공개하면서 굉장히 많은 사람들이 옷 벗고 나갔잖아요. 두 번째가 하나회 해체고요. 그다음에 역사바로세우기를 김영삼 대통령이 했거든요. 지금 김무성 씨 얘

진중권

제가 볼 때는
이때만큼 개혁을 한 분이 없어요.
금융실명제, 하나회 해체,
역사바로세우기. 이걸
김영삼 대통령이 했거든요.

유시민

총독부청사 철거도 대단했죠.

기를 들으면서 참 뻔뻔하다고 생각한 게, 이 사람이 지금 하는 건 그때 세운 걸 갖다가 다시 뒤집는 건데, 그러면서 스스로 정치적 아들이라고 얘기하잖아요. 굉장히 화가 나더라고요.

유시민 총독부청사 철거 이런 건 대단하죠.

진중권 그건 지금 약간 논란의 여지는 있어요. 왜냐하면 그것도 하나의 유물이기 때문에 철거를 하느냐 마느냐. 그런데 평소에 문화재를 사랑하던 사람들이 반대하는 것이 아니라 친일파들이 그걸 얘기해서 그게 문제죠.

유시민 사실 저는 김영삼 대통령 하면 업적이 많이 기억나요. 어제 내린 눈처럼, 이제는 현실이 되어 있기 때문에 사람들이 별로 기억을 안 해서 그렇죠. 저는 김대중 대통령이 먼저 대통령이 되었으면 이것은 못 했으리라 봐요, 하나회 숙청.

정+노+진 못 했죠.

유시민 그 뒷얘기를 들어보면, 국방장관이랑 육군참모총장 이런 사람들을 갈아치울 때 물어봤대요. "군인 장성들도 자리 그만둘 때 사표 냅니까?" 이렇게 물어봤더니 "군인들은 그냥 통수권자가 명하면 인사가 이루어지는 겁니다"라고 하니까 "어, 그래요? 알았어요" 하더니 하나회 핵심인 김진영 육군참모총장하고 서완수 기무사령관을 그날 밤사이에 경질해버린 거예요. 이어서 그다음 주에 40명 이상의 하나회 소속 장성들을 차례차례 한 달에 걸쳐 날려버렸고요.

진중권 그냥 발본색원을 한 거네.

유시민 YS는 일종의 협객 기질이 있는 사람 같아요. 가끔 엉뚱한 데 하기도 하지만, 명확하게 불의가 저질러지고 있다 하면 칼을 빼들고 쳐내는 사람인 거예요. 저는 이것이 우리 한국 사회를 정치군인의 쿠데타에 대한 공포감에서 해방시킨 일대 사건이라고 생각해요. 이게 제일 위대한 업적 아닐까요?

노회찬 초기에 각료 임명할 때도 재산상 문제나 개인적 비리가 드러나면 바로 쳐버렸잖아요. 바로 포기하고 시원시원하게 했던 면이 있는데, 여기에는 본인의 성격도 있지만 당시에는 국민들이 그것을 떠받쳐주는 시대적 요구가 있었던 거예요. 그 위에서 한발 더 나아가는 역할을 한 거죠.

진중권 뭐… 지지율이 90퍼센트니까요.

유시민 국정수행 잘하고 있다는 대답이 90퍼센트 넘어갔다니까요, 이때. 정태인 소장님은 경제학자로서 말고 시민으로서 김영삼 대통령이 제일 잘한 거는 뭐라고 생각해요?

정태인 역시 민주화투쟁을 한 거죠. 그리고 금융실명제와 부동산실명제.

유시민 이거를 대통령 긴급명령으로 했어요, 금융실명제를.

진중권 역사바로세우기 같은 경우에도, 쉽게 말하면 그 당시의 집권여당이잖아요. 보수당이란 말이죠. 보수당에서 스스로 역사를 바로잡겠다고 나오니까 참 괜찮았죠. 왜냐하면 사회적 합의가 이뤄지는 거잖아요. 그리고 전두환하고 노태우 감옥 보냈잖아요. 그때 진짜 통쾌했는데.

노회찬 나는 이때 전두환 연희동 집 앞에서 '전두환 구속하라' 이런 거 들고 시위도 하고 기자회견도 하고 그랬는데요, 실제로 이렇게 구속시킬 줄은 몰랐다고….

진중권 예, 그때 화끈했죠, 정말.

유시민 대통령으로 있을 때 특히 전반기에 했던 정치개혁, 사회개혁, 경제개혁은 눈부신 업적이고 전광석화처럼 해치운 게 많아요. 공은 우리가 아낌없이 인정할 부분이 있는 것 같아요. 후반기로 가면서 여러 오류가 빚어졌는데, 대통령으로서 하지 말았더라면 좋았을 것이나 다르게 했더라면 좋았을 만한 것, 노 대표님은 뭐 생각나세요?

노회찬 결과적으로 보면, 세계화라는 큰 타이틀 아래에 취해졌던 금융개방 등의 무리한 정책. 외환시장 개방에 있어서 가이드라인을 낮춘 것…. 동시대에 국가수반이었던 말레이시아의 마하티르 수상하고 굉장히 대비가 됐어요. 말레이시아 역시 미국의 압박이 컸는데도 불구하고 국내시장을 지키기 위해서 규제를 많이 유지하려고 했던 반면 한국은 확 개방을 해버렸거든요. 그런데 그게 과연 이분이 알고 했을까, 이분이 그걸 판별할 수 있는 분인가에 대해서는 의구심이 있어요.

진중권 누군가 바람을 넣은 거죠.

유시민 왜, '남의 건강은 못 빌려도 머리는 빌릴 수 있다'고 하는 지론이 있었잖아요.

진중권 예, 또 실제로 그랬고.

노회찬 그리고 노사개혁이라는 이름으로 진행된 것…. 그때 노사개혁위원회를 만들었고, 노동법개악을 새벽에 날치기 통과를 시켰어요. 그렇게 해서 만들어진 법이 집행된 게 김대중정부 시절이에요. 그래서 사실 김대중정부 때 노동자들 구속자가 많았던 건 실은 이 법 때문인 거죠. 이때 김영삼정권이 만들어냈던 개악된 노동법 때문에 많은 분들이 정리해고를 당했고….

유시민 그리고 IMF가 안 났으면 김대중정부도 굳이 그렇게까지 할 이유는 없었는데. 그렇게 몰린 거죠.

노회찬 그렇겠죠.

유시민 저는 김영삼 대통령이 대통령으로서 안 했더라면 좋았을 법한 것? 그게 1997년 1월에 있었던 노동법 날치기 그거예요. 여당에 지시해서 새벽에 몰래 국회로 잠입해서 통과시켰다가 난리 났던 거 아니에요. 남의 머리를 빌리는 데는 빌리려는 의지와 빌리는 능력이 필요한데, 빌리려는 의지는 있었으나 제대로 된 머리를 빌릴 수 있는 능력이 좀 부족했던 것 아닌가. 김영삼 대통령이 이 분야에서는…. 그래서 좀 아쉽게 생각되는 대목이에요. 그리고 자제분의 스캔들이라든가, 1996년 연세대에서 5,000명 넘는 학생들을 잡아가서 연세대학교가 전 세계 뉴스를 탔던 적이 있어요. 이런 게 있긴 했지만, 무엇보다 IMF가 워낙 컸어요. IMF를 불러들인 이 경제정책 실패의 오류가 너무 컸기 때문에 정치적인, 사회적인, 문화적인 그 모든 업적이 다 휩쓸려서 묻혀버린….

노회찬 그런 면이 있죠.

유시민 이제 정치인 김영삼은 한국 정치에서 무엇을 이루고, 무엇을 남겼나를 되돌아보도록 하겠습니다. 대통령을 지낸 건 5년이었고요, 정치를 한 건 1953년부터 1997년까지 거의 반세기예요. 민주화에 큰 공을 세운 부분은 이미 얘기를 했고요, 정치인으로서 이분의 업적과 실책에 대해서 다른 하고 싶은 말씀 있나요? 노 대표님.

노회찬 당시에 '문민정부'라고 했잖아요. 전임 노태우정부와 같은 당으로 당선됐음에도 불구하고 정권승계가 아니라 전혀 다른 정부가 본인으로부터 시작되었다고 했거든요. 그런 점은 일면 사실이라고 보지만, 개인이 집권하기 위해서 3당합당을 했던 것이 역사적인 과오인 것도 사실입니다. 그래서 우리 정치의 지형이나 문화가 후퇴한 것을 부정할 수는 없고요. '그럼 그 일이 없었다면 어떻게 되었겠느냐?' 이런 가정법으로 얘기할 문제는 아니라고 봅니다.

유시민 저는 정치인 김영삼의 일생에서 아이러니를 보는데요. 개인적으로 실패하고 고난을 겪을 때는 뭘 많이 성취했고요, 개인적으로 뭘 이루었을 때는 정치인으로 실패했어요. 우선 자유당으로 시작을 해서 국회의원이 금방 됐는데, 이승만 때 자유당 국회의원 한 게 자랑일 순 없잖아요, 독재정당인데. 지금으로 치면 새누리당보다 더한 건데. 그런데 이분이 이승만 대통령의 3선개헌과 사사오입을 보면서, 이걸 끝까지 비판하고 반대하면서 진영을 바꿔버렸잖아요. 참 명분이 있는, 어찌됐든 훌륭한 모습이고요, 굉장히 소신정치를 보여준 거예요. 그리고 71년도 '40대 기수론' 들고 나와서 대선출마를 했다가 김대중 후보에게 엎어진 거잖아요. 1차 투표에는 본인이 1등이었는데, 억울했을 거라고요. 그런데 후문으로는 밤에 호텔방에서 울었다고 하는데도, 방송차를 끌고 김대중 유세를 계속 다녔다는 거 아니에요. 저는 이것도 굉장히 훌륭한 모습이라고 생각해요.

노회찬 유명한 얘기를 남겼죠. "김대중 후보의 승리는 나의 승리고 우리의 승리다."

진중권 멋있는 말이죠, 참.

유시민 속으로 억울해서 방에서 울었다 할지라도, 그래도 정치인이 공중이 보는 데서 이렇게 말하고 이렇게 행동할 수 있다는 것, 요즘 정치에서 조금 찾아보기 어려운 대목이에요. 그리고 미국에 있을 때 유신선포가 됐는데 바로 귀국하잖아요. 주위 사람들이 막, 손명순 여사도 미국 친구들도 다 말리는데 그냥 귀국해버려요. 이런 모습이 저는 좋더라고요. 의원직 제명을 당하면서도 '나 제명하면 죽을 줄 알아라' 큰소리 뻥뻥 치고, 23일간 단식하고, 대통령이 되기 전까지 정치인 김영삼이 여러 차례 부침을 겪으면서 해온 과정을 쭉 보면 되게 멋져요. 공적인 분야에서 활동하는 정치인이 이 정도의 모습과 일관된 흐름을 가지고 몇십 년간 정치한다는 건 진짜 쉬운 일이 아니고, 이런 모습을 대통령이 되기 전까지 보여준 것만으로도 사실 야당 정치인으로서 굉장히 훌륭한 모습이었다고 생각해요. 이게 바로 우리 사회에 그리고 정치하는 사람들에게 주어진 유산일 텐데, 사람들이 이 유산을 물려받지 않으려고 하는 게 참 안타깝다, 그런 생각이 들어요.

노회찬 이분이 사실은 그 당시에 아버지가 거제도에서 굉장히 부자였어요. 그 집이 선단을 여럿 갖고 있었고.

유시민 80년대 재야운동하던 사람들이 김홍조 멸치 한 상자 안 먹어본 사람 별로 없어요.

노회찬 그럼요, 그리고 부인은 또 마산에서 가장 큰 고무공장 집 딸이잖아요. 그리고 장택상 씨 비서로 들어와서 정치도 굉장히 수월하게 입문했던 분이에요. 그런데 그냥 기득권에 탐닉한 게 아니라, 그러면서 필요할 땐 자기 판단하고 자기 길을 열어나가고.

유시민 그러면서 결단하고.

노회찬 그래서 이번에 서거한 뒤 JP가 평하기를… "일생을 자기 채색으로 그림을 그려나간 사람이다" 이렇게 얘기를 하더라고요.

진중권 아, 굉장히 시적으로 잘 표현했네. 시적이에요, 보면.

유시민 아, JP가 그림을 잘 그리거든. 풍류가 있는 사람이죠. 그런데 문제의 3당합당. 이것은 김영삼 대통령의 정치인생에서 그전까지 절대 없었던 모습이 처음 나타난 거예요. 원칙을 버리고 권모술수로 권력을 잡기 위해서 한 거거든. 호랑이를 잡으려면 호랑이 굴에 들어가야 된다고 해서…. 3당합당은 대통령의 꿈을 이루기 위해 원칙을 위배해서 움직였던 거의 유일한 사건이고요, 이걸로 인해서 호남 대 비호남의 지역구도가 강고하게 만들어져서 이 유산이 아직도 오는 거 아니겠어요?

진중권 그러니까요. 본인도 그렇게 얘기했잖아요. 내가 어떤 결정을 내렸을 때 한 번도 후회한 적이 없었는데, 이 결정을 내릴 때는 정말 여러 번…. 아침에 생각했다가 저녁에 다시…. 본인도 아는 거죠. 문제는, 들어가서 호랑이를 잡기는 했는데 공짜는 없다는 거예요. 후유증으로 남은 게 그런 거죠, 결국은. 예를 들어 지금 김무성하고 또 누구죠, 서청원인가? 둘 다 YS잖아요. 그런데 이 사람들이 YS가 했던 역사바로세우기를 어떻게 하고 있는지 봐요. 다 뒤집어엎고 김영삼 이전으로 시스템을 돌리고 있는 거예요.

유시민 아, 이 사람들은 YS하고 격이 다르죠. 김영삼 대통령은 제가 좀 전에 과정을 쭉 말씀드렸지만, 굉장히 여러 차례의 정치적 고비에서 이익을 버리고 위험을 감수하면서 자기 자신의 컬러를 지켜나가는 소신정치의 선택을 했던 사람이에요.

노회찬 김영삼 정신도 없는 거죠, 이 사람들에게는.

진중권 그렇죠, 보수정당이, 하다못해 뭡니까, 노태우도 한 일이 있고 김영삼도 한 일이 있는데, 정말 아무것도 안 한 게 이명박정부와 박근혜정부인 것 같아요. 역사를 과거로 돌리는 것밖에 안 했잖아요. 업적이 없잖아요.

유시민 아니, 김무성, 서청원 이런 사람들은 자기 정치를 해온 사람들이 아니고, 누구를 따라만 다닌 사람들이에요. 옛날에 YS 때는 YS를 따라다녔고, 지금은 박근혜 대통령을 따라다니는 거예요. 무슨 친박, 비박이야. 둘 다 요새 완전히 진박이더만. 지들끼리 싸우는 진박.

진중권 서로 가박이라고 얘기하는.

노회찬 김영삼 대통령이 공과 과가 다 있다고는 하지만, 그중에서도 3당합당하는 그런 방식, 그런 철학만 배운 거예요. 박정희 대통령하고 제대로 싸운 거는 하나도…. 뭐, 배운 거랑 반대로 가고 있잖아.

유시민 그러니까 김영삼 대통령의 여러 선택 중에 제일 잘못된 선택, 그거 하나만 가져온 거잖아요, 지금.

진중권 쉽게 말하면, 김영삼 대통령이 90퍼센트 지지를 받을 때 했던 좋은 개혁은 다 버리고 과거로 돌리고, 8퍼센트 때 했던 노동법개혁 그런 정책만 리바이벌하고 있는 거죠.

유시민 그런데 왜 그런 사람들이….

진중권 아들이라 그래.

유시민 자, 정치인 김영삼이 한국 정치에 남긴 유산, 이게 다 일까요?

진중권 또 있어요?

유시민 저는 87년 선거제도도 김영삼 대통령이 혼자 한 건 아니지만, 그때 1노3김이… 박정희 18년, 전두환 7년 때문에 정치 인사 적체가 아주 심했을 때 그걸 해소하기 위해서 5년 단임제 합의하고, 대선 때 각각 1노3김이 출마하면서 지역을 네 개로 찢어서 나눠 가지고, 그래서 특정지역을 배타적으로 지배하고 있는 정당이나 정치인에게 유리한 제도로 합의한 게 현행 선거제도라고 봐요. 5년 단임제, 결선투표 없는 대통령선거.

노회찬 그리고 소선거구제.

유시민 이걸 우리가 못 넘어서고 있잖아요.

진중권 저도 그렇게 생각합니다. 87년 이전만 해도 그런 게 없었죠. 87년 이전에 박정희정권의 위기를 부른 게 부산하고 마산이었어요.

노회찬 양김시대라는 것이 어찌 보면 군부독재가 극복되면서 역사 진전의 결과로서 만들어진 측면도 있지만, 또 이 체제마저 극복되어야 그다음 새로운 체제가 올 수 있는 거죠. 유산은 본인이 아니라 후세 사람들이 나눠 갖거나 극복하거나 치우는 문제잖아요. 그래서 저는 김영삼 대통령에 대해 국민장을 치르는 등으로 예의를 표하는 것도 중요하지만 김영삼 시대, 양김시대를 국민적 합의로 극복해내는 그런 모색이 필요하고 그것이 정치권에서부터 일어나야 된다고 생각합니다.

진중권 그거야말로 진정한 장례식이 될 것 같네요.

노회찬 그렇죠. 지금 보면 양김정치의 분위기 속에서 계속 정치하려는 사람들이 얼마나 많아요. 방금 지적하신 것처럼 대통령 선거제도나 또 국회의원 선거제도야말로 어찌 보면 양김시대를 계속 연장시키는….

유시민 양김은 돌아가셨어도 양김시대는 계속되고 있는 거예요, 지금…. 자, 우리 노회찬 대표님은 정치인으로서 이미 조문을 하셨고, 저는 시민의 한 사람으로서 서울역광장에서 조문하려고 기다렸는데 이제 차려진 모양이에요. 저는 개인적으로, 김영삼 대통령이 '우리 대통령'이라고 제가 주관적으로 인식하는 첫 대통령이었어요. 그전의 대통령은 내가 마음속에서 좋아하고 안 하고를 떠나, 그 과정을 인정할 수가 없었어요. 김영삼 대통령은 공도 있고 과도 있는 분이지만, 선출된 절차나 일생을 살아오신 이력이나 이런 걸 볼 때, 내가 지지하진 않았으나 우리의 대통령으로 흔쾌히 인정할 수 있는 첫 번째 대통령이었어요, 저한테는. 그래서 이렇게 인사드리고 싶어요. 김영삼 대통령님, 많이 감사하고요, 또 많이 섭섭해요. 또 사랑하기도 하고요, 좀 밉기도 해요. 그렇지만 참, 소신을 가지고 나라를 위해서 애 많이 쓰신 분이니까, 저 멀리 가셔서 후임자들도 만나시고, 전임자들도 만나시고…. 거기 가시면 저 옛날 분들하고는 어울리지 마시고요, 막 정치할 때 친하게 지냈던 김대중 대통령이나 노무현 대통령 만나서 회포도 푸시고 즐거운 만남하시기를, 기원드리겠습니다.

노회찬 아, 저도 한 말씀. 사실 제가 어제 빈소에 갈 때 어떤 생각이 들었는가 하면, 3당합당 때 저도 굉장히 반대하는 말을 했거든요. 그다음에 노동법개악 때 엄청나게 많은 사람들이 총파업하지 않았습니까. 그 두 기억 때문에 전반적인 인상이 모두 그 기억 속에 갇혀 있었어요. 그런데 막상 돌아가셨다는 얘기를 들으니까 그분이 했던 또 다른 일, 오늘 많이 언급된 긍정적인 일까지 다 기억되면서 그런 생각이 들더라고요. 우리가 지금 여야가 다르고 보수와 진보가 차이가 있다고는 하지만 우리가 누리고 있는 오늘의 민주주의, 그 적지 않은 부분을 이렇게 민주주의를 위해서 싸워왔던 많은 분들, 특히 그중의 한분으로서 김영삼 대통령, 이런 분들에게 우리가 빚을 지고 있다는 것만은 부정할 수 없는 사실이고 잊지 말아야 되겠다…. 그리고 그걸 갚는 것은 민주주의를 더 성숙시키는 우리의 노력이 아닌가 하는 생각을 했습니다. 우리에게는 그런 의무가 있고, 그걸 통해서 이런 빚을 갚아나가는 게 아닌가.

진중권 그 말씀하셨잖아요. 처음으로 '우리 대통령이다.' 사실 그런 느낌을 저도 좀 다른 부분에서 받았거든요. '제도정치를 통해서도 사회가 바뀔 수 있구나'라는 걸 처음 느끼게 해준 그런 대통령이었던 것 같습니다. 명복을 빕니다.

유시민 함께 좋은 곳에서 편히 쉬시기를 바라면서, 기원하면서, 아디오스 YS.

6.

진보,
보수를 위해
돗자리를 깔다

백 투 더 퓨처: 대통령의 국회연설

정치카페 89편 1부 ● 2016년 2월 15일

노회찬 + 유시민 + 진중권

유시민 2016년 2월 15일 오후 2시 30분이 조금 넘었는데요. 시간을 특별히 말씀드리는 이유가 있습니다. 지금부터 타임머신을 타고 내일로 가보려고 합니다. 내일 오전에 박근혜 대통령이 국회에서 연설을 하기로 되었는데요, 무슨 말을 할까요? 타임머신을 타고 가서 미리 들어봅시다. 우리 방송이 내일이라면 듣고 이야기하겠지만 그럴 수 없으니까요.

노회찬 미리 이야기해도 같을 거란 말이죠?

유시민 네, 그래서 우리가 내일로 가서 대통령의 국회연설을 들었다고 가정하고, 그 안에 담길 핵심 내용 다섯 가지를 추려서 비평을 해보려고요. 다섯 가지 쟁점인데요, 다 예측이 됩니다. 박근혜 대통령이 이렇게 말할 거예요. 첫째, 북한이 장거리미사일을 발사했다. 둘째, 따라서 국가안보를 튼튼히 하기 위해 사드(THAAD)를 배치해야 한다. 셋째, 사드를 배치할 뿐만 아니라 북한을 완전 봉쇄하기 위해서는 중국의 협력을 끌어내야 한다. 넷째, 북한의 핵 개발과 미사일 개발을 막기 위해서 개성공단 가동중단은 꼭 필요한 일이고 적법한 행위였다. 다섯째, 개성공단 가동중단으로 북한은 혹독한 대가를 치르게 될 것이고 더불어 앞으로의 다른 추가적인 조치를 통해 북한을 압박할 수 있다. 그 외에도 테러방지법이라든가 여러 가지 이야기가 나오겠지만 핵심내용은 이 다섯 가지라고 봐요.

진중권 예, 그렇겠죠.

유시민 안 들어봤지만, 뻔해. 그래서 이 다섯 가지 주장에 대해서 각각 이것이 사실에 근거를 두고 있는가, 또 논리적으로 우리가 인정할 수 있는 합리적인 주장인가, 그리고 그 효과가 나타날 것인가를 살펴보도록 하겠습니다. 자, 이제 타임머신 타고 갔다 왔어요, 우리가. 첫 번째부터 보죠. 북한이 장거리미사일 발사실험을 했다는 주장이 맞아요? 북한이 뭘 쐈죠?

노회찬 인공위성을 쏘았죠. 그 기술을 좀 더 발전시키면 장거리미사일이 될 수 있는 거 아니냐, 뭐 그런 거죠.

진중권 그렇죠, 그거죠.

노회찬 포클레인을 만들었더니 그 위에 뭐 좀 얹히면 탱크 되는 거 아니냐, 그 이야기예요.

유시민 그런 건가요?

노회찬 장거리미사일이라고 하려면 사실 궤도로 재진입하는 기술까지 확인돼야 하는데 현재는 그냥 인공위성을 쐈다는 게 100퍼센트 사실입니다.

진중권 물론 이 기술이 상당 부분 미사일 기술로 전이될 수 있는 측면이 있고, 북한도 사실 그런 효과를 노리고 있거든요. 표면적으로는 '우리 인공위성 쐈어'라고 하지만 실질적으로는 '미국, 봤지?'라고 하는 효과가 있단 말이죠.

유시민 북한이 쏜 것은 인공위성이 맞아요. 인공위성과 대륙간 탄도미사일의 차이를 보면, 인공위성은 쏘아 올리면 지구궤도를 향해서 위로 올라가요. 대륙간 탄도미사일은 쏘고 난 직후에 30도 각도로 비행해요. 대륙을 건너갈 정도로 멀리 날아가야 하니까요. 장거리미사일은 인공위성과 뭐가 다르냐면요, 장거리미사일은 인공위성처럼 대기권 위로 올라갔다가 지구를 공전하는 궤도를 그리면서 다시 내려와야 해요. 그러려면 우선 쏴서 올릴 수 있는 기술이 있어야 되고요, 그다음은 목표한 곳으로 가도록 원격조정을 하거나 자체제어를 할 수 있는 기술이 있어야 돼요. 그리고 대기권으로 재진입할 때 공기

저항까지 극복할 수 있는 소재 기술도 필요해요. 물론 거기에 탄두가 있어야 되고요.

진중권 탄두가 소형화되어야 하고.

유시민 네, 그러니까 탑재체만으로는 미사일이 안 되는 거예요. 탄두를 탑재한 상태로 미사일이 계속해서 항진해야 돼요. 이러한 기술적 측면에서 볼 때 일단 위로 올리는 기술은 일부 맞죠? 북한은 인공위성을 지구궤도에 쏘아 올리는 데 성공했으니까요. 그렇다면 장거리 대륙간 탄도미사일을 개발하는 데 사용될 수 있는 기술이 여기 포함되어 있다, 이렇게 말해야 정확한 거 아니에요? 그런데 이것만 가지고 정부에서 장거리미사일로 규정을 하고, 언론이 장거리미사일로 보도를 하고, 또 이것이 인공위성이라는 사실을 이야기한 국회의원을 박해하는 게 지금 대한민국의 정치, 언론 상황이에요. 이게 말이 돼요?

노회찬 핵심은 이게 북한이라 그거죠. 북한이 개발해서 문제라는 건데.

유시민 우리가 이렇게 이야기하면 우리 보고 또 종북이니 뭐니 한다고요. 분명히 말씀드리지만 우리 셋 모두 북한의 대륙간 탄도미사일 개발에 반대해요. 그렇죠?

진중권 반대하죠.

노회찬 네, 반대합니다.

유시민 북한의 핵 개발에 반대하시나요?

노+진 반대합니다.

유시민 북한에 핵이 없어야 하고 북한이 미사일 개발을 하지 말아야 된다는 점에서 우리는 박근혜 대통령과 완전히 생각이 일치하죠. 그런데 이렇게 일치한다고 해서 대통령과 정부가 하는 모든 말을 믿어야 돼요? 정부가 취하는 모든 정책에 찬성해야 돼요? 그건 아니잖아요.

노회찬 사실 이럴 수는 있어요. 백보 양보해서, 북한이 지난번 수소폭탄이라는 이름하에 핵실험을 했고 또 그럴 마음만 먹는다면 그런 핵탄두를 탑재한 장거리미사일을 개발하는 능력이 점점점점 높아지고 있다고 객관적으로 볼 수는 있어요.

유시민 그럼요. 그렇게 봐요.

노회찬 그렇게 되면, 우리의 걱정이 커질 수는 있어요.

유시민 그렇죠.

노회찬 그럼 이 걱정을 해소할 수 있는 해결책을 내놓아야 하고, 이제까지 썼던 해결책 중에 실패한 것이 아닌 해결 가능한 방안으로 해결하려고 나서야 되는데….

유시민 결국 북한의 핵 개발과 장거리미사일 개발을 막아야 한다는 점에서 우리는 박근혜 대통령과 완전히 일치하지만, 어떤 방법으로 그것을 막을 것인가에 대해서 판단이 다른 거예요. 다른 판단을 얘기한다고 해서 '너네 북한 가라'라든가 '너네 종북이지' 같은 헛

소리를 하는 것은 그만해야 합니다.

노회찬 그럼요, 말이 안 됩니다. 실질적인 내용을 따져봐야 되는 거예요.

유시민 자, 그러면 대통령이 국회에 와서 '북한이 장거리미사일을 쐈다'고 하면 이것은 사실과 달라요, 거짓말이에요. 왜곡이고.

노회찬 미리 얘기하는데, 그런 말은 하지 마세요.

유시민 네, 하지 마세요. 오늘 밤에라도 청와대에서 듣고 안 할지도 몰라.

진중권 할 거예요.

유시민 그런… 별로 근거 없는 희망을 품으면서….

진중권 아뇨, 이게 전제조건이거든요. 이게 출발이고 이 전제가 무너지면 나머지는 헛소리가 되거든.

유시민 이 전제가 무너지면 국회연설을 할 이유가 없죠. 자, 이제 두 번째. 북한의 장거리미사일과 핵 개발에 대비하기 위해서 사드를 대한민국에 배치해야 한다, 이거 이해돼요?

진중권 난 이게 이해가 잘 안 돼요. 만약 북한에서 미사일을 쏜다면 대기권 밖으로 나갈 거잖아요. 태평양을 건너겠죠. 그래서 미국 본토에 떨어질 테니 거기서 요격해야 하는 거 아니에요?

노회찬 대륙간 탄도탄인데 북한하고 같은 대륙에 있는 나라에 배치하면 안 되죠. 북한의 수소폭탄 실험, 인공위성 발사와 이 사드 배치는 직접적으로 관련이 없어요. 다만 이것 때문에 불안감이 고조된 틈을 타서 평소에 하고 싶었는데 차마 못 했던 일을 하려는 거지.

유시민 의도를 이야기하기 전에 사실관계를 먼저 확인해볼게요. 북한이 4차 핵실험을 했고요, 그다음에 인공위성을 쏘아 올렸어요. 이 두 가지를 통해서 북한은 '우리 핵탄두를 탑재한 ICBM 만들 수 있어'라고 미국에 사인을 보낸 거예요.

노회찬 그렇죠. 능력을 과시한 거죠.

유시민 이건 명확해요. 이건 우리와 박근혜 대통령의 인식이 동일해요. 이유는 나중에 따져보더라도 일단 기술적인 면에서 북한이 말하고자 하는 것은 '우리 핵탄두를 실어서 미국까지 보낼 수 있어' 이 얘기예요. 그런데 우리는 한국에다 사드를 배치하겠다, 이거 말이 안 되죠?

진중권 그렇죠. 아, 그런데 진짜예요? 사드를 배치하는 게 북한이 우리를 공격할 경우에 대비해서인 거예요?

유시민 그렇게 말하고 있잖아요?

진중권 그래요? 그러니까 난 이해가 안 되는 거예요.

노회찬 이제까지 우리 정부는 사드에 대한 적극적인 의사표명을 안 했어요. 그런데 갑자기 이 사건이 터지자마자 바로 '사드 적극 검토!' 뭐랄까, 어떤 상황의 변화가 일어나길 기다렸다는 듯이요.

유시민 오늘 어디 신문사에서 사드 배치에 대해 여론조사 나온 걸 보니까 압도적으로 찬성이에요. 그렇죠, '북한에서 우리에게 미사일을 쏘면 사드로 요격할 수 있다'고 사람들이 알고 있으니까 당연하죠. 그런데 THAAD의 'T'는 'Terminal'이에요. 장거리미사일을 쏘면 발사-상승-안정-하강의 네 단계를 거치는데요, 마지막 하강 단계가 터미널, 이 단계에 요격한다는 거예요. 무슨 소리냐 하면 1,900킬로미터까지 탐지할 수 있는 강력한 레이더를 설치해서 미사일의 동향을 파악한 다음, 미사일이 다시 대기권으로 진입할 때 사드 부대에서 요격 미사일을 발사하는 거예요. THAAD의 'HA'는 'High Altitude'예요. 즉 높은 고도. 40킬로미터에서 최대 150킬로미터까지의 저 상공에서 요격한다는 거죠. 마지막으로 'AD'는 'Area Defense'예요, 지역 방어. 핵폭탄이 떨어지면 그 지역이 초토화되니까 지역을 지키기 위해서는 아주 높은 곳에서 요격해야 돼요. 이게 바로 사드인데, 이거는 대한민국에 필요가 없어요, 원래부터. 왜냐하면 북한이 함경북도에서 300킬로미터 떨어진 서울을 장거리미사일로 공격하기 위해서는 거의 수직으로 쏴야 하고, 그걸 휴전선 넘어오기 전에 하강 단계에서 요격해야 하는 거거든요.

진중권 쉽게 말하면 내가 여기 여의도에서 연남동 집까지 비행기를 타고 간다는 이야기잖아요.

유시민 네, 만약 북한이 남한을 공격한다면 일차적으로는 사거리가 60킬로미터 정도 되는 장사정포, 그리고 맥시멈으로 쏜다 해도 1,500킬로미터인 노동미사일이에요. 그런데 사드는 이런 것에 대해서 아무런 대책이 안 돼요. 이건 한국의 국가안보와는 아무런 상관이 없는 거예요.

진중권 나는 아직도 이해가 안 되는 게 미국은 왜 이걸 여기다 배치해요? 탄이 미국에 떨어지는 것을 대비하려고 한다면 미국에 있어야 하잖아요.

노회찬 중국을 괴롭히겠다는 거죠. 사드 필수장비 중 하나가 초강력 레이더 밴드인데, 이게 중요해요. 이걸 가동시켜놓으면 1,000킬로미터, 2,000킬로미터 안의 모든 군사적 움직임이 다 포착돼요. 중국에서 가장 가까운 한국에 이걸 설치함으로써 중국을 들여다보겠다는 거고요, 중국은 자신들의 국방 실태가 드러나는 거니까 굉장히 경계를 하는 거죠.

유시민 그래서 중국 외교부에서 대사를 소환해가지고 뭐라 한 거예요. '앞뒤를 다 따져봐도 이게 북한 장거리미사일하곤 아무 상관이 없다. 그런데 왜 대한민국에 갖다 놓으려고 하느냐? 그 동기를 합리적으로 추론해보건대 중국과 러시아의 군사적 움직임이나 전자파 등등을 체크하려는 미국의 의도라고 볼 수밖에 없는 거다'라고 그 사람들은 생각하는 거예요.

노회찬 사실은 그게 정확한 거죠. 첫 번째로는 중국 그다음으로는 러시아를 견제하기 위한 전략적 배치인데, 이제까지 왜 못 했느냐. 미국은 줄곧 강력하게 요구해왔다고 봅니다. 그런데 사드 배치는 곧 중국에 대한 도발이거든요. 중국과의 교역이라든가 여러 문제가 있기 때문에 할 수 없었던 거예요. 그런데 북한에서 이런 일이 생기니까 생뚱맞게도 중국이 가장 싫어하는 일을 하면서 동시에 중국이 북한을 견제하길 기대한다는 것 자체가 말이 안 되죠.

유시민 지금 사드를 한국에 배치한다는 것은 북한의 장거리 미사일과는 아무런 상관이 없어요. 박근혜 대통령이 국회에 와서 북한의 위협에 대응하기 위해서 사드를 갖다 놓는다고 한다면 그건 앞뒤가 전혀 안 맞는 이야기라는 걸 미리 말씀드리고요, 청와대에서 혹시 들으면 여기에 반박할 수 있는 논리를 제시해주세요. 이제 세 번째 문제인데, 지난번 신년담화에서 진정한 파트너라면 어려울 때 손을 잡아주어야 한다고 중국에 호소했어요, 그렇죠? 중국이 협조를 안 해주면 북한 봉쇄가 안 돼요. 그런데 사드를 배치하는 방침을 밝히면서 중국의 협력을 기대한다고 말하는 게 성립하는가? 노 대표님이 조금 전에 언급해주신 그 문제입니다.

노회찬 중국이 가장 싫어하는, 그것도 중국만을 겨냥한 일을 하고 있잖아요. 그러면서 중국의 협조를 기대한다는 것은 말이 안 되는 셈법이죠.

유시민 왜 중국의 협조가 필요하냐면, 북한이 중국에 거의 의존하고 있잖아요. 2014년 통계청 발표를 보니까 북한이 32억 달러 수

노회찬

사드 배치는 곧 중국에 대한 도발입니다. 중국과의 교역이라든가 여러 문제가 있기 때문이에요. 중국이 가장 싫어하는 일을 하면서 동시에 중국이 북한을 견제하길 기대한다는 것 자체가 말이 안 되죠.

유시민

지금 사드를 한국에 배치한다는 것은 북한의 장거리미사일과 아무런 상관이 없어요. 북한의 위협에 대응하기 위해 사드를 갖다 놓는다는 것은 앞뒤가 전혀 안 맞는 이야기입니다.

출, 그리고 45억 달러를 수입했는데요, 이 무역액 중 90퍼센트 이상이 중국과의 거래예요. 또 나머지는 러시아가 대부분이에요. 결국 북한의 무역 파트너는 중국, 러시아 그리고 한국이 거의 다인 거죠. 북한은 부족한 에너지를 거의 다 중국에서 수입해요. 만약 북한경제를 봉쇄하고 싶다면 중국의 협조가 없으면 불가능합니다.

노회찬 북한을 제재하기 위해서 중국의 협조를 구하려면 오히려 대한민국에 사드를 영구히 배치를 안 하겠다, 이런 정도의 성의를 보여야죠.

진중권 중국의 협조를 구하는데 사드를 배치한다, 뭔가 좀 바뀐 것 같은데요. 박근혜 대통령이 보면 좀 순진하거든요. 본인이 중국어로 연설도 하고 열병식도 가고 그렇게 신뢰를 보여줬단 말이에요. 그런데 협조를 안 해줘? 그럼 열받으니까 사드 배치, 이렇게 나온 거 아니에요? 스텝이 꼬여버린 거예요.

노회찬 저는 미국이 교활하다고 봐요. 미국은 냉정하게 사드 배치를 서두르지도 않고 분위기만 띄우고 있었어요. 그러다 기회가 오니까 '이건 어때?' 하면서 제시했고 그걸 정부가 덥석 물은 거예요.

유시민 박근혜 대통령이 국회에 와서 연설할 때 중국도 협조해야 한다는 말은 좀 안 했으면 좋겠어요. 지금 중국과 미국이 세계의 양대 강국인데요, 우리가 일방적으로 미국 편을 들어주느라 우리에게는 쓸모도 없는 사드를 배치한다 하면서 중국에게 북한을 봉쇄하는 데 협조해달라고 그러면 그걸 해주겠냐고요.

노회찬 중국 가서 천안문에 오르고 중국말 몇 마디 한다고 북한문제가 풀리지 않는다는 걸 지금이라도 제대로 알아야 되는데.

진중권 정부에서 이쪽 외교안보 라인이 이념성이 굉장히 강한 사람들이잖아요. 자신들이 바라는 것과 현실을 잘 구분 못 하는 것 같아요. 중국이 해주기를 바란 거야. 그런데 안 한 거지, 중국이. 그러니까 열받아서 사드를 받아버린 것으로밖에 설명이 안 되거든요.

유시민 설마 일국의 대통령이 열받아서 그런 것을 할까?

진중권 실제로 그렇잖아요. 지금 돌아가는 상황을 보면.

유시민 그렇죠, 그렇게밖에 해석이 안 되죠. 자, 세 번째는 이 정도입니다. 사드를 배치하면서 중국의 대북 봉쇄 협력을 끌어내겠다는 등의 이런 헛된 소리는 제발 연설문에서 빼주기를. 이제 네 번째는요, 개성공단 가동중단이 과연 적법한 행위인지에 대한 논란이 있습니다. 박근혜 대통령은 완전히 적법하고 합리적이고 필요한 조치라고 이야기했어요. 아, 타임머신 모드로. 틀림없이 그렇게 이야기할 거야. 맞아요? 이거 적법해요? 우리나라는 시장경제를 기본으로 하고 법률에 의하지 않고는 재산권을 침해할 수 없도록 헌법에 보장되어 있지 않나요?

노회찬 이건 자본주의사회에서 있을 수 없는 일이죠. 반자본주의적인….

진중권 사법부 가봤자 법원에서는 고도의 정치적 행위니, 이렇게 이야기할 거라고요.

유시민 우리 헌법의 관련 조항이 어떤 것이 있어요, 노 대표님?

노회찬 헌법 제23조에 모든 국민의 재산권을 보장하고 있고요, 예외의 경우는 120조에 '국방상 또는 국민경제상 긴절(緊切)한 필요로 인해서 법률이 정하는 경우를 제외하고는, 사영기업을 국유 또는 공유로 이전하거나 그 경영을 통제 또는 관리할 수 없다'라고 되어 있죠.

유시민 가동중단을 지시했기 때문에 곧 경영을 통제한 거거든요. 국방상 또는 국민경제상 긴절한 필요로 인하여 법률이 정하는 경우라면 경영을 통제할 수 있어요. 그래서 그 법률을 찾아봤어요. 남북교류협력에 관한 법률이 있죠. 여기에 개성공단 가동을 중단시킬 수 있는 경우가 명시되어 있어요.

노회찬 그와 연관된 걸 굳이 찾으려면 '국가안전보장, 질서유지 또는 공공복리를 해칠 명백한 우려가 있는 경우'인데, 질서유지나 공공복리를 해칠 가능성이 있다고는 보이지 않고 결국 국가안전보장이 위태로워지는 경우로 봐야겠죠.

유시민 남북교류협력에 관한 법률 제17조에 협력사업의 승인 등에서 보면 4항에 '다음 경우에 통일부장관은 관계 행정기관의 장과 협의해서 6개월 이내의 기간을 정하여 협력사업의 정지를 명하거나 승인을 취소할 수 있다'라고 되어 있습니다. '다음의 경우'로 나와 있는 것 중 열한 번째에 '국가안전보장, 질서유지 또는 공공복리를 해칠 명백한 우려가 있는 경우'라고 들어 있어요. 이 경우에 승인취소를 하거나 정지를 명할 수 있다는 거예요. 문제는 그다음인데, 5항에 '통일부장관은 제4항에 따라 협력사업의 정지를 명하거나 승인을 취소하려면 청문을 실시하여야 한다'라고 되어 있습니다. '하여야 한다.'

진중권 청문 안 했잖아요.

유시민 네, 그렇죠. 그리고 6개월 이내의 기간을 정해서 협력사업 정지를 명하거나 승인을 취소하도록 되어 있어요. 어느 날 전격적으로 할 수 없는 거예요. 그리고 어떻게 할지 판단하기 위해서 청문을 해야 되는 거예요. 상황을 알아봐야 돼요.

노회찬 그래서 애초에 통일부가 청와대에 올린 안은 잠정 중단이었던 거죠.

유시민 그렇죠. 잠정 중단은 기한을 잠정적으로 정해놓고 청문 절차를 거치는 거예요. 그런데 이번 경우는 대통령이 직접 지시를 했고, 통일부장관이 그 지시를 받아서 그냥 명했어요. 기한도 정하지 않았고 청문도 실시 안 했어요. 불법 아니에요?

노회찬 법을 위배한 거죠.

유시민 개성공단이 국가안전보장을 해칠 이유가 있는지는 모르겠지만, 이건 해석적인 문제니까 있다고 판단할 수도 있어요. 그러면 법에 정해진 절차를 거쳐야죠. 그런데 곧바로 전격적인 중단을 명했어요. 그러니까 북한은 영구 폐쇄하겠다고 하고 자산을 동결하고 남측 인원을 추방했죠. 이건 또 국제법 위반이에요. 우리 쪽의 조치가 잘못이 있었다 해도 그건 국내법적인 문제거든요. 그래서 북한의 조치는 잘못된 것이지만, 그 이전에 정부의 조치를 국내법에 비추어 볼 때 불법이라는 거예요. 그런데 정부에서는 이것을 '고도의 정치적 행위다'라고 이야기를 해요.

진중권 고도의 정치적 행위를 할 영역이 있고 하지 않을 영역이 있는데, 법을 넘어서서 할 수는 없는 거 아니에요?

유시민 아뇨, 고도의 정치적 행위라면 경우에 따라서 법에는 어긋나지만 정당하다고 인정할 수 있는 경우가 없지는 않아요. 대통령이 너무 급해서 그렇게 할 수도 있지….

노회찬 헌법 76조에 있죠. 내우외환, 천재지변, 또는 중대한 재정경제상 위기. 이러한 상황에서 안전보장이나 공공안전질서를 위해서 긴급한 조치가 필요한데…. 아니, 북한에서 인공위성을 쐈다 해서 내우외환, 천재지변에 해당되느냐 이거예요.

유시민 그건 그렇게 해석할 수도 있죠.

노회찬 그러면 은하3호 쐈을 땐 왜 가만히 있었어요?

유시민 왜 나보고 그래요?

노회찬 대통령인 줄 알았어요.

유시민 하하하, 아니, 내가 지금 대통령을 대신해서 얘기하는 거예요. 헌법 76조에 '안전보장 또는 공공의 안전질서를 유지하기 위해서 긴급한 조치가 필요할 때 재정경제상의 처분을 하거나 또는 이에 관하여 법률의 효력을 가지는 명령을 발할 수 있다.' 개성공단 가동중단이 재정경제상의 처분이잖아요. 헌법에 다 있잖아요.

노회찬 그런데 정부에서 이번 조치를 긴급명령이라고 이야기했습니까? 헌법상 대통령에게 주어진 긴급명령을 발동한 거라고?

유시민 아니요, 안 했어요. 고도의 정치적 행위라고 그랬어요. 왜냐하면 필요하다고 할 수 있는 것이 아니고 '국회의 집회를 기다릴 여유가 없을 때에 한하여 최소한으로 필요한 재정경제상의 처분을 하거나 법률의 효력을 가지는 명령을 발할 수 있다'라고 되어 있거든요. 국회의 집회를 기다릴 여유가 없을 때 할 수 있는 거예요. 그런데 이 기간에 국회가 열리고 있었잖아요?

노회찬 그렇죠.

유시민 국회가 열려 있는 상황에서 이런 조치를 취했기 때문에 긴급명령이라고는 말 못 하는 거예요. 헌법 76조의 대통령 권한으로 설명할 수 없기 때문에 못 하는 거고요, 그다음에 다른 긴급조치. '국가의 안위에 관계되는 중대한 교전상태에 있어서 국가를 보위하기 위하여 긴급한 조치가 필요하고 국회의 집회가 불가능할 때 한하여 법률의 효력을 가지는 명령을 발할 수 있다.' 76조 2항. 이것도 해당 없어요. 왜냐하면 교전상태가 아니었거든요. 미사일 쏜 것을 교전상태라고 주장한다 하더라도, 역시 국회가 열려 있었기 때문에 안 되는 거예요. 만약 국회가 안 열려 있었고 국회의 집회를 기다릴 여유도 없는 긴급한 상황이라고 판단했다 하더라도, 3항에 보면 '대통령은 이런 처분과 명령을 한 때에는 지체 없이 국회에 보고하여 그 승인을 얻어야 한다. 승인을 얻지 못한 때에는 처분명령은 그때부터 효력을 상실한다' 이렇게 되어 있어요. 그런데 정의화 국회의장한테 보고도 안 했잖아요.

노회찬 그래서 사실은 이게 헌법상 긴급명령을 발동한 셈인데, 그렇게 되면 헌법에서 명시한 여러 절차를 많이 어긴 게 되고 또 효력이 무효화되는 상황까지 갈 수 있기 때문에 긴급명령을 발동해놓고 긴급명령이라고 부르질 못하는….

유시민 홍길동 명령이야. 아버지를 아버지라 부르지 못하고 형을 형이라고 부르질 못하는 거야.

노회찬 그래서 고도의 정치적 판단이라고.

유시민 이건 불법이에요. 헌법 위반이에요. 야당이 다수면 탄핵감이야, 명백하게. 대통령은 이렇게 주장하면 안 되죠. 개성공단 가동중단 명령이 정치적으로 합리적이고 정당한 행위였다고 할지라도, 이런 식의 절차로 명령을 내려서 중단시킨 것은 명백한 불법이에요. 탄핵감이라고.

진중권 거의 그냥 70년대식으로 했네.

유시민 그때는 무법의 시대니까 그랬던 거죠. 청와대가 고도의 정치적 판단이라는 논리를 편 건 이런 헌법적인 문제를 참모들이 이미 알고 있었기 때문이라고요. 그러니까 국회에서 이렇게 연설하면 안 돼요. 국회에 보고하게 되어 있는데, 보고도 안 하고 거기 가서 연설한다는 게 말이 되냐고요, 이게. 이제 마지막 다섯 번째 쟁점인데요, 개성공단 가동중단으로 인해서 북한이 혹독한 대가를 치르게 될 것인가? 이게 북한의 돈줄을 막고 미사일, 핵 개발의 자금줄을 차단하는 효과가 있을 것인가? 대통령은 있다고 주장했어요. 물론 내일 일이지만 우리는 알 수 있어, 타임머신 타고 갔다 왔으니까. 이게 상당히 의문스럽지 않아요?

진중권 효과가 아주 없진 않을 거라고 봐요. 그런데 그것이 북한의 핵 개발 의지를 꺾을 정도로 결정적인 효과냐, 개성공단 중단으로 그 정도의 효과를 기대하기는 어렵다는 것이 대다수의 의견이죠.

노회찬 사실 이 조치로 인해서 경제적 손실은 우리가 더 큽니다. 북한도 손실이 있겠지만 우리 기업들이 입게 되는 손실이 더 큰 것으로 확인되고 있고요, 여기에 결제한 달러가 어디에 쓰였다 하는 이야기는 그야말로 황당무계가 얘기예요.

유시민 우선 개성공단의 주요 통계에 대해 간단하게 짚고 넘어갈게요. 폐쇄 당시에 북측 근로자가 5만4,800명 정도 근무했고요 남측 근로자는 800명 정도 있었어요. 북한 근로자 임금과 분담금, 우리로 치면 사회보험료 같은 것까지 해서 2004년부터 지금까지 지급된 현금이 5억6000만 달러. 그리고 우리 정부와 민간이 개성공단에 투자한 돈이 8억5000만 달러라고 해요. 그다음에 이때까지 개성공단이 생산한 누적액수는 2015년 11월 말 기준 32억 달러 정도예요. 그러니까 북한에 지급한 돈은 약 6000억 원, 총생산액은 약 3조8000억 원, 그러니까 다섯 배 조금 넘는 정도 돼요. 작년 한 해만 기준으로 봐도 북한에 지급한 돈이 1억1000만 달러 정도 들어갔어요. 우리 124개 입주기업의 매출액은 약 5억2000만 달러, 마찬가지로 거의 다섯 배죠. 100원 중 20원 정도는 북한에 떨구고 80원 정도는 우리가 가져온 거예요. 이것이 개성공단의 실제 내용이에요. 그런데 이 개성공단 폐쇄가 누구에게 더 고통이 될까요?

진중권 그러니까 우리가 꿀밤 한 대 때리기 위해서 자기 자신한테 다섯 대를 때린 거죠?

유시민 돈 규모로 보면 1대 5 정도로 우리가 더 아프죠? 그런데 우리 경제규모가 북한보다 훨씬 크고, 1인당 GDP가 몇십 배 높고 고통은 주관적인 거니까 비교하긴 어려워요. 북한도 고통스럽고 우리도 고통스러워요. 그런데 북한은 전체주의국가잖아요. 여기서 실업자가 된 노동자들이 그날부터 출근을 안 했는데 어떻게 됐겠어요?

진중권 딴 데 배치되겠죠.

유시민 그렇죠. 전체주의 독재국가니까. 직업선택의 자유도 없고 국가가 고용을 책임져야 해요. 또 북한에는 파산할 기업이 없어요.

노회찬 우리 기업들이 파산하는 거지.

유시민 우리 기업들은 3분의 2는 파산할 걸로 예측되고 있습니다. 그리고 북한은 땅을 준 것 말고는 물질적 투자를 한 게 없어요.

노회찬 전기하고 수도도 남쪽에서 가는 거죠.

유시민 네, 북한은 노동력 외에는 땅 제공한 것밖에 없어요. 땅은 그대로 있는 거고, 그 위에 건물과 설비와 재고가 다 북한에 남았죠. 또 장기적으로 보면 남한 기업들은 이미 투자한 것, 물적 손해를 입은 것 외에도 항구적으로 개성공단이 잘 운영되었더라면 기대할 수 있었던 수익을 잃게 되죠.

진중권 잠재적 수입.

유시민 이게 다 날아가버렸습니다. 실업자가 된 사람은 스스로 일자리를 찾아야 되고요. 말하자면 북한은 손가락 하나 베었고요, 우리는 손가락 다 잘린 거예요. 지금 울고 있는 건 우리 입주기업이죠. 아니, 북한에서 미사일을 쐈으면 북한에 제재를 가해야 하는데 왜 우리 중소기업 사장과 직원들이 벌을 받고 있냐고요.

노회찬 우리가 많이 쓰는 말 중 하나가 '소 잃고 외양간 고친다'는 말이 있잖아요. 그런데 박근혜정부는 소를 잃고 외양간을 고친 게 아니라 마구간을 폐쇄해버렸어요. 왜 마구간을 폐쇄하냐고 물으니까 소가 마구간 통해서 도망갔대요. 말이 안 되는 이야기라고요.

유시민 이제 한반도의 거시 리스크가 커졌는데요. 아무래도 제일 큰 리스크는 김정은이겠죠. 그리고 이런 식으로 대응하는 박근혜정부가 그다음으로 큰 리스크가 아닌가 싶은데. 왜냐하면 지금 금융 동향 보셨어요?

노회찬 예, 신문에 난 것을 봤는데,《블룸버그》, 미국의 유명한 경제지죠. 뉴욕 장시장에서 한국정부가 발행하는 5년 만기 외화채권에 대한 신용부도스와프(CDS) 프리미엄이 전날보다 9bp 오른 83bp로 거래를 마쳤다고.

유시민 한국이 부도위험이 생기면 이게 올라가는 거예요. 거시 리스크가 커졌다는 거죠. 국가신용등급이 내려갔다는 것이고요.

노회찬 부도위험이 높아졌다, 그만큼 한국경제가 위험해졌다는 뜻이죠. 안 그래도 국제금융시장이 불안해진 데다 남북관계마저 악화되면서 높아진 거죠.

유시민 예, 증시가 지금, 지난주 주말에 코스닥은 8퍼센트 폭락했고, 그래서 서킷브레이크, 주식매매중단 조처가 났죠. 코스피도 좀 형편없죠?

노회찬 그러니까 지금 하고 있는 것 보면, 과거에 이명박정부는 '비즈니스 프렌들리'라고 했는데 이건 '밀리터리 프렌들리'예요. 반기업 정책을 쓰고 있어요.

유시민 지금 언론보도에는 우리 쪽 손실을 계산하면서 물적 투자와 재고로 1조1000억 원 정도 얘기하던데, 사실 개성공단의 가치를 금전으로 환산한다고 했을 때 거기 있는 건물과 설비와 재고 그게 전부일까요?

노회찬 한반도가 대립과 긴장에서 벗어나 교류협력 확대로 인해 평화적인 미래를 건설할 수 있는가를 시범적으로 보여주는 창고 같은 역할을 하는 거지요, 어찌 보면 개성공단이. 대한민국의 미래가치를 높이는 상징물 중 하나예요.

유시민 생각해봐요. 정부나 기업의 장부에 직접 잡히지 않는 그런 경제적 가치, 이것이 남북관계가 잘 자리 잡으면 굉장히 큰 거예요. 그게 다 날아가버렸다는 거죠, 지금. 자, 지금까지 타임머신을 타고 가서 국회 연설문의 핵심내용 다섯 가지를 비평해보았습니다. 내일 참고하면서 들어보세요.

노회찬 이거 듣고 대통령 연설을 들으면 정확히 이해가 되겠네요.

유시민 우리가 타임머신을 진짜 탔는지 안 탔는지 알아보실 수 있습니다.

아주 평범한 일반시민들이 국가권력에 대해 도전할 수 있다는 것, 이게 바로 헌법의 정신입니다.

제2부 이면의 세상을 파헤치다

1.

우리의 농촌은 어디로 가고 있는가

통일벼, 새마을, 그리고 세계화

정치카페 14편 2부 ● 2014년 9월 2일

박진도 지역재단 이사장 + 노회찬 + 유시민+ 진중권

진중권 추석을 일주일 앞둔 오늘의 주제는 '쌀'. 좀 전에 유시민 작가님이 발음이 잘 안 된다고 하셨던 '쌀' 문제입니다.

유시민 살이 아니고 쌀. 쌀. 나도 할 줄 알아요.

진중권 네, 우리 농촌 이야깁니다. 정부가 2014년 7월 18일, 기습적으로 내년 1월 1일부터 쌀 관세화를 추진하겠다고 발표했습니다. 관세만 내면 세계 어느 나라의 쌀이나 우리나라 시장에서 유통될 수 있도록 하겠다는 얘긴데요. 이렇게 되면 우리 식량주권의 위기는 불가피해 보입니다. 오늘 지역재단 박진도 이사장님을 모시고 이야기 나눠보겠습니다. 먼저, 지역재단은 구체적으로 어떤 일을 하는 곳인가요?

박진도 우리나라 농촌지역은 농사지을 사람이 없는 것도 문제지만 무엇보다도 지역 일을 할 일꾼이 없습니다. 그래서 한 10년 전에 지역 리더를 키워보자는 취지로 만들었습니다. 농업이나 농촌의 문제들이 바뀌는 것이 아니라 오히려 거꾸로 가는 것 같아 그 이유가 뭘까 생각해보니, 경제나 정치에서 현재 권력을 갖고 있는 사람들이 농촌에 관한 정책을 바꿀 생각이 없는 것 같더라고요.

진중권 농업 포기 정책이라고 할 수 있죠. 쌀시장 완전개방 문제는 오래전부터 얘기가 되어왔고, 굉장한 저항이 있었지 않았습니까? 그런데 이번엔 소리 소문이 없는 것 같아요.

노회찬 이게 처음 시작부터 따져보면, 20년째 쌀시장 완전개방을 연기해왔는데 이제는 더 연기하지 않고 개방하겠다는 건데요.

박진도 네, 아시다시피 쌀이 문제가 되었던 것은 가토(GATT) 우루과이라운드 때부터입니다. 우루과이라운드는 쌀뿐만 아니라 농산물에 대한 개방 문제였는데, 당시 우리 정부는 쌀을 제외한 나머지 농산물을 개방하겠다는 방침을 취했죠. 물론 그때도 쌀시장을 개방하라는 압력이 굉장히 강했습니다. 그리고 우리 국민들이 상당히 반대를 많이 했죠.

진중권 쌀은 다른 농산물과 다른 지위를 갖잖아요.

박진도 그때 기네스북에도 올랐다고 하는데요, 쌀시장 개방 반대서명을 한 사람이 3000만 명 정도였다고.

진중권 전 인구가 다 했다고 보면 되겠네요.

박진도 손수레에다가 서명지를 싣고 그걸 몇 수레를 소가 끌고 가서 미국 대사관에 가져다주고 그랬지요.

유시민 네, 김영삼 대통령 때….

박진도 네, 그게 노태우에서 김영삼 넘어가던 시기였거든요. 김영삼 대통령이 출마하고 '내가 대통령이 되어서 쌀시장을 개방하면 대통령직을 물러나겠다'라고 공약을 걸었죠. 그랬는데 결국, 완전개방은 아니지만 4퍼센트 의무수입에 협의하고 그 조건으로 관세화를 유예했습니다. 우리 소비량의 4퍼센트니까 20만 톤 정도 되는데요, 1994년부터 2004년까지 10년에 걸쳐서 수입량을 조금씩 늘려 4퍼센트까지 수입을 하겠다고 약속한 겁니다. 그리고 2004년도 협상 때 두 배 늘려서 8퍼센트로 정했죠.

진중권 지금 정부의 논리는 그거죠? 쌀 관세화를 한 번 더 유예하게 되면 의무수입 물량을 더 늘려야 한다, 그것보다는 차라리 관세율을 높이 매겨서 방어를 하는 것이 더 유리하다, 이런 논리거든요.

박진도 그게 참 어려운 얘기인데요. 사실 정부는 20년 전부터 개방을 하고 싶었어요. 우리나라 재계나 경제관료들은 쌀뿐만 아니라 우리나라 농산물시장을 전면적으로 개방하는 것이 한국경제에 도움이 된다고 말합니다. 농산물 수입을 얼마만큼 제한하면 성장률이 얼마 떨어지고 전면개방하면 성장률이 얼마 올라가고 이런 계산을 많이 내놓거든요. 그런데 94년에는 국민들의 저항이 워낙 강했고, 2004년도에는 농민들의 저항이 있었죠.

노회찬 궁금한 게 하나 있습니다. 그럼 쌀시장을 개방하자고 하는 개방론자들의 생각은 개방해도 높은 관세를 매기면 우리의 쌀 농가가 버틸 수 있다고 보는 것인지, 아니면 쌀을 100퍼센트 수입해 먹어도 괜찮다고 생각하는 것인지, 그게 궁금합니다.

박진도 2004년도에는 그랬죠. '개방을 하지 않으려면 우리가 상대방에게 굉장한 양보를 해야 하는데, 우리가 양보한 것을 상대방이 받아들이지 않으면 그건 자동적으로 관세화되는 것이다.' 지금은 이렇게 얘기하고 있어요. '관세를 유예하는 것보다는 관세화가 실익이 있다.' 무슨 얘기냐 하면 300퍼센트 내지 500퍼센트의 관세를 매기면 지금보다 쌀 수입이 적어질 수도 있다는 거예요.

진중권 그게 가능한 이야기인가요? 300에서 500퍼센트….

박진도 그래서 농민들도 지금 의견이 갈려 있어요. 농민들 중에서도 쌀시장을 관세화하자는 사람들이 있습니다. 관세화를 하지 않으면 의무수입 물량이 늘어날지 모르고, 또 높은 관세를 매기면 수입이 안 된다고 하니까, 그렇다면 관세화하는 게 낫겠다….

노회찬 관세율을 우리가 일방적으로 정할 수 있는 겁니까? 아니면 우리가 정한 뒤에 상대국의 동의를 얻게 되는 겁니까?

박진도 우루과이라운드협정에 관세율을 정하는 룰이 있어요. 그 룰에 의하면 86~88년 그 무렵의 수입실적이 있어야 돼요. 당시 수입가격을 기준 삼아야 되거든요. 그런데 우리는 그때 수입한 바가 없어요. 그렇기 때문에 관세를 몇 퍼센트 매길지에 대한 근거가 미약하고요. 또 다른 방법이 뭐냐면, 이웃나라가 수입한 것을 기준으로 삼아요. 일본이 그때 쌀이 아닌 쌀가루를 굉장히 싼값으로 수입했고 또 중국이 수입한 바가 있는데요. 이러한 것을 다 고려해보면 최고 500퍼센트까지 나온다는 거예요.

노회찬 그런데 수입이 안 될 정도로 높은 관세율이 과연 가능한지 의문이라는 거죠. 그걸 상대 국가가….

박진도 그러니까 그것은 정부가 국민들 상대로 거짓말을 하고 있는 거죠. 왜냐하면 관세화를 하자는 얘기가 애초에 관세율을 낮추는 것을 전제로 하고 있거든요. 지금 WTO체제에서도 제일 중요한 것이 관세율을 낮춰가는 것입니다. 그런데 아까 말씀드린 것처럼 우리가 500퍼센트를 제시한다 하더라도 그것을 상대방이 받아들일 것인가? 그건 전혀 아니에요.

진중권 보복관세를 말씀하시는 건가요?

박진도 보복관세는 아니지만 상대국에서 계산방식을 달리 가져오는 거죠. 우리가 몇 퍼센트를 내든 협상을 해야 하기 때문에 그 결과는 달라질 수 있는 것입니다. 그런데 앞으로 관세가 내려갈 수밖에 없는 몇 가지 이유가 있어요. WTO협상에 의해서 내려갈 수가 있고요, 정부가 추진하고 있는 FTA정책, 그리고 TPP. TPP협정(환태평양경제동반자협정)에 우리가 들어가려면 쌀 문제를 안 건드릴 수가 없어요. 일본이 TPP에 계속 못 들어간 이유가 쌀 문제 때문이거든요. 일본도 굉장히 높은 관세를 매겨서 관세화했는데 'TPP에 들어가는 경우에는 관세를 대폭 낮춰야 한다'고 미국이 요구하고 있습니다. 우리 정부는 TPP에 들어가더라도 쌀은 빼겠다고 얘기를 해요. 하지만 TPP에서 쌀을 지키는 것도 쉽지 않을 거고, 제가 염려하는 것은 만약에 쌀을 지키겠다고 한다면 다른 농산물을 더 내줘야 해요. 그게 문제입니다.

유시민 네, 모든 국민들이 우리 쌀을 먹고 살길 원하실 겁니다. 쌀 품질도 개선이 많이 되었고 또 쌀이라는 건 영국 사람들에게 소고기가 차지하는 것과 비슷한 심리적인 효과가 있지 않습니까? 쌀밥 먹고 산다는 건 이제 좀 먹고살 만해졌다는 어떤 상징과 같은 것으로 여겨져왔습니다. 이런 심리적인 부분이 있어서 우리에게 남다른 의미가 있었던 건데요, 현재의 시장상황은 전체적으로 어떠한지를 좀 얘기해주시면 좋겠어요. 국내 쌀 생산량, 소비량이라든지 저장미의 현황, 앞으로의 생산전망 등을 간략하게 설명해주시면 도움이 될 것 같아요.

박진도 지금 우리 국민들이 1인당 연간 67~68킬로그램 정도 쌀을 먹습니다. 한 가마가 80킬로그램이니까 한 가마를 채 못 먹어요.

1980년대 초에는 얼마나 먹었을 것 같아요?

진중권 두 배는 먹었을 것 같은데요. 그때는 밥그릇 크기가 달랐어요.

박진도 네, 두 배쯤 먹었습니다. 130킬로그램 정도 먹었어요. 80킬로그램 한 가마니의 산지 쌀값이 현재 16만7,000원 한다고 합니다. 굉장히 싼값이거든요. 작년 이맘때는 17만 원 좀 넘었을 거예요. 우리가 70킬로그램 정도 먹는다고 치면 국민 1인당 1년에 쓰는 쌀값이 15만 원쯤인 거죠.

진중권 1인당? 그것밖에 안 들어요?

박진도 쌀 소비량이 줄면서 쌀의 중요성에 대한 인식이 많이 떨어진 것이 사실입니다. 지금 우리가 전체로 보면 430만 톤 정도 소비한다고 해요. 그런데 아까 이야기한 의무수입량 들어오는 것이 41만 톤 정도 되거든요. 즉 9~10퍼센트가 수입되고 있는 상태입니다.

유시민 그러면 남지 않나요?

박진도 남죠. 수입량이 있어서 조금 남긴 하는데 아직까지는 재고가 심각하지 않아요. 국내생산이 많이 줄었기 때문에요. 농민들이 쌀농사를 기피하고 있잖아요.

유시민 쌀값이 너무 낮으니까….

박진도 네, 쌀값이 낮아서. 소비량도 줄었지만 생산량 자체도 엄청 줄었죠.

노회찬 쌀을 관세화해서 완전개방하자는 사람들은, 혹시 있을 수 있는 쌀 농가의 피해는 대를 위한 소의 희생으로 간주하고 더 싼 다른 나라 쌀을 수입해서 먹자는 얘기인데. 그러면 국제 쌀 가격이 앞으로도 계속 쌀 것이라고 볼 수 있느냐…. 쌀은 다른 곡물에 비해서 국제 교역량 자체가 적지 않습니까? 그래서 가격 등락폭이 훨씬 클 수 있고. 국제 쌀 시세가 오르기 시작하면 그 정도가 다른 곡물보다 심하다는 거죠. 만약 국내에서 쌀을 생산하는 것보다 훨씬 비싸지는 상황이 올 때 국내에서는 이미 논을 다 갈아엎어 버린 상황이라면 대처하기 힘들어지지 않나요?

박진도 그렇죠, 식량안보를 걱정하는 사람들이 그런 얘기를 많이 하죠. 그리고 쌀값은 계속 올라가고 있고요. 지금 곡물 전체에 대한 수요가 급격히 늘어나고 있거든요. 그 이유 중 하나가 중국과 인도예요. 두 나라 모두 인구가 많은 것뿐만 아니라 경제성장도 굉장히 빠르지 않습니까? 우리도 그랬지만 경제가 성장하면 채소를 먹다가 곡물을 먹다가 고기를 먹게 되잖아요? 이렇게 소비패턴이 바뀌게 되면 곡물수요가 엄청나게 증가하죠.

진중권 가축 사료용으로….

박진도 네, 가축 사료로 들어가는 거죠. 그런데 기후변화로 인해 생산력은 점점 줄어들고 있어요. 양심적인 학자들은 다들 곧 식량위기가 온다고 얘기하고 있습니다.

노회찬

쌀은 다른 곡물에 비해서
국제 교역량 자체가 훨씬 적습니다.
국제 쌀 시세가 오르기 시작하면
그 정도가 다른 곡물보다 심해요.
만약 국내에서 쌀을 생산하는 것보다
수입하는 경우가 훨씬 비싸지는
상황이 온다면, 그리고 국내에서
이미 논을 다 갈아엎어 버린 상황이라면
대처하기 힘들어지지 않나요?

진중권 쌀시장 완전개방에 대해서 지금 바깥에서 들어오는 압력이 더 큰 겁니까? 아니면 우리나라 내부에서 기업이라든지 이런 쪽의 요구가 더 큰 겁니까?

박진도 그거는 양쪽 다라고 봐야겠는데요. 어쨌든 WTO 자체가 개방을 요구하고 있죠. 그런데 우리가 어느 정도 개방을 하느냐는 우리 정부가 선택하는 문제인데, 우리 정부나 재계는 다 개방하자는 입장이거든요. 그러니까 WTO의 흐름과도 맞고, 또 우리는 거기서 FTA까지 적극적으로 하고 있기 때문에 더 앞서 있다고 봐야죠.

진중권 이게 지금 20년 된 문제고요, 또 말씀하신 대로 세계적인 추세라는 것이 있지 않습니까. 그렇다면 남은 것은 이러한 국제적인 시장환경을 전제하고 그에 맞서서 우리 농촌이 경쟁력을 갖출 수 있도록 하는 것이 농업정책의 핵심이 되는데, 20년 동안에는 어떤 대책이 진행됐나요?

박진도 쌀 개방 문제가 나오고 농민들이 데모를 할 때마다 정부가 그에 대한 대책을 발표해왔습니다. 우루과이라운드 때부터 매 정부마다 돈을 굉장히 많이 투자했는데요, 하지만 효과를 발휘하지는 못했습니다.

진중권 그 원인은 뭐라고 봐야 할까요?

박진도 개방에 대응하기 위해서는 우리 농업이 국제경쟁력을 키워야 된다, 그렇게 생각했어요. 경쟁력이라는 것은 크게 가격경쟁력, 품질경쟁력 이 두 가지거든요. 그런데 우리가 가격경쟁력을 높이는 것은 굉장히 어렵습니다. 자연적인 제약 때문에.

유시민 네, 소농 시스템이니까요.

박진도 예, 그런데 정부가 계속 해왔던 것은 가격경쟁력을 높이겠다는 것이었어요. 쌀 생산비를 50퍼센트로 떨어뜨리겠다고 했지요. 하지만 이것이 별 효과가 없으니 다음에는 품질경쟁력을 높이겠다고 했죠. 그런데 뭐가 더 맛있다 맛없다 하는 것은 사실 따지기가 어려워요. 우리에게 경쟁력은 안전성이거든요. 실은 안전성 중심으로 가야 되는 건데, 어쨌든 최근에는 그 부분에 조금 신경을 쓰고 있는 것 같습니다.

사실 농업의 가치라는 것은 지금 이야기한 가격, 품질 이러한 시장가치 이외의 다원적인 가치가 있는 것입니다. 그런데 정부가 그런 정책은 안 쓰는 거예요. 왜냐하면 그런 건 너무 힘들기 때문이에요. 그리고 지난 정부들에서 농민들에게 45조, 119조 쓴다고 발표하고 했지만, 이게 농민들에게 간 게 아니에요. 거의 대부분 시설 짓는 데 다 들어가고, 기계 사는 데 들어가고. 실제로는 자본가들이 다 가져간 거죠. 큰 자본가든 작은 자본가든…. 그 많은 돈을 그런 식으로 업자들에게 퍼붓는 것이 아니라 실제로 농촌 사람들의 삶의 질을 개선하는 데 쓰고, 또 농민들에게 직접적으로 그들이 해온 역할 가치에 돈을 지불하는 방식으로 했다면 농촌이 지금과는 많이 다른 모습이지 않을까 싶어요.

유시민 그런데 쌀 생산과 소비의 흐름을 보면, 우선 70년대 박정희정부 시절에 국가에서 벼 품종에 많이 간섭하고 직접 결정을 했지 않습니까?

박진도 신품종을 개발해서 보급한 거죠.

유시민 태풍 몇 호다, 통일벼다, 짧은 기간 경작해서 생산량이 많이 나오는 품종에 화학비료, 농약 써가지고 쌀 생산량을 굉장히 많이 늘렸어요. 그런 국가규제가 사실상 사라지고 나서는 높아진 소득수준에 따른 수요변화에 맞춰서 옛날말로 '아끼바리'라고, 통일벼 말고 일반미….

박진도 추청이라고 하지요.

유시민 예, 그렇게 다양한 종류의 고품종 벼로 바꿔서 지금까지 왔습니다. 그런데 요즘에는요, 모내기 철 시작될 때 농촌지역을 가보면 10톤 트럭 네다섯 대에 모판을 실어다가 놓고 모내기를 한꺼번에 하더라고요. 그래서 제가 "저 많은 걸 누가 다 합니까?" 물어보니까 "저기 청년들 서너 명이서 3만 평 해요" 그러더라고요. 시골 어르신들이 이제 일하기 어려워져서 그렇게 이양기 갖다 놓고 모판 한꺼번에 짜가지고 와서 젊은 사람 몇이서 마을 농사를 다 짓는다는 거예요. 그런데 이런 상황에서는 정부가 농업기술 향상이라든가 품질개선을 위한 어떤 재정적 지원을 하든 소용없는 것이 아닐까 하는 생각도 한편으로는 많이 드는데요.

박진도 우리나라 농업도 많이 바뀌었지요. 다 기계화되었거든요. 웬만한 동네는 두세 사람이 농사를 다 지을 수 있을 만큼 바뀌었어요. 그런데 우리가 조금 생각해봐야 할 것은 뭐냐면, 정부에서 돈도 많이 집어넣었지만 사실은 실패한 원인 중에 하나가 돈을 쓰는 방식에도 상당히 문제가 있었습니다. 대부분 시설에만 투자한 것도 문제지만, 중앙정부에서 일방적으로 결정해서 돈을 투입했거든요. 그런데 이것이 농업에는 전혀 맞지 않은 방식이에요.

진중권 그럼 어떻게 해야 합니까?

박진도 똑같은 쌀농사라고 할지라도 전라도의 넓은 들에서 쌀농사를 짓는 것하고 강원도 산골에 쌀농사를 짓는 것하고는 방식이 전혀 다릅니다. 똑같은 소를 키우더라도 마찬가지고요. 지역마다 다양성이 있는데 그걸 무시하고 획일화시켜 진행하는 것은 문제가 많습니다. 그렇게 된 요인이… 박정희 대통령 때 새마을운동과 같이 맞물린 것이 추곡수매예요. 아까 말씀하신 것처럼 신품종을 보급해서 국가가 사주는 거거든요. 그런데 이게 사실은 굉장히 권위주의적으로 강압적으로 이루어졌어요. 신품종을 심으라고 했는데 어떤 농가에서 재래종을 심어놓았다 하면 면장이 가서 밟아버렸어요. 모판에 살충제를 뿌려서 다 죽여버리고. 그 정도로 강압적으로 행하니까, 불과 10년도 안 되는 사이에 우리나라 전체 쌀의 80퍼센트가 통일벼가 되어버리는 엄청난 일이 일어난 겁니다.

노회찬 지붕도 강제로 교체하고….

박진도 네, 지붕도 강제로 교체하고, 그런 일련의 과정이 농민들이 가지고 있던 자율성을 많이 해쳤어요. 새마을운동이 표방했던 자조, 협동과 같은 정신이 오히려 다 사라진 거죠. 농민들이 '나에게 뭐가 필요하지?' '내가 어떻게 해야 농사가 잘되지?' 하고 연구하는 것이 아니라, 옛날 방식으로 '어떻게 하면 보조금을 더 많이 지원받지?' 하면서 궁리하게 되는 거죠.

유시민 자조가 없어졌네요.

박진도 네, 그리고 두 번째로는 '새마을'에 대응되는 말이 '헌마을'이에요. 그러니까 우리 전통문화는 다 헌것이고 못쓸 것이에요. 새마을운동은 우리 전통을 부정합니다. 초가집과 같은 것도 다 부정의 대상이죠. 그게 제일 안타까운 거예요. 아까 얘기로 돌아가면, 지금은 농민들이 그런 얘기를 하잖아요. '정부가 하라는 대로 하면 망한다.' 그런데 정부가 하라는 대로 안 할 수가 없어요. 보조금을 주니까.

유시민 옛날에는 강압적으로 했지만 지금은 돈 가지고…. 혹시 이런 게 대안이 될까요? 세상은 경쟁 때문에 발전하기도 하지만 상호협력으로도 발전을 하잖아요. 그리고 식품은 다른 무엇보다도 안전성이 문제가 되죠. 그러니까 품질을 구성하는 주요한 기둥 중에 하나가 건전성하고 안전성. 그리고 그 위에 품질, 맛 이런 게 있는데요. 요즘 생협에서 식료품을 구매하는 분들이 많아요. 믿을 수 있다고 생각하기 때문이겠죠? 그리고 조합원가로 사면 마트에서 사는 것에 비해서 크게 비싸지도 않아요. 어떨 때는 파동이 생겨서 마트에선 아주 비싼 것도 여기는 원래 공시가격대로 제공되고요. 생산자와 소비자 사이의 기본적인 신뢰를 바탕으로 하는 이런 방식으로 전 국민의 식생활을 바꾸어가는 건 안 되나요?

박진도 안 될 건 없겠죠. 사실 우리는 협동조합 부문이 취약한 나라예요. 그런데 생협은 최근에 급속도로 성장을 했죠. 몇 군데 주요 생협의 1년 매출이 1조를 넘어요. 안전한 농산물에 대한 갈망에서 비롯된 일입니다. 그렇지만 일반 사람들이 접근하기에 여전히 비싼 것은 사실이고요. 또 생협도 전국 물류를 하고 있거든요, 전국에서 물류센터로 가져와서 다시 배송하는 방식인데…. 최근에 등장하고 있는 또 다른 대안은 로컬푸드직매장이에요. 지금 빠른 속도로 성장하고 있습니다. 저는 앞으로 농정의 큰 방향을 이런 식으로, '농민 한 사람이 도시 열 사람의 식탁을 책임진다'는 개념으로 해나가면 지금보다 훨씬 나아질 거라고 보고 있습니다.

유시민 국가의 농업정책이, 예를 들어 믿을 수 있는 유기농 농가와 소비자 간에 신뢰의 가교를 놓는 데 중심을 둔다, 이런 정책이 되면 어떤가요?

박진도 방식이 여러 가지가 될 수 있는데, 지금 인증제의 경우는 문제가 많아요. 사실 안 걸리고 통과만 되면 인증을 받을 수 있거든요. 제가 볼 때 가장 바람직한 방법은 농민들 스스로 조직화하는 거예요. 소비자도 조직화되어야 하지만 생산자들도 조직화되어야 해요. 그런데 우리는 이 부분이 아주 취약합니다. 지금 소비자들이 생산자들을 조직화시키고 있는 거거든요. 생협 역시 점점 농민들을 쥐어짠다는 얘기가 나오고 있는 게 그 때문이에요. 생산자도 조직하고 소비자도 조직해서 스스로 만나는 구조가 되는 것이 가장 바람직하다고 봅니다.

노회찬 다시 쌀시장 개방으로 돌아가서요, 일본의 방식이 우리에게 타산지석이 될 수 있을까요? 일본이 우리처럼 쌀시장 개방을 유예했다가 5년 만인가요? 99년도에 쌀시장을 결국 개방하지 않았습니까? 그런데 일부 언론에서는 말이죠, 일본은 쌀시장을 개방했지만 농가들이 쌀 품질개선에 성공해서 소비자들이 비싼 고품질의 일본쌀을 선호하고 그럼으로써 개방으로 인한 폐해가 별로 없었다고 주장하기도 해요. 이게 우리에게도 길이 될 수 있습니까?

박진도 일단 '고품질'이라는 것은 대단히 애매한 표현이고 '안전한' 생산물이라는 것이 중요하고요, 일본의 경우는 쌀시장을 개방할 때 관세를 1,200퍼센트로 매겼습니다.

진중권 대단하네요!

노회찬 그 협상을 할 때 일본의 농가들도 참석했죠.

박진도 우리는 쌀 협상 내지는 논의를 하면서 농민들을 완전히 배제하고, 심지어 국회조차 배제하고 있잖아요. 우리나라가 쌀 수입을 자유롭게 하려면 양곡관리법을 개정해야 해요. 그런데 정부는 그러지 않고도 할 수 있다고 강변을 하고 있거든요. 일본의 경우는 생산자 단체와 국회, 정부가 합의를 한 거예요. 말하자면 정부에서 '관세를 1,200퍼센트를 매길 테니 앞으로 거기서 좀 내려가게 된다 해도 괜찮을 것이다'라고 했고, 그러니까 농민들도 '그래, 그 정도면 우리가 받아들이지' 이렇게 된 거였어요. 그런데 우리는 지금 정부가 관세율도 안 내놓고 있잖아요. 일단은 9월 말까지 제출하겠다는 건데, 실제로는 못 할 것 같아요. 어쨌든 농민들에게 그리고 국회에 최소한 몇 퍼센트를 하겠다고 합의를 구해야 되잖아요. 그런데 뭐….

유시민 통치권자의 결단이 서고 난 다음에 그 훌륭한 판단을 소통을 통해 납득시키는 과정만 남은 상태에서 발표를 한다, 그거죠. 의사결정 자체를 공유하는 방식이 아니에요.

진중권 보통 후진국에서 중진국으로 갈 때는 공업 발전이 필수적이고요, 중진국에서 선진국으로 진입할 때는 공업만이 아니라 농업도 선진화되어야 하는 과정이 있거든요. 그래서 강대국이라고 불리는 미국이나 프랑스, 독일, 영국 등도 사실 농업이 발전하지 않은 나라는 없어요. 그러나 우리나라의 상황은 농업정책이 아니라 사실상 농업 포기 정책이었다…. 농민들을 경쟁력을 갖춘 주체로 만든다기보다는 정부정책에 의존하게 만들고, 관료들에게 가서 지원금 받는 식으로 되다 보니, 사실은 그렇게 돈을 많이 뿌렸음에도 불구하고 농촌 경쟁력이 살아나지 않은 부분이 있다는 거겠죠. 이제 총체적으로 정리해주신다면요?

박진도 생산액으로만 본다면 쌀의 가치가 7조 원쯤 된다고 합니다. 그런데 논 농업의 비경제적 가치는 그것의 여덟 배, 56조 원쯤 된다고 해요.

유시민 쌀이 가지고 있는 가치보다 여덟 배, 어떤 게 있나요?

박진도 예를 들어 이런 거죠. 대표적으로 홍수 방지기능.

노회찬 논이 물을 담고 있는 하나의 저수지가 되니까요.

박진도 그렇죠. 논이 담고 있는 물의 양이 우리나라 전체 댐이 담고 있는 물의 양의 일곱 배라는 거죠. 그러니까 그게 별거 아닌 거 같아도 100만 헥타르에 30센티미터 물 담는 이 양이 엄청나다는 거예요. 그게 없으면….

유시민 하긴 그렇네요. 강이 못 견디겠는데요.

박진도 그렇죠. 특히 우리나라는 여름철에 집중호우가 오잖아요. 7월이나 8월에. 이때 담긴 물이 지하수가 되는 거거든요.

유시민 천천히 빠져서요.

박진도 네, 그런데 이게 없으면 바로 그냥 홍수가 돼서 강으로 흘러가는 거예요. 또 대기 정화기능이라고 하죠. 벼가 뿜어내는 산소량이요. 그 외에도 실제로 보면 토양유실을 막는다든지, 동식물의 서

식처가 된다는 것도 있고요. 이처럼 논이 가지고 있는 비경제적 가치, 경제학에서는 이것을 '외부효과'라고 하는데요, 이 외부효과는 시장 가치에 반영되지 않습니다. 그것은 국가에서 반영해주지 않으면 안 되는 거죠. 제가 독일에 갔을 때 '왜 그렇게 농업에 투자를 많이 하느냐'고 물어봤습니다. 그때 대답이, 그분들이 농촌에 안 살고 도시로 오면 지금 지원하는 금액의 네 배가 더 들어간다고 하는 거예요. 그 분들이 그곳에 살아주시는 것이 참 고맙다고. 그 정도로 가치가 크다는 이야기겠죠.

유시민 90년대 말에요, 유럽연합 재정지출의 70퍼센트 정도가 농업으로 갔어요.

박진도 지금도 50퍼센트 정도가 가고 있습니다. 제가 주장하고 싶은 것은 이것입니다. 세계화가 흐름인 건 맞습니다. 지금 정치와 경제를 지배하는 것이 초국적 자본이잖아요. 하지만 과연 이것이 우리가 가야 할 길이냐 하는 것은 다른 얘기죠. 너무도 피해가 많아요. 식량위기뿐 아니라 자원위기, 환경위기…. 우리는 이제 대안을 찾아야 합니다. 그걸 저는 '지역화'라고 표현하고 있습니다. 이제 많은 사람들이 '지역에서 문제를 찾아가자'고 이야기하고 있어요. 수출로는 더 이상 해결이 안 된다, 그러면 지역에서 일자리를 만들 수밖에 없다는 겁니다. 또 고리원자력을 만들고 밀양송전탑을 세워서 서울 사람들이 쓰는 이런 방식으로 장기적인 에너지 문제가 해결되겠느냐, 결국 이제는 로컬에너지로 가자는 겁니다. 이런 일은 우리나라뿐만 아니라 전 세계적으로 벌어지고 있는 일입니다. 우리는 청와대에서 사는 게 아니고, 각자 자기가 사는 지역에서 살고 있거든요. 서울도 마찬가지지만 그 지역에 살고 있는 사람들이 자기 지역의 자원을 이용해서 지역의 문제를, 지역의 필요를 충족해나갈 수 있는 노력이 필요하다고 생각합니다.

진중권 농업문제에서 시작해서 범위가 굉장히 넓어졌습니다. 농업문제를 포함한 지역문제의 차원으로.

박진도 단순히 농촌문제, 먹거리문제로 접근할 것이 아니라고 봅니다. 지속 가능하지 않은 한국 사회를 지속 가능하도록 만들기 위한 대안으로서 '지역화'가 필요하다고 믿고 있습니다. 그렇게 해야 정책의 방향이 제대로 갈 수 있는 것이지, '농업은 변방이야, 주변부야, 딱하잖아, 좀 도와주면 돼' 이런 식으로 사고해서는 절대 이 문제가 풀리지 않는다는 얘기입니다.

노회찬 네, 그것이 아까 말씀하신 EU에서 농업 지원에 50퍼센트를 투자한다는 것과 같은 맥락이죠. 또 우리나라에도 수입되고 있는 미국쌀 재배농가는 미국정부로부터 보조금 받는 농가들이에요. 농업과 농가를 살리기 위한 국가의 보조라는 것이 단순히 생계가 어렵게 된 사람을 구제한다는 게 아니라, 그걸 넘어서는 목표가 있는 거거든요. 도시에 사는 사람들을 위해서도 식량안보는 중요한 문제이고 또 자연환경 차원에서도 농업의 현장이 계속 보존되어야 할 필요가 있다, 그런 뜻 아니겠습니까.

박진도 우리나라는 지금 식량자급률이 22퍼센트밖에 되지 않습니다. 그중에 쌀이 97퍼센트이고 나머지는 3퍼센트밖에 되지 못합니다. 아까 말씀드린 대로 나머지는 다 관세화되고 담장이 낮아졌기 때문입니다. 이제 쌀 자급률이 예를 들어 50퍼센트까지 떨어진다고 한다면 우리의 식량자급률은 10퍼센트 이하로 떨어진다는 얘기예요.

유시민 위험하네요.

박진도 앞으로의 미래가 식량위기라는 것은 양심적인 전문가들은 다 얘기하고 있어요. 나쁘게 말하면요, 지금 세대가 물건 수출해서 살겠다고 미래 세대에게 엄청난 짐을 떠넘기는 것입니다.

유시민 이미 다른 분야에서도 엄청나게 떠넘기고 있어요.

박진도 그렇죠.

진중권 네, 오늘 박진도 지역재단 이사장님 모시고 여러 가지 이야기를 나눠봤습니다. 펄 벅의 소설《대지》에서 주인공 왕룽은 임종을 앞두고 아들들에게 이런 얘기를 합니다. '우리는 흙에서 태어났다. 그리고 흙으로 돌아가야만 한다. 땅을 가지고 있지 않으면 살아갈 수가 없다. 너희가 땅을 팔아버린다면 그것이 마지막이다.' 행여 정부의 잘못된 농업정책이 우리의 식량과 땅을 농민들로부터 빼앗는 비극이 일어나서는 안 되겠습니다.

2.

세계를 흐르는 돈

세계 화폐전쟁, 그리고 화폐개혁

정치카페 66편 2부 ● 2015년 9월 8일

김영익 서강대 경제학부 교수 + 노회찬 + 유시민 + 진중권

진중권 지난 8월, 주식투자하시는 분들 가운데 속된 말로 멘탈붕괴되신 분들 많았을 겁니다. 오늘은 중국경제의 불확실성과 이로 인해 앞을 가늠할 수 없는 상태에 빠져버린 우리 경제에 대한 이야기를 나눠볼까 합니다. 중국발 금융위기가 미국을 강타하면서 2008년에 이은 2차 금융위기가 온다고 예언한 책《3년 후 미래》의 저자 김영익 서강대 경제학부 교수님 자리에 모셨습니다. 지난 25년간 특급 애널리스트로 여의도에 계셨고요, 올 9월부터는 서강대학교 경제대학원 전임교수로 인생 2막을 시작하셨습니다.《3년 후 미래》… 사실 공부하는 분들은 예언 같은 거 잘 안 하시거든요. 예외적으로 이런 분(유시민) 빼고. 하하.

유시민 돗자리 매주 까는 나도 있는데요, 뭐.

진중권 지금부터 함께 그 이야기를 나눠보겠습니다. 그동안 사실 중국이 세계경제를 떠받쳐주는 역할도 많이 하지 않았습니까? 거의 모든 것을 빨아들이면서. 그런데 '잘 달리던 판다가 걷기 시작했다' '세계의 공장이 가동을 멈췄다'는 이야기가 나오고 있어요. 30년간 고성장을 거듭했던 중국의 경기둔화를 두고 하는 말인데요. 지금 중국경제의 불확실성이 글로벌경제를 난타하여 '세계경제 9월 위기설'까지 나오고 있습니다. 판다가 이제 주저앉아버리는 건가요?

김영익 앞으로 2~3년 주저앉았다가 다시 일어날 것 같습니다. 중국경제의 중요성을 알기 위해서는 먼저 세계경제에서 미국과 중국이 차지하는 비중을 살펴볼 필요가 있는데요, 2014년 기준으로 미국 GDP가 17조4000억 달러, 세계 GDP의 약 23퍼센트를 차지하고 있습니다. 중국은 10조4000억 달러, 세계 GDP의 14퍼센트입니다. 우리나라 2014년 GDP가 1조4000억 달러 되는데요, 세계에서 차지하는 비중이 1.8퍼센트입니다.

진중권 그것밖에 안 됩니까?

김영익 1.8퍼센트면 세계 14위 정도 됩니다. 중국은 굉장히 빠른 속도로 올라가고 있기 때문에 세계경제에서 중국경제의 역할이 중요하다고 말씀드릴 수 있습니다. 미국의 비중은 계속 줄어들고 있거든요. 2001년 약 33퍼센트에서 최근 23퍼센트로 줄어들었고요, 중국 비중은 4퍼센트에서 지금 14퍼센트까지 올라간 겁니다. 2008년 미국에서 글로벌 금융위기가 일어나고 전 세계 경제가 마이너스 성장을 했습니다. 선진국의 경우 마이너스 3.5퍼센트, 전 세계도 마이너스 0.4퍼센트 성장했는데요, 중국경제는 오히려 2009년에 9.2퍼센트, 2010년에도 10퍼센트 성장했습니다. 세계경제가 이렇게 어려운 가운데 중국경제가 고성장할 수 있었던 건, 사실은 중국정부가 주로 공기업들에게 투자를 늘리도록 했기 때문입니다. 그래서 고정투자가 중국 GDP에서 차지하는 비중이 48퍼센트까지 올라갔죠.

진중권 그러니까 절반 이상은 그냥 투자로…?

김영익 네, 세계 평균이 22퍼센트 정도거든요. 그런데 이렇게 투자를 많이 해서 성장을 해놨고 생산능력이 늘었는데 이제 물건이 안 팔린다는 겁니다. 그러면 중국 기업들이 부실해지고, 기업들이 부실해지면 거기에 돈을 빌려준 은행까지 부실해지죠. 부실이 쌓이면 결국 구조조정을 한번 해야 하거든요. 우리 경제가 1980년대에 10퍼센트 성장을 했어요. 그때 주가도 일곱 배 반이나 오르고 참 좋았었죠. 그렇게 경제가 성장하니까 우리 기업들이 미래를 낙관적으로 보고 굉장히 많이 투자를 했어요. 그런데 기업이 부실해지고 은행이 부실해져서 결국 97년 우리가 외환위기를 겪었죠. IMF 경제위기가 바로 부실을 처리하는 과정이었는데요, 저는 중국도 이런 과정이 남아 있다, 그렇게 보고 있습니다.

노회찬 그런데 중국의 막대한 투자가 중국경제를 살리는 방편이기도 했지만, 2008년 미국 금융위기 이후 다른 나라를 살려준 측면도 있잖아요. 결국 그것이 미국경제를 회복시키는 데도 상당한 역할을 했던 거 아니에요, 사실은?

김영익 네, 그랬습니다. 90년대 중반에 미국에서 IT혁신이 일어나면서 생산성이 증가하고, 고성장 저물가를 달성했거든요. 이걸 믿고 미국 소비자들이 엄청나게 소비를 했어요. 이때 중국이 물건을 싸게 생산해서 미국 소비자들에게 수출해줬고요, 중국은 거기서 돈을 벌어서 미국 국채를 사줬어요. 중국 사람들 입장에서는 돈 벌어서 좋았고 미국 사람들 입장에서는 물건 싸게 공급해주는 것도 좋았고, 국채 사줘서 금리 낮춰줘, 집값 오르니까 서로 좋았던 거예요. 그런데 그것이 미국에 주택가격 버블을 발생시키고 과소비를 초래해서 미국 경제위기를 초래한 겁니다. 또 미국은 경제가 급격하게 떨어지니까 부양했어야 했거든요. 정부가 돈을 쓰려면 국채를 발행해야 돼요. 그런데 그 국채를 누가 사줬느냐, 중국 사람들이 많이 사준 겁니다. 그래서 2009년, 2010년 그때 '중국만이 자본주의를 구제한다'라는 이야기까지 나온 거죠.

진중권 공산주의가 자본주의를 먹여 살리는 역설적인 황당한 상황이네요. 지금 가장 문제가 되는 게 우리나라가 중국에 대한 수출 의존도가 상당히 높지 않습니까.

김영익 그렇죠. 중국무역 흑자가 매년 500억 달러가 넘어요. 중국경제가 어려워지면 우리 경제가 타격을 받을 수밖에 없습니다. 우리 수출 중에서 미국이 차지하는 비중이 2000년에 22퍼센트였습니다. 그게 10퍼센트까지 떨어졌다가 미국경제가 제법 좋아지니까 14퍼센트까지 올랐는데요, 중국 비중은 2000년에 11퍼센트였던 것이 2013년에 26퍼센트, 2014년에 좀 떨어져서 25퍼센트가 됐습니다. 중국경제가 어려워지니까 작년부터 우리나라 대중수출이 조금씩 줄어들고 있는데요, 작년 2014년에는 0.4퍼센트 감소했지만 올해 8월까지 보니까 대중수출이 4퍼센트나 감소하고 있습니다.

노회찬 중국이 우리나라 물건뿐 아니라 전체적으로 수입을 줄였죠? 중국이 가장 많이 수입을 하던 나라가 일본이었는데 지금은 우리가 일본을 제치고 1위를 한 상황이더라고요.

김영익 네, 상대적으로는 영향을 덜 받았죠. 하지만 우리는 중국수출 비중이 높기 때문에 앞으로 중국경제가, 예를 들어 5퍼센트로 성장률이 떨어지면 우리 경제가 훨씬 더 어려울 수밖에 없습니다. 그리고 사실 더 큰 문제는 세계 수출시장에서 우리가 수출하던 것을 중국이 가져갔다는 거죠. 1990년대 들어와서 일본경제가 어려워지니까 일본 수출품목을 우리가 차지해서 조선, 반도체, 자동차 등 우리 경제가 많이 성장했거든요. 그런데 요새는 중국이 질은 좀 낮더라도 싸게 생산해서 우리 수출시장을 점유하고 있습니다. 저는 중국 경제성장이 둔화하여 우리의 대중수출이 감소하는 것보다 세계시장에서 중국으로 인해 우리나라의 수출이 감소하는 효과가 더 크지 않을까 생각하고 있습니다.

진중권 위안화 평가절하, 이건 어떻게 된 겁니까?

김영익 최근에 중국이 위안화 평가절하를 했죠. 그런데 사실 2008년에 미국이 먼저 환율전쟁을 시작했어요. 2009년 한 해 동안 본원통화를 98퍼센트나 풀었거든요. 중앙은행이 발행한 화폐와 지급준비예치금을 합친 걸 본원통화라고 합니다. 저는 역사상 돈을 한 해 동안 이렇게 많이 푼 나라는 처음 봤습니다. 이렇게 해서 2008년에서 2011년까지 미 달러가치가 떨어졌었죠. 이 기간 동안 대표적으로 엔화가 강세를 보였는데요, 엔-달러 환율이 2008년 122엔에서 2011년 77엔까지 떨어졌어요. 아시다시피 일본경제가 디플레이션 압력이 굉장히 심한 나라인데 거기다 통화가치까지 강세가 되니까 디플레 압력이 더 심화됐습니다. 그래서 2012년 말, 2013년부터는 일본이 본격적으로 돈을 풀기 시작했습니다.

유시민 그게 바로 아베노믹스.

김영익 네, 아베노믹스의 핵심이 뭐냐면, 소비자물가가 2퍼센트 될 때까지 무한정 돈을 풀어버린다는 거거든요. 이렇게 해서 엔화

김영익

사실 2008년에 미국이 먼저 환율전쟁을 시작했어요. 2009년 한 해 동안 본원통화를 98퍼센트나 풀었거든요. 저는 역사상 한 해 동안 이렇게 돈을 많이 푼 나라는 처음 봤습니다. 그러자 2008년부터 2011년까지 미 달러가치가 떨어졌어요. 그랬더니 2012년 말, 2013년부터 일본이 본격적으로 돈을 풀기 시작했습니다.

유시민

그게 바로 아베노믹스였죠.

가 약세가 되면서 엔-달러 환율이 77엔에서 최근에 125엔까지 올랐습니다. 그런데 여기다가 올해(2015년) 유럽중앙은행에서 3월부터 내년 9월까지 무려 1조1600억 유로의 엄청난 돈을 풀겠다는 겁니다. 중국이 가만히 보니까 지금 자기들도 수요가 부족해서 디플레 압력이 심한데 미국, 일본, 유럽 이 선진국들이 다 환율전쟁을 하고 있거든요.

진중권 나도 참을 수 없다….

김영익 네, 그리고 저는 장기적으로 이 위안화가 시장환율로 가는 과정이라고 보고 있고요. 그런데 아까 중국경제가 구조조정을 한번 거쳐야 한다고 말씀드렸습니다만, 구조조정하려면 상당한 돈이 필요합니다. 우리는 IMF 경제위기 겪으면서 168조 공적자금을 투입했습니다. 중국도 부실 정리하려면 엄청난 돈이 들어갈 거예요. 저는 중국이 모자라는 자금 일부를 미국채를 팔아서 조달하리라 생각하고 있습니다. 게다가 중국이 가만 보니 장기적으로 달러가치가 떨어지고 있거든요. 그런데 이 달러를 계속 보유하고 있어야 되느냐… 구조조정할 때 조금 팔 거라는 거죠. 그런데 중국이 미 달러를 팔고 있다고 소문이 나면 안 되거든요. 그래서 중국이 최근 하는 일이, 한 30년짜리 장기채를 단기국채로 서서히 바꿔가는 겁니다. 그리고 중국의 목표가 그동안은 무역강국 · 제조강국이었다면, 2013년부터 중국의 수출입 규모가 미국을 앞질렀기 때문에, 이제 중국이 목표하는 건 금융강국, 위안화의 국제화입니다. 짐 로저스라는 유명한 투자자가 '역사적으로 전 세계 헤게모니가 채무 쪽으로 가는 경우는 없다. 헤게모니는 돈이 있고 자산을 쥐는 쪽으로 움직인다'라고 했습니다. 지금 돈이 있는 쪽은 중국이라는 거죠. 저는 중국이 헤게모니를 쥐고 있다고 생각하고 있습니다.

유시민 중국인들이 결국 위안화를 국제적인 기축통화로 자리 잡게 함으로써, 미국이 약 150년간 누려온 기축통화 발행국으로서의 지위 혹은 기득권 일부를 자기들이 차지하겠다는 그런 의도도 명확하게 있는 거죠? 그게 어느 정도 가능성이 있다고 보세요?

김영익 위안화가 기축통화가 되려면 중국 돈이 해외로 굉장히 많이 나가야 돼요. 미국처럼 경상수지 적자가 되어야 해요. 그런데 중국이 아직은 대규모 무역수지 흑자국이거든요. 중국 돈을 세계에 많이 뿌리고 세계의 상품을 많이 사줘야 하는데 거기까지는 시간이 상당히 걸릴 겁니다. 하지만 중국은 그것을 목표로 하고 있지요.

진중권 그 위안화 평가절하가 우리한테는 어떤 영향을 미치게 되나요?

김영익 단기적으로는 큰 영향을 미치지 않을 거예요. 왜냐하면 우리는 소규모 개방경제인데, 세계경제가 어려워지면 우리나라 환율이 굉장히 많이 올라버려요. 우리가 IMF 경제위기 극복했던 여러 이유 중에 하나가 환율이었거든요. 그때 원-달러 환율이 1,850원까지 올라갔지 않습니까? 그리고 우리나라 자산가격이 싸지니까 외국인 자

유시민

위안화를 국제적인 기축통화로 자리 잡게 함으로써, 미국이 약 150년간 누려온 기축통화 발행국으로서의 지위 혹은 기득권의 일부를 중국이 차지하겠다는 의도가 있다면, 여기에는 어느 정도 가능성이 있을까요?

김영익

위안화가 기축통화가 되는 데에는 시간이 상당히 걸릴 겁니다. 하지만 그래도 중국은 기축통화 발행국을 목표로 하고 있어요.

금이 들어오고….

유시민 수출도 잘됐고요.

김영익 그렇죠. 현대차, 삼성 이런 회사들이 수출해서 돈 벌었거든요. 우리나라는 위기가 오면 항상 환율이 올라가요. 최근에도 이머징마켓이 좀 어렵다고 하니까 환율이 거의 1,200원까지 올라버렸습니다. 중국 위안화 평가절하보다도 우리나라 돈가치가 더 떨어져버렸습니다. 이런 측면이 있어요.

노회찬 지금 위안화 평가절하를 또 할 것인가에 관해서 중국이 하지 않겠다고 했죠. 이 문제가 미국의 금리인상하고 맞물려서 이제 휴전하자는 분위기인 것 같습니다. G12 국가들도 미국 금리인상 자제시키면서 위안화 평가절하도 다시 시도하지는 말라는…. 환율전쟁의 격화로 인한 주변국의 피해를 최소화하자는 합의가 되고 있지 않습니까?

김영익 네, 그렇습니다.

노회찬 그런데 그게 어느 정도의 지속성이 있다고 보입니까?

김영익 모든 건 정부가 개입한다고 되는 게 아니고요 글로벌 금융시장, 시장의 힘이거든요. 지난주에 G20재무장관 · 중앙은행총재 회담에서 크리스틴 라가르드 IMF 총재가 미국 금리인상 하지 말라는 이야기를 했죠. 그런데 어쩌면 올릴 수도 있다는 전문가들 견해가 나오고 있습니다. 왜냐하면 미국 고용지표가 지금 굉장히 좋거든요. 미국이 고용이 좋아졌는데 금리를 인상하지 못했던 건 물가가 안 오르고 임금이 안 올랐기 때문입니다. 실업률은 10퍼센트에서 5퍼센트로 떨어졌는데 물가와 임금은 별로 안 올랐어요. 그런데 8월 고용통계를 보니까 임금이 예상보다는 조금 오르고 있습니다. 그런 상황을 보고 이번에 아마 금리를 결정하겠죠.

유시민 그런데 보통 경제현상을 분석할 때는, 전문가들일수록 다른 모든 요소와 분리해서 오로지 금융시장 자체 동향이라든가 경제현상 그 자체만 놓고 살피는 경향이 있죠? 그런데 우리가 현실에서 볼 때는 이것이 단순히 시장에서 벌어지는 현상인 면도 있지만 크게 판을 쥐고 흔드는 건 사실은 대국들의 정치적 의사결정이라는 주장이 또 한편에 있는데, 이에 대해서는 어떻게 생각하세요?

김영익 뭐, 그럴 수도 있죠. 소로스가 얼마 전에 언론에서 미국과 중국이 전쟁을 해서 3차 세계대전이 일어날 거라고 했는데요. 저는 총으로 싸울 것 같지는 않고 싸우면 돈 가지고 싸울 것 같습니다. 그런데 그 주도권이 누구한테 있느냐, 채권자인 중국에 있다고 봅니다. 중국이 미국채 팔아버릴 수가 있거든요.

유시민 미국을 폭격하려면, 중국이 보유하고 있는 미국 국채를 시장에 한꺼번에 내놔버리면 저쪽이 쑥대밭 되는 거죠, 지금?

김영익 그렇죠. 그게 화폐전쟁이고… 그게 정부가 시장의 힘을 무시하고 할 수 있는 일이죠.

유시민 그러니까 미국정부는 그럴 힘이 없잖아요. 중국에 대해서….

김영익 네, 그렇죠. 그게 글로벌 금융시장의 가장 큰 이슈고요. 그다음 중국이 지금 계속 금을 사고 있어요. 유럽중앙은행의 경우 외환보유액의 65퍼센트 정도를 금으로 보유하고 있는데, 중국은 지금 공식적인 통계로는 1퍼센트밖에 안 되거든요. 그런데 중국이 2013년 이후로는 더 이상 미국채를 사지 않고 있습니다. 계속 수출해서 돈은 버는데 외환보유액은 안 늘어나고…. 아마도 서서히 금을 사 모으고 있다고 봐야죠.

유시민 남몰래. 데이터에는 안 나타나지만….

김영익 올 상반기에는 중국 사람들이 금을 안 샀었어요. 올해 들어가지고 6월까지 중국 주가가 엄청 올랐잖습니까. 그때는 금에 관심이 없고 주식을 샀어요. 그런데 6월 12일 중국 주가가 정점을 찍고 최근에 폭락했지 않습니까? 거의 40퍼센트가량 떨어졌으니까요. 그러자 이제 금에 관심을 갖기 시작했다는 겁니다.

진중권 환율전쟁, 우리나라는 어떻습니까? 우리도 하고 있습니까?

유시민 우리도 해요.

노회찬 이제까지 고환율 정책을 계속 써온 거 아니에요?

김영익 그게 큰 문제인데요. 이명박 전 정권에서 일부 최고 정책 책임자들이 한국경제는 내수가 적기 때문에 수출 중심으로 성장해야 된다, 수출기업이 잘되려면 환율이 높아야 한다, 환율이 높아져 수출이 잘되면 수출기업들이 돈을 벌고 그렇게 되면 내수기업까지 좋아질 것이다, 이런 정책을 썼어요.

유시민 낙수효과라고.

노회찬 그야말로 대기업을 위한, 친대기업 정책이었죠.

김영익 그런데 낙수효과는 실제로 없었고요, 우리 경제가 거기서부터 문제가 발생했습니다. 수출 중심으로 성장하다 보니까 우리 GDP에서 수출이 차지하는 비중이 너무 높아져버렸습니다. 예를 들어 2003년 무렵에 30퍼센트였거든요. 그런데 이게 2012~2013년에 56퍼센트까지 올라가버렸습니다. 이렇게 수출의존도가 높아지니까 세계경제가 조금 나빠지면 우리 경제가 굉장히 어려워질 수밖에 없죠.

노회찬 우리도 인위적으로 고환율 정책을 쓰고 있다는 의심을 받고 있지 않아요? 국제사회로부터?

김영익 네, 의심을 받고 있습니다. 우리나라 경상수지 흑자가 2014년에 893억 달러, GDP 대비 6.3퍼센트였거든요. GDP 대비 경상수지 흑자가 6퍼센트 넘는 나라는 그렇게 많지 않습니다. 예를 들어 독일, 대만 이런 몇 나라거든요. 지난 4월에 미 재무부가 의회에 환율보고서를 제출했는데요, 거기서 그런 얘기가 나왔습니다. '한국의 경상수지 흑자 893억 달러, GDP 대비 6.3퍼센트 이건 너무 높다.

한국의 원화가치가 저평가되어 있다. 한국정부는 외환시장에 개입하지 마라.'

유시민 우리가 한 10년 넘게 계속 경상수지 흑자를 보고 있잖아요. 흑자 폭도 확대되어왔고. 그러면 우리 돈값이 올라가야 맞죠. 우리 물건 사려면 우리 돈 사야 되니까요. 그런데 별로 안 올라갔죠? 한국정부는 진짜 개입 많이 했어요.

진중권 그렇다면 이제 앞으로 환율전쟁이 어떻게 진행될 것 같습니까? 전 이해가 안 되는 게, 다들 자기 나라 돈을 평가절하해서 싸우면 어쩌자는 거죠?

김영익 전 세계가 환율전쟁을 하는 이유는 모두 국내에 디플레 압력이 존재하기 때문입니다. 잠재 GDP라고, 각 나라가 생산할 수 있는 능력이 있어요. 그런데 지금 수요가 다들 그 밑이거든요. 디플레 압력을 해소하려면 소비가 많이 증가해야 하는데 전 세계적으로 가계들이 다 부실해서 소비가 증가할 수가 없어요. 그러면 결국 공급능력에서 수출을 해야 하죠. 그래서 환율전쟁을 하는 거예요. 그런데 서로 환율전쟁을 하다 보니까….

유시민 수출을 못 해요.

김영익 네, 결국은 공급능력이 축소되어야 하는데요, 그러려면 기업들이 많이 구조조정을 해야 합니다. 이게 가장 큰 문제예요. 앞으로 산업은 존재하지만 그 산업 내에 존재하는 기업체 수는 감소하게 될 것입니다. 전 세계적으로 지금 감소하고 있고요, 앞으로도 감소하면서 초과수요 압력을 해소할 수밖에 없습니다.

진중권 그럼 고용도….

김영익 어려워지죠. 그래서 세계경제가 지금 어려운 거고요. 고용문제 말씀하셨지만, 앞으로 제조업에서는 고용창출이 참 쉽지 않습니다. 미국도 지금 고용이 늘긴 했지만 서비스업에서 대부분 고용창출을 하고 있거든요. 미국이 금융위기를 겪으면서 잃어버린 일자리들, 제조업에서는 40퍼센트밖에 되찾지 못했어요.

노회찬 다르게 본다면 수출보다는 내수, 그리고 대기업보다는 중소기업이 상대적으로 고용창출 가능성이 높기 때문에 그쪽을 밀어줘야 되는 거죠.

김영익 그렇죠, 그쪽에서 고용창출을 해야 하죠.

진중권 세 번째 주제로 넘어가기 전에 잠깐. 중국경제가 지금 문제가 있지만 또 그 우려가 너무 과도하다는 지적도 일부에서 나오고 있거든요. 어떻게 보세요?

김영익 중국경제가 단기적으로는 힘든 구조조정을 거쳐야 한다고 보고요, 장기적으로는 중국경제가 소비중심으로 성장할 수가 있습니다. 역사적으로 보면 1인당 국민소득이 3,000달러 넘을 때 소비주체로 등장하는데요, 중국은 지금 8,000달러 넘었거든요. 중국이 앞으로 1만 달러, 2만 달러 되는 과정이 남아 있다는 겁니다.

유시민 그런데 요새 보면 중국에 대해서 두 가지 극단적인 말들이 들려오는 것 같아요. 첫째는 '중국이 저렇게 흥하면 우리가 잡아먹힐 거야, 중국경제가 흥하면 우린 망해'라는 이야기. 또 반대편에서는 '중국이 요새 휘청휘청해, 중국경제가 망하면 우리도 망할 거야'라고. 그럼 도대체 어쩌라는 거예요? 중국이 망해도 망하고 중국이 흥해도 망하면 우리는 어떻게 해야 돼요? 선생님 보시기에는 중국의 경제대국화가 우리 경제에 위기를 갖고 오는 요인인가요, 아니면 우리 경제가 흥할 수 있는 요인인가요?

김영익 앞으로 2~3년 동안은 위기라고 보는데요, 저는 중국이 구조조정을 거치고 다시 한 번 성장할 것이라고 보고, 그때는 큰 기회가 될 것이다… 이렇게 생각하고 있습니다. 중국경제가 그동안 투자중심으로 성장하는 과정에서 우리가 석유와 철강을 수출해서 돈 많이 벌었지 않습니까. 그런데 이번 구조조정을 거치고 나면 중국이 소비중심으로 성장하게 될 겁니다. 그때 중국으로 소비재를 수출하면서 우리가 혜택을 볼 수 있다 생각하고, 그런 회사가 잘되리라고 내다보고 있습니다.

진중권 중국이 생산자본주의에서 소비자본주의로 확 넘어가는 거군요.

김영익 그런데 문제는 우리가 실물뿐 아니라 금융에서 중국에 의존하는 관계가 심화되고 있다는 거예요. 물론 우리나라 사람들도 중국 금융자산을 사지만, 중국 돈이 우리 돈으로 많이 들어오고 있거든요. 예를 들어서 지난 7월 말 현재 미국이 가지고 있는 우리나라 상장채권이 18조3000억, 최근 4년 동안 거의 올라가지 않고 정체되어 있습니다. 그런데 중국이 16조7000억, 굉장히 빨리 계단식으로 올라오고 있어요. 저는 올해 내에 중국 사람들이 가지고 있는 우리나라 국채가 미국보다 많아질 것이라고 보고 있거든요. 그러면 중국 사람들이 우리나라의 금융시장에도 영향을 주는 시대가 도래하는 거죠. 중국이 우리나라 국채를 계속 사게 되면 우리 국민들이 중국한테 채무자가 됩니다. 중국은 채권자가 되고. 이게 앞으로 더 큰일이라고 생각합니다.

진중권 그럼 이제 우리 이야기를 좀 해볼까요? 9월 현재 한국 경제를 알리는 지표에 빨간불이 들어와 있습니다. 대외악재에다 수출 부진 그리고 성장률도 지금 2퍼센트 중반이 안 될 것 같고요. 그래서 우리 경제가 장기적인 저성장 국면에 진입한 게 아니냐, 이런 진단도 나오고 있습니다. 어떻게 보십니까?

김영익 우리 경제 잠재성장률이 10퍼센트에서 3퍼센트 안팎으로 떨어졌습니다. 잠재성장률은 인플레이션을 유발하지 않고 성장할 수 있는 능력이라고 하는데 내년, 내후년부터는 2퍼센트로 떨어지고 10년 후에는 1.8퍼센트, 즉 1퍼센트대로 떨어진다는 겁니다. 그런데 이걸 시장이 반영하고 있어요. 지금 우리가 10년 국채수익률이 2.3퍼센트, 미국하고 거의 같아졌어요. 저는 조만간 우리 국채수익률 10년짜리가 미국보다 낮아질 거라고 보고 있거든요. 미국은 10년 후에 한 2퍼센트 성장하리라고 추정하는데 우리는 성장률이 2퍼센트 이하로 떨어진다는 거죠.

유시민 미국 국채보다 싸면 우리 국채는 누가 사요?

김영익 우리가 사야죠. 다행히 중국 사람들이 사고 있습니다. 그런데 중국 사람들이 우리나라 국채수익률이 높아서 사는 건 아닌 것 같고요, 저는 여기에도 일부는 정치적 의도가 있지 않느냐….

진중권 잠재성장률이 떨어지는 원인은 뭐죠?

김영익 가장 중요한 게 인구문제거든요. 제가 경제를 30년 이상 공부하면서 느낀 것이, 경제의 모든 비밀은 인구에 있구나….

진중권 그럼 지금 정부가 내세운 '474비전' 그러니까 잠재성장률 4퍼센트, 고용률 70퍼센트, 국민소득 4만 달러 이런 정책방향에 대해서는 어떻게 생각하십니까?

김영익 뭐… 목표일 뿐이죠. 이명박 대통령이 선거공약으로 '747', 즉 7퍼센트 경제성장과 1인당 국민소득 4만 달러 그리고 7대 경제강국을 외쳤었는데요. 실제로 집권기간 연평균 경제성장률이 3.2퍼센트였죠. 국민소득 간신히 2만 달러 넘었고요. '그냥 목표였다' 이렇게 볼 수가 있습니다. 이번 정부에서도 신경제5개년계획에서 474를 내세우고 있는데, 우선 2017년까지 잠재성장률을 4퍼센트로 올려보겠다고 하지만 KDI 전망치도 그렇고 제가 전망해보더라도 이번 정부 한 2.8~2.9퍼센트 성장하면 잘한 거예요.

고용률은 15세 이상 인구가 일하는 비율인데요, 지금 우리나라 60퍼센트고요. OECD 기준으로 하면 15세에서 64세거든요, 그거는 한 65퍼센트 정도 됩니다. 이걸 70퍼센트까지 올리겠다는 목표인데요. 어디서 얼마나 고용창출이 될지…. 제가 근무했던 금융회사에서 작년 한 해 동안 일자리 5만8,000개가 없어졌더라고요. 그런데 우리나라 서비스업 보면 금융업 별로 안 좋고 유통업도 그렇고, 건설업도…. 그렇다면 제조업에서 일자리를 많이 창출해야 하는데 수출에서도 갈수록 중국에 밀리고요. 고용이 갈수록 심각한 문제일 것 같습니다.

결국 공급 측면에서 조절할 수밖에 없습니다. 사실 고성장 때는 웬만한 기업이 같이 커갈 수가 있었거든요, 그런데 저성장 때는 파이가 작아지니까 그걸 나눠 가져야 돼요. 경쟁력 없는 건 시장에서 퇴출될 수밖에 없습니다. 그래서 우리나라도 산업은 존재하지만, 그 산업 내에 존재하는 기업체 수는 갈수록 줄어들 것이라고 말씀드릴 수 있습니다.

유시민 역대 정부별 경제성장률 그림을 보면 급격하게 고도를 올라갔다가 차근차근 내려오는 그림 아닙니까? 그런데 사실은 이게 경제학을 배울 때 교과서에 다 나오는 그림이에요. 소득수준이 높아지면 자동적으로 성장률이 떨어지는, 이런 모델 자체가 그렇게 되어 있어요.

김영익 네, 경제규모가 커지면 성장률은 떨어질 수밖에 없죠.

유시민 그리고 우리가 초기에 경제성장률이 높게 나타났던 것은 청년인구 증가가 빨랐고, 전체 총수요 중에서 투자가 차지하는 몫이 컸어요. 국민소득 중에서 저축되는 것이 한 40퍼센트까지 가고 그랬으니까요. 그러니까 자본도 많이 만들어지고, 노동력도 빨리 늘어나고, 대중교육을 실시해서 기술수준도 빨리빨리 올라가니까 그만큼 성장률이 높았던 거 아니에요? 뿐만 아니라 그전까지는 자가생산·자가소비하거나 또는 통계에 잡히지 않던 것이 산업화되면서 새로 통계에 진입함으로써 생기는 착시효과도 상당히 있었던 거예요. 그런데 가면 갈수록 그런 영역도 줄어들고 인구도 감소하기 때문에 전체적으로 성장률이 떨어지는 것은 불가피해요. 그런데 보면 이렇게 저성장으로 내려오는 것이 정부의 잘못 때문이라든가 또는 시대를 잘못 만났다든가 하는 식으로, 이 자체를 부정적으로 보는 시각이 굉장히 강해요. 저는 이게 이상하거든요. 왜 사람들은 이걸 자연스럽게 못 받아들일까…?

김영익 예, 그게 큰 흐름인데요, 사실은 각 정부마다 조금씩 조절할 수밖에 없죠.

노회찬 성장률 자체는 하향추세로 갈 수밖에 없고, 따라서 성장이 가진 의미를 정부도 정확하게 설명하고 또 정확한 기대를 할 수 있도록 해야 하는데, 정치권에서 나서서 국민들에게 비현실적인 공약을 앞세우는 게 문제라고 할 수 있죠. 지금도 높은 성장만 유지되면 또는 수출만 많이 하면 그걸 다 해결할 수 있을 것처럼 얘기하는데, 우리 경제가 그럴 때도 있었지만 지금은 그런 상황이 아니잖아요.

김영익 또 이런 저성장 시대에 나타나는 특징이 각 경제주체 간의 차별, 그리고 경제주체 내에서의 차별입니다. 예를 들어 97년 IMF 경제위기 겪고 2008년 글로벌 금융위기를 겪고 나서 그 이후로 소득 분배를 보면 기업 몫은 16퍼센트에서 25퍼센트까지 올라갔고요, 가계 몫은 72퍼센트에서 62퍼센트로 떨어졌어요.

유시민 거의 60퍼센트밖에 안 되더라고요, 최근에는.

김영익 네, 그러니까 가계는 상대적으로 가난해지고 기업만 부자가 됐다는 겁니다. 그런데 그 가장 중요한 요인은 영업이 증가하는 만큼 임금이 안 오른 것이고요, 또 IMF 경제위기를 겪으면서 많은 분들이 자영업으로 나섰거든요, 그런데 자영업자들이 지금 정말 힘듭니다.

진중권 여러 가지 어려움이 있네요. 여기서 저희 이야기를 마무리하기 전에요, 《3년 후 미래》에서 몇 가지 제안하신 게 있더라고요? '위안화 거래소'라는 것을 제안하셨어요?

김영익 예, 제가 위안화 거래소를 만들 것을 제안했고, 2014년 12월에 정부가 만들었습니다. 환율 결정을 보면, 원-달러 환율만 시장에서 결정되고 나머지는 재정환율로 결정되거든요.

유시민 연동해가지고….

김영익 네, 뉴욕 외환시장에서 다른 통화는 어떻게 결정하느냐에 따라서…. 그런데 중국이 이렇게 중요해지기 때문에 우리가 위안화 거래시장을 빨리 만들어야 한다고 주장했던 겁니다. 이제 삼성전자나 현대차와 같은 대기업들이 중국과 거래할 때 위안화로 결제하겠다고 하고 있습니다.

진중권 그렇게 하면 구체적으로 어떤 메리트가 있는 겁니까?

김영익 직접거래를 하니까 교환비용이 줄어드는 것이죠.

노회찬 수수료부터 안 나가죠?

김영익 네, 우리가 중국에서 매년 500억 달러 이상 무역흑자를 냈는데 그동안은 중국에서 그걸 달러로 줬어요. 중국이 미국으로 수출해서 매년 한 3400억 달러 무역흑자를 내는데 그 달러를 우리한테 주고 있는 거예요. 그런데 중국이 위안화 국제화를 추구하고 있기 때문에 그걸 위안화로 주겠다고 하고 있습니다. 그럼 우리가 조만간 달러보다 위안화를 더 많이 보는 시대가 올 수도 있습니다.

진중권 또 하나 재미있는 게 리디노미네이션(redenomination)이죠, 통화단위변경 제안을 하셨어요. 사실 저도 그런 생각을 많이 했거든요. 정말 그런 경우가 있잖아요. 어떤 분이 프랑스 파리에 갔는데 우리 돈을 가져간 거예요. 세관에서 풀어보니까 그 사람들이 무슨 돈인지는 모르겠지만 0이 수도 없이 붙어 있는 거죠. 그래서 이게 도대체 무슨 돈이냐고….

김영익 우리나라 전체 금융자산이 지난 3월 말에 이제 1경 4000조가 넘었거든요. '1경' 하면 동그라미가 몇 개가 되겠어요?

노회찬 1억 곱하기 1억이 1경이잖아요. 1억이 동그라미 여덟 개고.

김영익 와, 대단하시네요. 네, 열여섯 개입니다. 얼마나 계산하기 힘듭니까. 그래서 커피숍에 가보면 5,500원을 5.5로 표시하고…. 이미 화폐단위가 변경되고 있습니다. 우리나라 화폐단위가 너무 커요. 예를 들어서 우리보다 경제규모가 훨씬 작은 대만달러가 1달러당 34, 싱가포르 1.3, 말레이시아 3.4, 그런데 우리나라는 1달러당 1,100원, 이게 뭡니까. 제가 생각해도 말이 안 돼요.

유시민 국가 위신의 문제죠.

김영익 수출로만 따지면 우리가 세계 수출에서 차지하는 비중이 6위입니다. 6위인 나라에서 1달러에 1,100원. 말도 안 되죠. 그리고 화폐단위를 변경하면 저는 내수부양 효과가 있다고 생각하는데요. 작년에 보니까 5만 원짜리 전국 평균 환수율이 28퍼센트, 그리고 부산의 경우는 7퍼센트밖에 안 되더라고요. 그런데 만약 화폐단위를 변경하면 그 돈이 전부 밖으로 나와야 됩니다. 아마 밖으로 나오는 과정에서 소비도 될 겁니다. 세금신고도 좀 해야 할 거고요. 또 그렇게 되면

ATM 기계 다 바꿔야 되고 은행 소프트웨어, 그다음에 기업들도 가격표 다 바꿔야 되거든요. 그러니까 비용도 들어가기 때문에 소비투자 효과도 있습니다.

노회찬 경기진작의 효과가 한편에 있다 해도 또 반대효과인 인플레에 어느 정도의 영향을 미칠지도 타산해볼 필요가 있지 않아요? 인플레이션 우려는 없습니까?

김영익 인플레이션 우려는 있는데요. 그런데 우리 경제가 장기적으로 보면 인플레이션보다 디플레이션으로 갈 가능성이 높거든요. 한국은행이 2013년에서 2015년까지 소비자물가를 2.5퍼센트 내지 3.5퍼센트 목표치를 제시해놨는데요, 그런데 우리나라 물가 어떻습니까? 지금 계속 1퍼센트대 중반입니다.

노회찬 그런데 9,000원짜리 냉면을 예를 들어 10분의 1로 화폐개혁을 하게 되면 900원이 되잖아요. 그럼 그냥 1,000원으로 인상하지….

유시민 그런 심리적인 효과가 있어요.

김영익 그렇습니다. 심리적인 효과가 있습니다.

유시민 유로화 도입할 때 그런 현상이 있었잖아요.

김영익 저는 1달러당 1,000원을 1달러당 10원 정도로 바꾸는 게 적당하다고 생각하는데요. 그렇게 되면 일시적으로 싸게 보이죠.

유시민 100분의 1로 하는 거죠?

김영익 삼성 주가가 110만 원인데 그러면 1만1,000원이 되죠. 싸게 보이죠. 또 9500만 원이면 95만 원이 되는데요, 95만 원보다는 100만 원에 거래가 될 겁니다. 일시적으로 올 수가 있습니다. 그래서 인플레 효과도 있고 내수부양 효과도 있는데요. 그런데 우리 인구구조로 볼 때 계속 늙어가고 있거든요. 그다음에 우리 경제성장 구조로 볼 때 자산가격 올라가는 효과는 저는 일시적이라고 보고 있습니다.

노회찬 지금 여러 조건이, 그러니까 물가인상률이 그렇게 높지도 않고 하기 때문에 여러 조건이 적합하다는 말씀이죠?

김영익 네, 갖춰져가고 있다 그렇게 보입니다.

유시민 하기 좋다? 아버지도 한 번 했으니까 따님도 한 번 하면 좋은데….

노회찬 이게 유로로 바뀔 때처럼 화폐 명칭을 바꾸는 게 아니기 때문에 국회에서 법을 안 고쳐도 할 수 있어요.

진중권 지금 커피값 3.5로 되어 있잖아요. 이걸 몇 원 몇 전으로 했으면 좋겠다는 생각이 들어요. 옛날에 '전' 단위 있었잖아요. 그게 낫지, 정신없어요. 이게 홍대에서 주로 많이 하거든요. 외국인들이 많아서 그래요. 이러면 달러랑 딱 맞아 떨어지거든요.

유시민 1,000분의 1이니까.

진중권 이렇게 하면 환산을 할 필요가 없는 거예요. 그래서 이런 표기를 많이들 하는 거죠.

유시민 아, 그게 거기서 시작된 거구나.

진중권 그런데 한편으로는 이게 가진 사람들이 엄청 반발이 심할 거란 말이죠.

김영익 지금 가지고 있는 사람들의 저항이 굉장히 심하죠.

유시민 돈 꺼내야 하니까.

진중권 이거는 어찌 보면 그냥 밀어붙여도 될 것 같아요. 왜냐하면 지금 정부에서도 어떻게 하면 좀 경기를 살릴까 고민하고 있거든요. 현금 가진 분들 사실 세금 좀 걷고 싶고. 이건 대통령이 의지만 가지면 되는 거 아닙니까?

유시민 했다 하면 기록 남아요, 이건. 이거 하면 뭐 하나 했다는 기록이 남지. 우리 오늘 막 꼬신다. 하하.

김영익 이건 정말 대통령 의지만 있다면 할 수 있는 겁니다.

진중권 마지막으로요, 이왕에 초특급 애널리스트를 모신 김에 주식투자는 이제 어떻게 해야 하나요? 주식값이 계속 떨어지고 있는데.

김영익 우리 주가 보면 답답하거든요. 2011년 4월 코스피가 2,231, 사상 최고치 치고 지금 4년이 지났는데도 그걸 돌파하지 못하고 있습니다. 제가 내년 상반기에 중국이 큰 구조조정을 한 번 해야 한다고 말씀드렸는데요, 그러면 중국 주가가 지금보다도 많이 떨어질 수밖에 없거든요. 그래서 저는 내년 상반기에 5년, 10년을 보고 우리 주식도 조금 사고 중국 주식을 한번 많이 사시는 게 좋을 것 같습니다. 우리나라가 97년 IMF 경제위기 겪고 주가가 폭락을 했는데요, 이때 주식 산 사람들이 진짜 큰돈을 벌었죠. 예를 들어 삼성전자가 3만 원 안팎이었는데 나중에 150만 원까지 올라갔거든요. 저는 중국에서 그 정도는 아니더라도 내년에 그런 기회가 있을 거라고 보고 있습니다.

유시민 외신이나 경제뉴스를 잘 보다 보면 중국의 공급 구조 조정이 시작되었다 하면서 위기가 오고 주가가 곤두박질칠 때, 장래에 발전 가능성이 있고 회생 가능성이 비교적 확실한 기업을 찍어서 주식을 좀 사면 돈을 만질 것이다, 그 말씀이신 거죠?

김영익 네, 그렇습니다.

유시민 그게 언제가 되더라도 반드시 온다, 그 시점은. 그 얘기죠?

김영익 네, 그 시점이 오고 있습니다.

진중권 또 하나는 금? 금은 괜찮습니까?

김영익 금은 지금부터 서서히 사시는 게 좋을 거 같아요.

노회찬 살 돈이 있어요? 아니면 학교 급여를 금으로 달라고 해야 되는 거 아니에요?

진중권 아니, 담배 끊으니까 하루에 4,500원이잖아요. 그거 한 달이면 십몇만 원이에요.

유시민 13만 원.

진중권 그렇죠, 1년이면 백몇십만 원이라고….

유시민 한 달에 15만 원씩 사는 거야.

노회찬 금일봉으로.

김영익 항상 포트폴리오를 잘 구성해야 하는데… 금융자산 가지고 계시면 한 20퍼센트 이내에서 금 비중 편입하시는 것도 괜찮을 것 같습니다.

유시민 그래서 대여금고에 딱 넣어놓고 보관하면 돼. 문제는 살 돈이 없다는 거지….

진중권 예, 오늘은 김영익 교수님 모시고 중국발 경제위기설에 대해서 알아봤는데요, 여러분에게도 유익한 정보가 되었기를 바랍니다.

유시민 저희 말씀드린 대로 투자했다가 돈이 안 남았다고 해서 손해배상 청구하고 그러지는 마십시오.

진중권 네, 오랜만에 돈 되는 방송, 모두 수고하셨습니다. 감사합니다.

3.

초등학생이 받은 채권추심 편지

2015년 추노推奴 이야기

정치카페 67편 2부 ● 2015년 9월 15일

제윤경 에듀머니 대표 + 노회찬 + 유시민 + 진중권

진중권 OECD 국가비교 통계 중에서 대한민국이 압도적 1위를 차지하는 분야가 있습니다. 말씀 안 드려도 아시겠죠? 예, 자살률입니다. 부끄러운 일인데요. 우리나라가 11년째 OECD 국가 중 자살률 1위를 기록하고 있습니다. 자살률이 이렇게 높은 이유, 다들 짐작하시겠죠? 다른 나라들과는 좀 다릅니다. 우리는 아직도 경제적 어려움이 가장 주요한 이유로 꼽히고 있습니다. 빚에 허덕이다가 극단적인 선택을 하는 사람들이 그만큼 많다는 이야기인데요, 오늘도 대한민국은 돈 빌려주겠다는 유혹이 넘치고 있습니다. 그래서 오늘은 빚 이야기를 함께 나눠볼까 합니다. 《빚 권하는 사회, 빚 못 갚을 권리》라는 책을 낸 분이죠? '갚지 못할 걸 뻔히 알면서도 가난한 사람들에게 돈을 빌려주는 건 약탈과 다름없다. 우리에게는 빚을 갚지 못할 권리가 있다'고 주장하시는, 에듀머니 제윤경 대표님입니다.

제윤경 안녕하세요?

진중권 에듀머니가 어떤 단체인가요?

제윤경 에듀머니는 사회적 기업이고요. 저소득층 분들을 대상으로 경제교육을 진행해왔고, 그 외에도 많은 분들을 대상으로 빚 안 지고 합리적 재무관리를 하는 방법을 상담해드리고 있습니다.

진중권 주빌리은행이라는 시민단체도 운영하고 계세요. 여기서는 어떤 일을 하고 계신가요?

제윤경 저희가 저소득층 경제교육을 할 때 가장 크게 느낀 벽이 빚입니다. 가령 소득이 150만 원인 4인 가족 가장에게 카드사가 5000만 원을 빌려줍니다. 이분이 생활비가 부족할 때마다 카드를 쓰고, 돌려막기를 하고, 나중에는 다른 빚으로 카드빚을 갚았는데, 이제 더 이상 갚을 수 없는 상황이 됐을 때는 저희가 해드릴 수 있는 게 아무것도 없더라고요. 재기의 기회도 없고, 방법은 도망가는 것뿐입니다. 이런 분들이 노동시장으로 전혀 복귀가 안 되고 삶을 이대로 포기해야만 하는 지금의 상황이 제도적으로 문제가 있지 않은가 하는 생각에서 출발한 단체입니다. 자살률 말씀하셨는데 자살 사유 중에 가장 큰 몫을 차지하는 것이 빚 독촉입니다. 저희가 만나본 많은 채무자들도 채권추심을 하루에 전화 세 통 이상, 빚이 열 개면 서른 통 이상 추심을 당하거든요. 그런데 사실 이게 다 합법이에요. 그래서 이것은 좀 문제가 있다 하는 생각을 갖고 있다가, 또 끔찍한 사실을 하나 알게 되었는데요. 어떤 분이, 이혼한 전 남편이 15년 전에 그분의 명의로 빌린 200만 원에 대해 갑자기 대부업체에서 추심이 들어왔습니다. 15년 전 빚은 캐피탈에서 빌린 차량담보대출이었고, 담보물인 차는 이미 회수해 갔다고 합니다. 그런데 잔존채무 200만 원을 15년 만에 뜬금없이 어느 대부업체에서 추심해온 겁니다. 이 채권은 200만 원이지만 1600만 원을 청구해왔고요. 그래서 이걸 추적을 해보니까 그 채권의 거래가격은 2,000원이 채 되지 않더라는 거죠.

진중권 2,000원짜리 사가지고 1600만 원을 달라고요?

제윤경 네, 그렇죠. 1600만 원을.

진중권 조폭이네요, 그냥.

제윤경 이분은 15년 만에 사회생활 복귀하려고 통장을 만들었는데, 그 통장부터 압류당하는 거예요. 15년이 지났음에도 불구하고 계속 추적당한다는 거죠.

진중권 이거 뭐, 추노보다 더하네요.

노회찬 금융기관에서 불량채권 같은 경우에는 못 받는 것으로 분류해서 사실은 없애버리거든요. 장부상에는 이미 금융감독원의

제윤경

자살 사유 중에 가장 큰 몫을 차지하는 것은 빚 독촉입니다. 저희가 만나본 많은 채무자들도 하루에 세 통 이상, 빚이 열 개면 서른 통 이상 채권추심 전화를 받거든요. 어떤 분은 이혼한 전 남편이 15년 전에 그분 명의로 캐피탈에서 빌린 200만 원에 대한 대부업체 추심을 받게 되었습니다. 이 채권은 200만 원짜리였지만 청구 금액은 1600만 원이었고요. 그래서 이걸 추적해봤더니, 이 채권의 거래가격은 2,000원도 채 되지 않았습니다.

승인까지 받아서 대손처리되고, 또 법적으로도 5년 지나면 안 갚아도 되는 채권이에요. 그런데 이걸 특수채권으로 묶어서 NPL시장 같은 데로 넘겨가지고 거기서 계속 추심하고… 결국에는 300퍼센트 이상의 이자까지 물려서 받아낸다는 거죠. 모르는 사람은 자기가 계속 빚이 있는 줄 알고, 갚아야 되는 건 줄 알고, 또 불이익을 주니까.

유시민 안 갚아도 되는 거예요?

진중권 5년만 지나면 안 갚아도 되는 거죠.

제윤경 그렇습니다. 소멸시효가 5년인데요, 문제는 죽었던 채권을 살리는 방법은 너무나 간단하다는 겁니다. 전자소송 같은 간단한 방식으로도 소송을 할 수 있고요, 또 채무자가 변제의사를 표시하도록 유도하기도 합니다. 예를 들어 '오늘 1만 원만 입금하면 빚 절반은 깎아주겠다'고 하면 채무자가 돈을 입금하게 되거든요. 그러면 변제의사가 있는 것으로 간주돼서 소멸시효가 지난 채권이 다시 살아납니다.

노회찬 그 과정에서 보면, 이 채권추심기관, 그러니까 헐값에 금융기관의 채권을 사가지고 지독하게 받아내려고 하는 그 추심기관에서 마치 정부에서 보낸 공문서인 양 빨간 글자를 박아서 인쇄해서 붙이고.

유시민 이야, 무섭네. 노 대표님, 받아보신 분처럼 얘기하십니다.

노회찬 받아보기도 했고, 제가 이거 국정감사에서 문제를 제기한 바가 있어서 내용을 좀 알아요. 제가 옛날에 《매일노동뉴스》 그 노동자언론 하면서 카드 돌려막기하고 저축은행에 가고 그다음에 채권추심기관으로 넘어가고 했죠. 빌린 돈의 80퍼센트를 갚았는데 나중에 보니까 그 사람들은 한 10퍼센트로 채권을 샀더라고요.

진중권 그러면 그 사람들이 그 차액을 갖는 거잖아요. 무서운 사업이네요.

제윤경 그래서 저희가 채권시장의 이러한 실태를 알고 나서 국민들에게 이것을 알리고 구제할 방법을 좀 찾아보자 하는 취지에서…. 물론 빚은 갚아야 하는 게 당연하지만 이렇게까지… 아까 말씀하신 대로 너무 추노시장 같잖아요. 또 채권을 끊임없이 살릴 수 있으니까. 얼마 전에는 저희가 초등학생 아이의 파산면책을 도왔거든요.

진중권 초등학생이요?

제윤경 네, 아버지가 갑자기 돌아가셨고 어머니는 장애인이었어요. 그런 어려운 상황에서 가족이 빚을 거절할 수 있는 상속포기 절차를 몰랐던 겁니다. 그런데 그 기간이 지나서 빚이 아이에게 상속돼버렸어요. 끊임없이 빚추심이 들어오는데.

유시민 초등학생한테요?

제윤경 네, 정말 마음이 아팠어요. 이 아이가 파산면책진술서에 '나는 어려서 나에게 오는 편지는 다 반가웠는데, 그게 알고 보니까 아버지 빚을 대신 갚으라는 편지였다'라고.

진중권 그건 너무 심한 거 아니에요? 그 추심기관이 어디에요? 그런 인간들은 사회적으로 명단을 공개해서라도….

제윤경 다 하고 있습니다. 다 하고 있고요.

노회찬 그러니까 사실 문제의 발단은 어디에 있냐면… 예를 들어 은행이나 카드사가 처음 돈을 빌려줄 때는 자기들도 위험부담을 안고 빌려주는 거고, 그래서 높은 이자를 받고 빌려주는 거예요. 돈을 못 받게 되면 자기들이 결손처리하고 그걸 끝내야 돼요, 사실은. 그런데 이걸 자기들이 받다 받다 못 받으면 헐값에 땡처리해가지고 뒷골목에 있는 사람들에게 넘겨서 거기서 악착같이 받게 만들고. 이런 과정에서 또 많은 문제가 발생하는 거죠.

제윤경 이 아이가 성인이 되면 직장생활을 시작하자마자 압류가 들어올 수 있거든요. 빚이 죽지 않고 계속해서 대물림되는 겁니다.

노회찬 애초에 갚을 능력이 없는 사람들에게 무리하게 돈을 빌려줘서 채무에 시달리게 만드는…. 이런 사람들의 숫자가 140만 명 정도 됩니다. 그래서 제가 대부업법 개정안을 내놓은 게 있습니다. 거기에는 대부업체는 대부만 하고 추심은 못 하도록 금지하는 내용도 들어 있습니다.

유시민 그런데 왜 국회에서 빨리 안 하지? 왜 안 해요?

제윤경 그러게나 말입니다. 지금은 의원님 말씀하신 때보다 숫자가 더 늘었습니다. 대부업 이용자만 250만 명이고요, 장기연체 상태로 앞으로 채권이 회전될 가능성이 높은 취약한 채무자 분들이 지금 350만 명입니다. 또 아직 연체로는 안 넘어갔지만 금융회사 세 군데 이상에서 빚 돌려막기를 하고 있어서 곧 350만 명의 대열에 낄 분들이 328만 명입니다. 그래서 총 700만 명 가까이 되거든요. 우리나라 경제활동인구 세 명 중 한 명꼴입니다. 그래서 저희 주빌리은행이 이 시장에 직접 뛰어들어서 우리가 채권을 좀 확보해보자….

유시민 땡처리 받아가지고요?

제윤경 네, 그래서 그걸 추심하지 말고 우리가 한번 소각해보자 하는 시도를 하고 있습니다. 이게 이미 2012년 미국에서 아큐파이 월스트리트 팀이 한차례 진행한 적이 있습니다. 시민들로부터 약 7억 원의 기부금을 받아서 부실채권 150억 원가량을 소각했습니다. 그래서 우리는 더 공공연하게 일상적으로 채권이 팔리고 있으니까 우리가 조금 더 쉽겠다 싶어가지고요. 저희가 2014년 4월부터 시작해서 88억 정도의 채권을 소각했고요, 채무자는 2,775명 정도 됩니다. 이것을 조금 더 범국민운동으로 키워보자 해서 캠페인을 강화하고, '우리는 약탈적으로 돈을 빌려주는 그런 은행이 아니라 빚을 없애주는 착한은행을 하겠다.' 그래서 법을 어겨가면서…. 이게 은행법에 어긋나는 거죠.

유시민 잡아가라는 거예요?

제윤경 과태료밖에 없다 그래서.

노+유+진 하하하하!

제윤경 그렇게 은행을 만들게 됐습니다. 서울시, 성남시에서 캠페인을 지원하고 있고 경기도는 검토 단계에 있습니다. 지금 은행장님이 유종일 교수님하고 이재명 시장님입니다.

노회찬 사실 이걸 정부에서도 하고 있어요. 한국자산관리공사(KAMCO)에서 하는 국민행복기금이 있죠. 그런데 감면률 자체가 얼마 안 돼요. 주빌리은행에서는 빌린 돈의 한 7~8퍼센트만 내라고 하는 거죠? 거기서는 70퍼센트예요. 그 사람들 얘기는 그렇게 해야 적자 없이 돌아간다고 하는데. 게다가 프로그램 중도이탈률이 굉장히 높아요. 그러니까 정부가 해야 될 일을 제대로 못 하니까 지금 민간 차원에서 나서서 하고 있는 상황이죠.

제윤경 그런데 정부가 국민행복기금을 만들 때 공약과 달리 주식회사 형태로 만들었습니다. 주주가 은행들이에요. 수익이 발생하도록 일몰사업으로 만들어서, 앞으로 2018년에 정산하고 나면 남는 돈을 주주인 은행들한테 수익배분을 하겠다는 겁니다. 그런데 그 예상액이 9000억 원가량 됩니다.

진중권 은행들이 돈 못 갚을 때 국가에서 공적자금 대줬잖아요. 이놈들도 우리가 추심해야 되는 거 아니에요? 지구 끝까지 쫓아가서….

노회찬 큰돈 빌린 건 국민세금으로 갚아주고, 국민들이 먹고 살기 힘들어서 빌린 소액은 끝까지 갚아야 되고 그런 거죠. …사실 근본적으로는 이자율 자체를 낮춰야 돼요.

진중권 예전에 사채이자가 3부 이자, 4부 이자 이랬는데 지금 생각해보니까 엄청난 이자였던 거 같아요.

제윤경 지금도 거의 3부 가까운 이자가 유통이 되고 있습니다. 거의 3부 이자죠.

노회찬 지금 최고 35.9퍼센트를 받고 있는데, 다른 나라의 경우와 비교해봐도 최고 20퍼센트 수준으로 낮추는 게 합당해요. 그리고 사실 그렇잖아요, 은행에 돈 넣으면 20퍼센트, 35퍼센트 이자 안 주잖아요. 채권과 채무가 동등해야 하는데 격차가 나도 너무 많이 나고 있는 게 문제지요. 그래서 대부업의 법정최고이자율을 20퍼센트 상한으로 낮추자는 법안도 다 나와 있습니다. 통과시키지 않아서 문제인 거죠.

진중권 오늘 우리 이야기가 지금 아직 도입부거든요. 그런데 중요한 주제가 벌써 다 나와버렸습니다. 이미 열도 받았고요. 자, 차근차근 한번 짚어보기로 하죠. 첫 번째 주제입니다. 대한민국 가계부채 총액이 지금 1100조인가요? 1200조인가요? 기사를 볼 때마다 늘어나서 외울 수가 없을 정도인데요, 분명한 것은 소득이 느는 속도보다 빚이 느는 속도가 더 빠르다는 겁니다. 지금은 가계부채 총액이 국내총

생산(GDP)과 맞먹는 규모가 됐다고 하거든요. 어쩌다가 이렇게 된 건가요?

제윤경 지금 이 1200조도 연체하지 않은 빚의 규모고요, 아까 말씀드린 대로 연체 시작돼서 부실채권시장으로 넘어가면 대부업체와 자산관리시장에서 유통이 되거든요. 그건 이 통계치에 잡히지 않습니다.

노회찬 또 대부업체에서 돈을 빌리려고 했는데 대출승인이 안 나서 완전히 비제도권으로, 사채로 몰린 사람들도 여기 포함이 안 되죠.

제윤경 이렇게 부채문제가 심각해진 것은 결국 금융규제 완화가 가장 큰 원인으로 꼽힙니다. 미국의 경우도 가계빚이 늘어났던 경로를 보면 비슷합니다. 또 부동산담보대출이 늘어나기 시작하면서 가계빚이 늘어나고, 이제는 빚이 빚을 늘리는 형국이 된 것 같습니다.

유시민 DTI, LTV규제 완화 그게 이유가 됐죠. 그러니까 수입에 따른 대출한계를 설정해둔 게 DTI고, LTV는 담보물의 가치에서 일정 비율 이상으로는 대출 못 받게 하는 건데, 그 규제를 사실상 다 풀었잖아요. 그러니까 당연히….

제윤경 네, 그렇습니다. 최근에 정부가 빚내라고 말한 적 없다, 이건 정말 국민들을 우롱하는 얘기고요. 쉽게 얘기해서 그거예요. '소득의 60퍼센트까지는 빚 갚는 데 써라.' 원래는 40퍼센트 이상 쓰지 말라고 했던 걸 이 정부가 '무슨 소리냐, 40퍼센트는 약하고 버는 돈의 60퍼센트까지는 빚 갚는 데 써도 된다' 이렇게 제도를 바꾼 거예요. 그래놓고 이제 와서 빚내라고 한 적 없다 이렇게 이야기하는 것은….

진중권 그런데 가계부채의 구성이 의외네요. 70퍼센트 이상이 중산층, 그것도 상위소득 40퍼센트 계층에 집중돼 있어요? 가진 사람들이 빚을 많이 졌다는 얘기잖아요.

제윤경 그렇죠. 그런데 이 1200조 빚은 연체하지 않고 있는 빚이 집중되어 있기 때문에 그런 거고요.

유시민 저기 저 바닥으로 가면 통계는 없는 거예요. 그런데 중산층 이상의 가계부채는 부동산의 대폭락만 없다면 큰 문제가 되지 않는 거 아니에요?

제윤경 그렇지가 않은 게요, 소득 중 빚을 갚는 데 들어가는 비율이 평균 40퍼센트 근접해 있습니다. 중산층이 지금 빚 갚는 데 소득의 40퍼센트를 쓰고 있다는 겁니다. 그리고 LTV, 그러니까 집값 대비 부채비율이 60퍼센트를 넘어갑니다. 이것도 집값 대비 부채만 그렇고요, 전세를 주고 있는 것까지 하면 더 심각합니다. 이걸 실질 LTV라고 하는데, 한국은행에서 얘기하는 것은 이 실질 LTV가 75퍼센트 이상이다…. 만약에 집값이 10~15퍼센트 떨어진다면 깡통 될 집이 굉장히 많다는 거죠.

유시민 중산층의 부동산담보대출도 위험을 안고 있는 건 맞지만 중산층 아래쪽은 어때요? 그리고 저소득층의 경우, 상황이 더 심각하지 않아요? 저축은행 같은 데서 35퍼센트짜리 고리채를 얻는다든가, 그보다 더 심한 사채를 쓴다든가. 이런 것 때문에 가정이 파탄 나고 목숨을 끊고 이런 일이 생기는 거잖아요.

제윤경 사실 저소득층에서의 문제는 카드사나 저축은행이 소득과 관계없이 무차별적으로 마케팅을 해서 이분들에게 돈을 빌려준다는 데 있습니다. 일단 소득범위 내에서 살아갈 관리방법을 연구해야 되고, 부족하면 복지에 의존해야 하는데, 그렇게 하지 않고 빚을 내서 사는 쪽으로…. 그래서 이분들이 상당수가 이미 채무불이행자고. 350만 명이 다 어디서 나왔겠어요.

유시민 그 숫자가 어마어마한데요, 그런데 지금 너무 얘기가 안 되고 있는 거 아니에요?

제윤경 그렇죠. 제가 지금 주장하고 있는 바가 그겁니다. 은행의 건전성 지표만 문제없으면 이렇게 많은 사람들이 추심에 내몰리고 빚이 땡처리되고 있는데… 관리 가능하다고 정부가 얘기할 수 있느냐…. 그리고 내놓은 대책이라는 것이 국민행복기금. 그 대상자들이 월소득 40만 원입니다. 그 약정을 보면 1000만 원의 빚을 50퍼센트 면책을 해준답니다. 40만 원이면 최저생계비도 못 미치잖아요. 50퍼센트를 면책해준다고 해도 감당 못 합니다. 저희가 주장하는 것은 애초에 돈을 빌려주지 말라는 거예요.

진중권 이제 이야기의 초점을 빚에 몰린 개인으로 돌려볼까요? 요즘 TV를 틀었다 하면 나오는 광고가 다 돈 빌려준다는 거죠. 한쪽에서는 제로 금리를 얘기하는데 지금 눈앞에 보이는 현실은 황당하게도 고리대금업 전성시대입니다. 은행에 가면 1.5퍼센트 이야기하는데 이건 30퍼센트씩 되거든요. 문제는 이게 갚을 수 있는 돈이 아니라는 겁니다. 그리고 이 업체들이 대부분 일본 자본이라고 하죠?

제윤경 대부업시장의 50퍼센트가 일본계 자금입니다.

노회찬 대부업체에 대한 규제가 아시아에서 가장 낮은 곳이 한국이라고 그래요.

제윤경 일본은 법이 바뀌어서요 이자제한이 20퍼센트로 떨어졌고요, 추심에 대해서도 굉장히 엄격해졌습니다.

노회찬 우리나라도 그동안 최고이자율에 대한 규제가 계속 강화돼왔기 때문에 과거 10년, 20년 전에 비해서는 대부업의 이자율이 낮아졌어요. 대부업체 전체 숫자도 좀 줄어들었고요. 제가 정무위원회에 있을 때 조사를 해보니까, 대부업체에 대출신청을 한 사람들의 20퍼센트만 대출이 되고 통과가 안 된 사람들은 거기서도 돈을 빌리지 못합니다. 그런데 이제, 이런 사람들이 대부업체 등록도 안 한 불법기관으로 가게 된다는 게 큰 문제죠. 원래는 이자를 35퍼센트 이상 못 받게 돼 있지만 그런 데서는 1년에 300퍼센트도 받아요. 얼마 전에도 보도가 한번 됐지만.

진중권 그런데 어떤 분들이 결국은 그걸 쓰게 되나요?

제윤경 저희가 분석해보면요, 사실 모든 빚은… 만악의 근원이 신용카드인 것 같아요. 신용카드가 저소득층까지 발급이 확대되고 심지어 대학생들에게도 발급되면서, 많은 분들이 소득을 초과한 범위의 빚이 발생하게 된 거죠. 여기서 리볼빙 쓰고 카드론 쓰고, 그러다가 저축은행 대출 쓰고. 그리고 나중에 이 처음의 신용카드 빚을 갚기 위해 대부업 대출까지 갑니다.

유시민 원래 신용카드는 신용도가 높은 사람만 발급해주는 거 아니에요. 그리고 일반적으로는 체크카드를 써야 맞는 거죠. 유럽도 보면 유학생들이 아무리 몇 년 동안 통장거래를 잘해도 신용카드 안 만들어주거든요. 거기는 보통 은행에 가면 유로카드라 그래서 유럽연합 전체에서 통용되는 체크카드를 줘요. 그건 잔고가 없으면 결제 안 되는 거니까 자기 잔고 관리하면서 쓰면 되는 거예요. 우리도 결제 시스템을 바꿔주지 않으면 이 문제는 근본적으로 해결이 안 됩니다.

제윤경 이런 방법도 있습니다. 미국도 한때 대학생들한테까지 신용카드가 마구 뿌려져서 학생들 사이에 '신용카드 강간'이라는 표현까지 등장을 했었다고 해요. 카드 쓸 때는 파티하고 좋았는데 그 카드 연체 때문에 졸업하자마자 채무불이행자가 돼서 취업이 안 되는. 그래서 '당했다'라는 표현을 쓸 정도로 심각했는데요. 미국은 그 문제가 어떻게 해소됐느냐면, 거기는 신용카드 채권이 파산이 너무

쉬웠습니다. '너희, 함부로 빌려주면 쉽게 떼인다'라는 시그널을 주니까 카드사들이 알아서 신중하게 발급해줄 수밖에 없게 됐지요.

유시민 이런 문제를 국회에서 정말 피 튀기게 논쟁해야 되는 거 아닌가요?

진중권 성경 말씀에 그런 거 있잖아요. '태초에 신용카드가 있었다. 그 시작은 미약하나 그 끝은 창대하리라.' 진짜 처음에는 조금 빌려줘놓고….

유시민 '국민 모두를 빚쟁이 만들고 나니 은행장 보기에 좋았더라.'

진중권 추심 들어가는 부실채권 있지 않습니까. 지금 그 규모가 추산됩니까?

제윤경 추산이 안 되고 있습니다. 심지어는 내 채권이 어디로 갔는지도 찾지 못해요. 채권이 여기저기 마구 회전되다가 중간에 대부업체가 망하면요. 그 정도로 이 채권관리가 전혀 안 되고 있습니다. 정말 야만적인 거죠. 내가 내 채권을 증명하고 싶은데 채권의 소재지를 파악할 수 없다…. 제 생각에는 이분들이 약 350만 명이고 그중에 아주 심각하신 분들이 114만 명 정도 될 것 같은데, 정부가 이런 분들에 대해서는 어떻게 사는지 관심이 없다고 보입니다.

진중권 보통 어느 정도의 빚을 지고 있나요?

제윤경 저희가 한 88억 원을 소각할 때 평균 채무액이 300만 원이었습니다. 그러니까 300만 원을 한 12년간 못 갚으신 거죠.

유시민 거액은 아니잖아요. 그러니까 얼마나 돈이 없으면 그걸 못 갚냐고….

제윤경 네, 그렇죠.

진중권 그걸 가지고 난리… 매일 전화하고… 차라리 그 인건비가 더 들겠네요.

유시민 지금 국회에서 이런 문제에 관심 가지고 열심히 활동하는 국회의원들이 누가 있어요?

제윤경 네….

유시민 아니, 있으면 이럴 때 얘기 한번 해주자고요.

제윤경 네… 아니, 없으셔서요.

유시민 없어요?

노회찬 이자율 낮추는 걸 법안 낸 분들도 있기는 하죠.

제윤경 그런데 그때 저희는 이자율을 30퍼센트까지는 떨어뜨릴 수 있겠다고 자신했거든요. 그리고 대부업체들도 30퍼센트까지는 떨어지겠구나 어느 정도 생각을 하고 있었는데… 새누리당에서 협상안으로 들고 온 것이 35퍼센트고, 새정연이 아무 생각 없이 34.9퍼센트에 합의해줬죠. 0.1퍼센트 내려서.

진중권 아니, 새누리당은 왜 대부업체들 편을 들어줘요?

유시민 거긴 자판기 조직이에요. 동전 넣으면 커피 나와요.

제윤경 2012년에 가계채 청문회 참고인으로 나와달래서 간 적이 있는데요, 저녁때 식사를 하다가 얘기하는 걸 들었는데 거기 분들이 대부업체 칭찬을 그렇게 하시는 거예요. '우리나라 저축은행들이 정신 차려야 된다. 저축은행보다 대부업체가 연체율이 낮다. 얘네는 대출관리를 하는 특별한 노하우가 있다' 이렇게 칭찬하시더니, 얼마 뒤에 저축은행들을 대부업체에 넘기시더라고요.

노회찬 그렇죠, 그 일본 대부업체들이 저축은행을 전부 먹었어요.

진중권 아니, 여당이 35퍼센트 들고 나왔다, 그건 그렇다 치고 야당에서 34.9퍼센트, 이건 뭐예요?

제윤경 네, 그래서 저희가 그때도 '그렇게 합의해줄 거면 하지 마라, 다음에 차라리 25퍼센트 갖고 다시 싸워라' 하고 주장했죠. 그랬더니 새정연에 있는 분들 일부가 '새누리당에서 대부업체 원가분석안을 들고 와서 할 말이 없었다, 우리는 데이터가 없었다'고 말씀하시는 거예요. 그런데 그 원가분석이 뭐냐면요, '30퍼센트까지 금리가 떨어지면 망하는 대부업체가 많다' 그거였어요. 아니, 우리 말은 '망하면 안 되냐'는 거죠.

유시민 아니 그런데, 진짜 제1야당에 이 문제를 좀 추적하고 다루는 의원이 한 명도 없어요?

제윤경 그때그때 시민단체에서 계속 조르고 하면 법안은 내시는데, 적극적으로 챙기는 것 같진 않습니다.

진중권 예, 이제 토크 마지막 주제인데요. 가장 좋은 건 빚 안 지고 사는 거겠죠. 그런데 어쩔 수 없이 지게 돼요. 그렇다면 이제 빚의 늪에서 탈출하는 방법을 좀 알아봐야 할 것 같습니다. 보통 아직 괜찮다, 견딜 만하다 생각하시는 분들도 신용카드 문제가 있고요, 그다음 단계로 넘어가게 되면 이제 힘들어지잖아요. 이 빚에서 탈출하는 방법 좀 알려주십시오.

제윤경 일단 빚을 반드시 갚아야 된다는 생각은 버리시라고 말씀드리고 싶습니다. 반드시 갚아야 된다고 생각하니까 이전 빚을 갚기 위해 다른 빚을 만듭니다. 갚을 수 있는 능력만큼 갚는 게 빚이고요, 내 능력을 초과해서 우리 삶을 위태롭게 한다 하실 때는 일단 연체를 하셔야 됩니다. 그래야 그다음에 해결방법이 있어요. 연체를 하기 전에는 해결방법이 없고 계속 빚이 늘게 됩니다.

유시민 그런데 우리가 어릴 때부터 배운 도덕교육에 따르면, 빚을 냈으면 성실하게 이자 쳐서 갚아야 한다 이렇게 교육을 받았는데, '연채해라' 그러면….

제윤경 도덕교육에는요, 사실 '빚내지 마라'가 가장 우선이고요. 그리고 저는 능력이 안 되는 사람에게 돈 빌려준 사람을 먼저 야단치는 것이 우리가 먼저 가져야 될 도덕적 잣대가 아닐까 싶습니다. 제가 사회복지기금 배분위원회에 들어가 보면요, 어느 지역은 긴급자금 대상자를 못 찾아서 예를 들어 목표자금이 1000만 원인데 20만 원밖에 못 채우는 그런 경우도 있습니다. 복지사각지대를 찾느라 굉장히 힘들어요. 그래서 어려우신 분들은 복지관 쫓아가시고, 주민센터 쫓아가시고, 시청이나 구청 쫓아가셔야지 카드를 써서는 안 된다는 말씀을 드리고 싶은 거예요.

유시민 카드 쓰기 전에 먼저 국가에 도움을 청해라….

제윤경 네, 이 복지에 대한 요구는 사회적인 연대를 이룰 수가 있는데, 한번 빚져서 추심당하기 시작하면 그때는 사람들이 다 숨습니다.

진중권 네, 개인문제가 되죠.

제윤경 예, 죄책감에 내몰려서 사회적 연대가 깨진다는 거죠. 그래서 저는 가난한 사람들에게 돈을 빌려주는 것, 그 자체가 아주 다른 의도가 있다고 생각합니다.

유시민 그러니까 일단 감당할 수 없으면 연체시켜라, 연체시키면 절대 안 된다고 두려워하지 말고.

제윤경 네, 연체하셔야 됩니다.

노회찬 금융기관이라는 것이 돈 가지고 돈 버는 데잖아요. 돈 가지고 돈을 벌 때는 좋았는데, 그게 안 되는 채권 같은 경우는 원금의 10퍼센트 미만으로 다른 곳에 헐값에 넘겨요. 그러면 채권을 넘겨받은 쪽에서는 70~80퍼센트를 받아내는 거예요. 그중에 몇 건만 성공해도 이익이 나는 거거든요.

유시민 그런데 그 과정에서 엄청나게 많은 사람들을 괴롭히는 거죠?

제윤경 그렇습니다. 제가 왜 이 캠페인을 시작했냐면요, 채무자들이 좀 당당해졌으면 좋겠습니다. 반드시 갚아야 된다고 생각하지만, 은행은 오히려 쉽게 포기하고 있고요 딴 데로 헐값에 넘기고 있습니다. 그러니까 '그렇게 헐값에 팔 거면 내가 좀 갚을게, 끝내자' 이렇게 리스케줄링을 적극적으로 요구하시라는 거죠. 이게 원래 선진국은 법으로 보장돼 있습니다. 그런데 우리나라는 리스케줄이 전혀 안 되고 바로바로 상각시켜버리면서 채무자 보호가 전혀 이루어지지 않고 있다는 거예요.

노회찬 금융기관이 대부업체에 땡처리하지 못하도록 막는 법은 이미 제출돼 있습니다. 그럼 그 못 받는 채권은 어떻게 할 것이냐, 자기들이 책임지고 소각시키든가 아니면 채권자들을 보호하기 위한 사회성이 있는 그런 시스템에서 받아서 처리하도록 하는 게 맞지, 중간에 대부업이 왜 끼어드냐 이거죠.

유시민 우리도 경험해봤지만, 이런 법 하나 만들려면 몇 년간 아주 집요하게 해야 돼요. 그렇게 안 하면 이렇게 기득권을 침해받는 사람들이 있는 법은 진짜 만들기 어렵거든요.

제윤경 네네, 맞습니다. 전국에 추심원들 숫자도 엄청나고요,

다 일자리를 잃기 때문에. 그런데 최소한 그 과정에서라도 채무자들이 이렇게 너무 치명적인 추심에 노출되지 않도록 보호하는 게 좀 필요할 거라고 보는 겁니다.

진중권 한 가지 남은 문제가, 이명박정권 들어와서 파산하기가 힘들어졌다고 하잖아요. 그 문제는 지금 어떻게 되고 있나요?

제윤경 아직까지도 파산제도는 문턱이 높고요, 통합도산법 개정안이 오랫동안 계류상태인 걸로 알고 있어요. 국회에서 더 힘들게 싸움을 해야 하는데… 결국은 늘 벽에 부딪히는 게 이거거든요. 도덕적 해이 논란. 그래서 저희가 주빌리은행을 하면서 문제제기하고자 했던 것은, '그렇다면 지금 이것은 과연 도덕적이냐, 이렇게 헐값에 땡처리하고 계속 추심하는 것이 도덕적인 것이냐'란 겁니다. 이러한 의식의 전환부터 필요하고 그다음에 제도개선을 함께 만들어나가야 되지 않을까 하는 생각입니다.

유시민 사실 대통령이 이런 입법에 관심이 있으면 참 좋은데. 무슨 고궁 옆에 관광호텔, 학교 앞에 경마장 이런 거 말고. 설악산 케이블카, 전지현 코트 이런 거 말고요. 관심을 가져야 할 부분에 관심을 갖고 수석보좌관회의에서 '똑바로 안 해?' 그러고 나와서 기자회견하면서 '국회가 지금 1년도 넘게 이걸 처리 안 해주고 있습니다' 이러면 진짜 박수 칠 텐데.

진중권 그럼 나도 지지하겠다.

유시민 나도 지지할 것 같아, 그러면…. 우리 지지받기 싫어서 안 하는 건가?

노회찬 '국민권익을 위해서 노조에 가입해야 한다' 이런 얘기도요.

유시민 오바마 대통령이 한 얘기가 그런 얘기잖아요.

제윤경 오바마 대통령 취임 초기에 금융소비자보호법을 만들었죠.

유시민 우리는 대통령이 그러면 다음 날 ㅈㅈㄷ 신문이나 종편 제목이 뻔하잖아요. 〈대통령 국론 분열시켜〉 〈국민 편 가르기 해〉 〈기업하기 나쁜 나라로 가는가 대한민국〉.

노회찬 이적행위를 한 걸로 보는 거죠.

제윤경 실제로 2013년에 금융위원장이 취약계층 가계부채 전수조사를 했더니 너무 심각해서… 114만 명은 고령이고 소득도 없고 도저히 어떻게 할 수가 없으니 이분들은 탕감정책을 쓰겠다 하고 발표를 했어요. 다음 날 정말 거짓말 안 보태고 40~50개 기사가 제목 똑같이 〈개인 빚 갚아주는 나라〉라고 도배가 됐습니다.

유시민 저도 봤습니다, 그거. 기억나요.

진중권 이제 요약을 하자면, 태초에 신용카드가 있었어요.

유시민 둘째 날에 연체통보를 받고, 셋째 날에는 대부업체가 오고, 넷째 날에는…. 이렇게 해서 맨 마지막으로 가면.

진중권 그 끝이 창대해지는 거죠. 그런데 일단 빚에 빠졌다고 하면 무조건 갚으려고 다른 곳을 찾지 말아라, 일단 연체를 시키더라도 그다음에 수를 찾아라. 공공기관을 찾아가든지, 조언을 받는다든지….

제윤경 네, 반드시 상담을 받아야 합니다. 혼자서는 해결이 안 돼요.

진중권 갚으려다가 일이 더 커진다는 거죠.

제윤경 네, 그러니까 빚을 '늘리지 말라'는 얘기예요.

유시민 이 방송을 들으면 대부업체 사람들이 '반체제적인 사람들이 모여서 반체제인 선동을 한다'고 할 거라고.

제윤경 이렇게 얘기를 하시죠. '신용사회가 붕괴된다' '자본주의에 맞지 않는다' 그런데 이건 잘못 알고 계시는 거고요. 신용사회의 기본은 사실 이렇게 억지로 빚 갚게 하는 게 아닙니다. 처음부터 잘 공급되어야 하는 거지요. 그리고 두 번째는 그겁니다. 자본주의의 핵심이 투자한 돈을 억지로 회수하는 법은 없거든요. 열 개 투자해서 한 개 회수하는 게 자본주의죠. 그래서 자본주의 논리에 훨신 더 정당한 게 파산제도가 완화되는 겁니다.

진중권 이게 어떻게 보면 추노잖아요. 그럼 오히려 자본주의가 아니라 봉건적 노예제죠?

유시민 저축은행이 세금은 많이 내나?

제윤경 아니요. 다 부과세 면세사업입니다. 대부업도요.

노회찬 〈불량남녀〉라는 영화가 있어요. 몇 년 전에 나왔는데 추심을 다룬 거예요. 여주인공은 추심원이고 남자는 형사인데, 형사가 빚져가지고 추심당하고 또 추심 전화하는 아주머니가 또 본인도 추심 당하고.

제윤경 실제 현실이 그렇습니다.

진중권 오늘 우리가 OECD 국가들 중에서 자살률이 제일 높다는 이야기부터 시작했는데요. 그 원인이 되는 것이 결국에는 빚문제거든요. 돈 때문에 귀중한 생명을 잃는 이런 안타까운 일이 지금 벌어지고 있기 때문에 이 문제를 꼭 짚고 넘어가야겠다는 생각으로 마련한 자리였습니다. 네, 오늘 에듀머니 제윤경 대표님 나오셔서 좋은 말씀해주셔서 감사합니다. 여러분, 주빌리은행 검색해서 들어가보시고 후원도 하시고 또 필요하신 분들 상담도 받으시고, 그러시면 좋겠습니다.

4.

파시즘과
세습자본주의의 습격

경제위기와 파시즘의 망령

정치카페 77편 2부 ● 2015년 11월 24일

정태인 칼폴라니사회경제연구소 소장 **+ 노회찬 + 유시민 + 진중권**

진중권 한국경제가 심각한 위기에 빠졌다는 사실을 여러분도 피부로 체감하고 계실 겁니다. 바로 이때 청와대에서는 대통령이 앞장서서 노동개혁을 주장하고 있습니다. 세 가지 키워드죠. 경제위기, 구조조정, 노동개혁. 뭔가 기운이 느껴지시나요?

유시민 전체적으로 불길한 기운이 다가오는 것 같아요.

진중권 오늘 이 기운이 어떤 기운인지 확실하게 풀어드리도록 하겠습니다. 오늘 저희와 함께 이 세 가지 키워드의 비밀에 대해서 풀어줄 게스트, 칼폴라니사회경제연구소 정태인 소장님 함께하셨습니다. 소장님, 한국경제가 지금 건강한 상태는 아니잖아요? 어디가 잘못되었는지 진단부터 좀 해주셨으면 좋겠습니다.

정태인 한국경제는 이미 장기침체 상태에 빠졌습니다. 제가 참여정부 비서관이었을 때 경제성장률이 4.5에서 5퍼센트였어요. 그때 대통령을 '경포대'라고 불렀거든요. 경제를 포기한 대통령. 그런데 지금이 2퍼센트대입니다. 내년에는 아마 1퍼센트대로 떨어지겠죠. 이 상태라면 침체로 빠져들어간다고 할 수 있는데, 대규모 구조조정이 일어나고 임금삭감까지 이어지면 그다음에는 마이너스로 빠질 가능성이 높습니다. 그런데 진짜 문제는 가계부채가 폭발할 수 있다는 겁니다. 우리나라 가계부채가 세계 1위인데 이게 폭발하게 되면 이제 마이너스 성장, 패닉으로 들어가게 되는 거죠.

진중권 작년까지만 해도 빚내서 집 사라고 했잖아요.

정태인 최근에 가계부채가 급증하도록 만든 게 최경환 정책이죠.

유시민 본인은 그런 적 없다고 하던데요?

진중권 미치겠네.

정태인 요새 새누리당 사람들은 말해놓고 안 했다고 그러고 남이 한 말은 왜곡하고, 그냥 우기면 된다고 생각하는데….

유시민 다 우주 때문이지 뭐….

정태인 기가 나빠서.

한국경제는 이미
장기침체 상태에 빠졌습니다.
대규모 구조조정이 일어나고
임금삭감까지 이어지면
그다음에는 마이너스로 빠질
가능성이 높습니다.

우리나라 가계부채가 세계 1위인데,
이게 폭발하게 되면
마이너스 성장, 곧 패닉으로
들어가게 되는 거죠.

정태인

유시민 인턴 어디 취직시킨 것도 본인은 아무것도 안 했는데 우주가 기운을 밀어줘서 몇천 등 하던 친구가….

진중권 나라가 약간 샤머니즘의 기운이 느껴지지 않아요?

정태인 파시즘의 한 속성이죠, 뭐.

진중권 지금 정부에서 대대적인 기업 구조조정을 예고하고 있지 않습니까? 그렇다면 그게 적절한 처방이라고 볼 수 있는지요?

정태인 사실 97년 외환위기 때는 관료들이 위기라는 것에 대해 익숙하지가 않았어요. 우리나라가 제일 경제가 좋았을 때는 80년대 말 90년대 초입니다. 이때 수출과 내수가 같이 늘었거든요. 노조가 늘어나면서 임금까지 올라갔어요. 그때는 지니계수도 뚝 떨어졌다가 95~96년에 다시 올라가기 시작했는데요, 너무 빠른 속도로 올라가서 지금 세계에서 불평등이 가장 심한 상태가 되었죠. 이게 근본적인 큰 문제라고 할 수 있고, 그다음에 과거에 위기를 헤쳐 나오던 그 메커니즘이 작동을 안 해요. 예전에는 우리나라가 위기를 맞으면 돈가치가 확 떨어지면서 수출이 늘어나고 그다음에 고용이 늘어나서 회복이 됐는데, 이제는 수출이 늘어날 가능성이 없거든요. 문제는 외환위기 때에는 가계부채는 없었다고요. 그런데 지금은 가계부채가 더 큰 문제가 되어 있기 때문에 소비도 억제되어 있는데… 여기서 구조조정을 해버리면 소비는 더 줄어들겠죠. 그렇게 되면 마이너스 성장 쪽으로 갈 가능성이 높습니다.

진중권 그런데 왜 정부에서는 대대적인 구조조정을 해야 한다고 예고하고 있는 걸까요?

정태인 기업부채를 그대로 뒀다가는 금융위기로 갈 수가 있어요. 기업이 돈을 못 갚으면 위기에 빠질 수 있으니까 미리미리 조정을 하겠다는…. 은행권하고 기업 들하고 사이에 부채조정을 시키는 거예요. 그런데 그것을 대량해고 방식으로 하게 되면 가계부채로 옮아 붙을 게 거의 틀림없기 때문에 문제인 거죠.

진중권 그러면 어떻게 보십니까? 적당한 처방이라고 보십니까?

정태인 네, 그건 할 수밖에 없죠. 지금 할 수밖에 없는데… 어떻게 할지는 잘 모르겠습니다. 기업들은 아직 진짜 위기는 아니거든요. 말하자면 경영상의 긴박한 위기가 아닌데 왜….

노회찬 금융에 대한 부담을 줄이기 위해서 선제적으로 하는 것이다?

정태인 그렇죠. 은행들도 부채탕감을 시키려고 하는 거죠. 은행들에게 맡겨놓으면 절대 안 하거든요.

노회찬 사실상 지금 15년 동안 기업 총부채는 좀 줄었잖아요.

정태인 지금 우리나라 기업부채가 GDP의 106퍼센트예요. 선진국 기업부채는 평균 90퍼센트 정도고 아시아에서도 중국, 홍콩, 싱가포르, 중국계 기업을 제외하고는 우리나라가 가장 높은 상태입니다.

분명히 예전에 비해서는 부채비율이 낮아졌지만 중화학공업 쪽은 지금 상당히 위험한 상태죠.

유시민 이 이야기를 듣고 있으니 좀 궁금해지는데, 기업도 부채가 많고 정부도 부채가 많이 늘어났고, 이제 민간 가계부채도 심각하다면 그 부채의 채권은 누가 가지고 있어요?

정태인 부자들이 가지고 있는 거겠죠. 은행이 갖고 있는 거고.

유시민 그렇죠? 그러니까 가계부채든 기업부채든 정부부채든 채권은 다 우리나라 부자들이… 외국 자본도 일부 가지고 있기도 하겠지만, 대부분 국내의 부자들이 갖고 있다는 거죠?

정태인 그러니까 우리나라 경제가 수출 위주로 편성이 되면서, 생산성이 늘어나는 것만큼 임금이 안 늘었거든요. 점점 벌어지고 있어요. 세계에서 가장 많이 벌어진 상태인데. 그럼 소비를 안 하겠지요. 그런데 국내에서 안 팔리는 것을 한편으로는 수출하고 한편으로는 가계부채에서 소비시킨 거예요. 특히 이명박 박근혜 시대는 완전히 부채로 성장을 유도했는데, 이제 수출이 안 되고 부채에 의한 소비도 한계에 이르렀고. 이렇게 되다 보니까 회복 메커니즘이 작동할 수 없게 됐어요.

진중권 대대적인 기업 구조조정을 하게 되면 우리 같은 서민들은 어떤 영향을 받게 되나요?

정태인 일단 회사에 다니는 분들이면 잘리는 거고, 또 임금을

정태인

지금 우리나라 기업부채가
GDP의 106퍼센트예요.
선진국 기업부채는 평균 90퍼센트
정도고요.

유시민

기업도 부채가 많고
정부도 부채가 많이 늘어났고
이제 민간 가계부채도 심각하다면,
그 부채의 채권은 누가 가지고 있어요?

정태인

부자들이 가지고 있는 거겠죠.
은행이 갖고 있는 거고.

줄이려고 하겠죠.

노회찬 실업자들이 자영업으로 가는 경우도 늘어나고.

정태인 네, 요새 자영업을 보면 굉장히 빨리 바뀌잖아요. 망하고 들어오고 망하고 또 들어오고 하는데 그것도 더 이상 지속하기 어려운 상황이에요.

진중권 문제는 그거 아니겠습니까? 지금 빚져서 집 사라고 해서 샀단 말이에요.

정태인 그리고 정부에서 원리금을 한꺼번에 갚게 만들었죠. 그런데 소득이…. 원리금 상환을 못 하면 결국 집을 팔게 되고 집값이 폭락할 수 있는 거죠. 문제는 지금 정부가 빠져나갈 길이 별로 없다는 거예요. 하나의 탈출구가 있다면 그건 내수를 늘리는 거예요. 임금이 올라가야 되는 거거든요. 구조조정을 해야 되는 기업은 분명히 있습니다. 위기인 데가 있으면 그러한 기업에서는 고용이나 임금을 조정하되 그 외에 하청기업이나 비정규직에서는 임금이 인상되어야 돼요. 그러면서 내수를 늘려나가는 것이 지금 유일한 해법이거든요. 그런데 정부의 지금 방향은 옛날이랑 똑같죠. 임금을 떨어뜨려서 수출 경쟁력을 높이는 쪽으로.

진중권 지금 수출이 안 된다는 게 문제인 거죠?

정태인 네, 수출은 더 나빠질 것으로 보입니다.

유시민 아니, 좀 거시기하다. 우리가 전에 정치 종말론 비슷한 이야기를 했는데, 지금 얘기는 초장부터 경제 종말론 쪽으로 가고 있어요. 우리 이렇게 얘기해도 괜찮을까요?

노회찬 총체적 종말로 가고 있다는….

정태인 저는 요즘 파시즘으로 가고 있는 것 같다는 느낌이 들어요. 가령 국정교과서같이 파시즘의 가장 핵심인 국가주의가 뜬금없이 등장하잖아요. 또 하나는 파시즘은 항상 희생양을 만들어가는데 보통은 인종주의인데요, 우리나라는 그게 종북이라고 하는…. 이게 인종주의와 비슷한 냄새가 나요. 박정희 정권은 확실히 파시즘의 모든 요소를 다 가지고 있었어요. 그런데 박근혜 대통령은 국가를 해체하려고 하고 있거든요. 모조리 시장에 맡기자고 하면서 국가기구를 없애잖아요.

진중권 상부구조만 파시즘이에요.

유시민 육체는 신자유주의이고 정신은… 혼은 파시즘이고. 기묘한 역사적 조합이에요.

정태인 혼은 파시즘이에요. 생각해보니까 박근혜 대통령은 민주주의를 경험해본 적이 없어요. 민주주의가 한창 꽃필 때 칩거하고 있었고. 선거만 아는 거죠, 민주주의라는 것을 모르고. 여전히 정신은 아버지한테 배운 그대로.

노회찬 오히려 민주주의의 피해자라고 생각하고 있죠.

유시민 민주화당했다.

진중권 맞다, 그거네. '민주화당했다.'

정태인 그러니까 아버지를 떠올리면서 그때 했던 것을 하면 경제가 좋아질 거라고 믿고 있다는 거예요. 다만 그거죠. 아버지는 군대도 동원하고 경찰도 동원했는데 지금은 그렇게 할 수 없으니까 어떻게든 법이라는 형식 속에 집어넣어서. 그렇게 해서 아버지 때처럼 될 거라고 생각하는데요, 지금은 경제구조가 완전히 거꾸로 되어 있거든요. 정상적인 정책을 쓰면 1퍼센트 상태에서 조금씩 내수를 회복시킬 수 있는데, 정말 대대적 구조조정을 하고 노동계를 탄압하면 이제 금융위기, 가계부채로 옮겨 붙을 가능성이 높습니다.

진중권 그러니까 지금 문제가… 거꾸로 풀고 있잖아요? 그래서 지금 동원된 게, 핵심 국정과제로 밀어붙이고 있는 노동개혁. 까놓고 얘기하면 강제로 임금을 깎겠다는 얘기죠.

정태인 그렇죠. 새누리당은 정말 현수막 정치 잘해요. 노동개혁 앞에 뭐라고 써 있냐면 '청년의 일자리를 만드는 노동개혁'이에요. 이건 말도 안 되는…. 임금피크제에서 끌고 온 건데요.

유시민 그거 다 히틀러가 했던 거야. 괴벨스가 뺑을 치려면 세게 치라고 그랬거든요.

정태인 식당들 가보면 어떤 곳은 종편을 하루 종일 틀어놓고 있잖아요. 그걸 보고 있으면 '괴벨스도 이 정도는 아니었을 거다' 싶어요.

진중권 종편 보면 꼭 북한방송 같아요. 하루 종일 북한 얘기만 하고 있어요.

정태인 그런 생각이 좀 들어요. 북한은 봉건적 파시즘, 남한은 신자유주의 파시즘.

유시민 히틀러에게는 유대인이었고, 우리나라에서는 노동자예요. 우리 정부는 보면 민주노총이나 전교조 같은 데를 나라를 망치는 노동자 조직으로 악마화해서 대중을 선동하고, 이성을 마비시키고, 파시즘으로 몰고 가는 거예요.

진중권 히틀러는 노동조합도 해체시켰어요.

유시민 노동조합만 해체시킨 것이 아니고 모든 조직을 다 해체시켰지.

진중권 어떤 문제가 있으면 보통 사람들이 해결책으로 생각하는 어떤 합리적 범위가 있잖아요. 그런데 해법을 내놓는 게 상상을 초월해요. 우리가 뭘 상상하든 그 밖에 있어.

유시민 그래서 우리가 못 따라가. 우리, 합리적으로 생각하는 사람들은 도저히 따라갈 수가 없어.

진중권 지금 정부와 여당에서 노동개악법 처리에 목숨을 거는 이유가 뭡니까?

정태인 일반정리해고의 자유를 부여하는 거죠. 원래는 경영상의 긴박한 상태라는 걸 증명해야만 대규모 구조조정을 할 수 있는

데 수시로, 언제든지 정리해고를 할 수 있는 쪽으로 가는 거예요.

진중권 그 부분에 대해서 조금만 더 짚어주고 가면 좋겠는데요. 기업발 경제위기 상황하고 박근혜식 노동개혁 사이에 어떤 관계가 있는지, 왜 이걸 해법이라고 생각하는지에 대해서요.

정태인 선제적 구조조정이라고 하는 건 아직 위기는 아니지만 앞으로 위기가 될 때를 위해 미리 구조조정을 하는 건데요, 그런데 우리나라에서 기업 구조조정은 언제나 노동자 해고부터잖아요. 그럴 때 여러 가지 분쟁이 일어날 수 있는데, 그것을 법적으로 막겠다는 것입니다.

노회찬 정태인 소장님 말씀대로 지금 정부가 하고 있는 것을 보면 우리 경제에 위기적 상황이 오고 있다고 인식하는 거잖아요. 그런데 문제는 이 위기를 어떻게 이겨나가는가 하는 해법인데. 타이타닉이 물에 빠졌을 때는 약자부터 구했죠. 그런데 세월호는 강자부터 탈출했어요. 두 개의 극단적인 다른 방안이 있는데, 지금 정부에서는 약자를 우선 희생시키는 방법을 쓰고 있어요. 선장부터 먼저 살리는 것을 법제화하겠다는 거죠.

유시민 그렇게 얘기하니까 알아듣기 쉽다. 이준석 선장하고 승무원부터 구해주고 그다음에 1등석 손님 구하고, 이런 순서로 해서 일반실 손님들은 구할 수 있으면 좋고, 아니면 뭐, 할 수 없고?

노회찬 그리고 선원이 살아야 나중에 배가 오면 그때까지 떠

있는 사람들을 구하리라… 그거 아니에요. 낙수효과라는 경제논리가 바로 그거잖아요.

진중권 하지만 결국은 불 보듯 뻔하잖아요. 이렇게 되면 대규모 실직이 나올 테고, 그러면 내수가 침체될 거고, 그러면 불황이 올 거잖아요. 그건 기업한테도 안 좋잖아요?

정태인 정부 입장에서는 지금 제일 걱정하는 게 금융위기예요. 기업이 끝까지 버티다가 또 채무조정이 안 되어서 은행들이 위기에 빠지면 그건 시스템 위기가 되거든요. 금융 시스템은 보호하겠다는 거예요. 그렇게 되면 가계부채도 터져버리니까 그걸 막자는 건데…. 그건 총선 때까지, 다음 대선 때까지도 무조건 막아야 되겠죠? 그런 의미에서 기업 구조조정을 하는 거예요. 그리고 결국 그들이 합의할 수 있는 것은 노동자의 대규모 해고인 거죠. 그런데 수출이 잘되던 시기에는 해고된 사람들도 다시 취직이 될 수 있었어요. 수출이 돼서 고용을 다시 늘리면요. 그런데 지금처럼 수출이 마이너스 15퍼센트인 상황이라면 내수를 늘리는 유일한 방법은 고용을 유지하는 거예요.

진중권 그걸 정부에서 모르겠어요?

정태인 사실 모든 기업은 완전고용을 싫어해요. 임금은 삭감하고, 말은 잘 듣기를 원하는 거거든요. 칼레츠키라고 하는 유명한 정치경제학자가 그 얘기를 아주 재미있게 표현했어요. 솔직히 자본가들도 파시즘이 싫거든요. 그런데 왜 파시스트를 선택하는가 하면, 완전

고용을 달성하면 노동자들이 정치력을 얻어요. 진보적 정권, 좌파정권이 들어서는 건 무서운 거예요. 그러나 파시스트가 있는 한 좌파정권이 들어설 가능성은 없거든요.

진중권 장기적으로 보면 기업한테도 마이너스가 되지 않나요?

정태인 하지만 기업은 거시적 사고를 못 하는 사람들이니까요.

진중권 그러니까 그 거시적 사고를 정부에서 하고 국가에서 해야 하는 거 아니에요. 지금 정부는 그 역할을 방기하고 있는 거고요.

정태인 최경환 부총리가 처음에 취임할 때 얘기는 '임금을 올려야 된다'였잖아요. 이걸 아예 모르는 건 아니에요. 그러나 훨씬 쉬운 것을 선택했는데 건설 경기를 일으키는 거였죠. 주택공급을 늘리면서 동시에 주택가격을 끌어올리는 것은 하나밖에 없어요. 중산층 이상이 빚을 갖고 수요로 들어와야 하거든요. 그리고 이게 바로 그 결과예요. 이제는 더 이상 그 정책도 쓰기가 어려워요. 이미 주택이 과잉공급이거든요.

유시민 그래서 지금 제2의 경부고속도로를 하겠다는 거잖아요. 더 이상 집을 못 지으니까. 4대강 2단계 사업이니 제2의 경부고속도로니 서울-세종간 고속도로니 이런 토목건설로 다시 돈을 뿌리는… 이게 다시 나오는 거예요. 두더지 잡기 게임이라 이쪽 막히면 저쪽 치고 그러는 거지, 뭐.

정태인 이제 주택이 아닌 토목이 그 정도로 경제를 일으키긴 어려워요. 4대강도 마찬가지였으니까. 결국 지금 아무런 방법을 못 찾는 상태인 거죠. 아까 왜 칼레츠키 얘기를 했냐면요, 노동계를 몰아서 싸움을 하게 되면 사회불안이 일어나니까 아마 대기업들도 굉장히 불안할 거예요. 그런데 칼레츠키 얘기는 '이 정권이 계속 집권할 거라는 생각이 들면 파시즘에 찬성하게 된다'는 거거든요. 이제 슬슬 나오잖아요. 이원집정부제니 종신통령제니.

진중권 우리가 정치 쪽 테마에서 다뤘던 내용이 경제 쪽 내용과 연동되네….

유시민 다 연결되어 있는 거예요.

정태인 특히 경제위기 때는 자본가들을 안정시키기 위해서 장기집권을 할 수 있다는 것을 보여줘야 되기 때문에….

유시민 국정교과서를 이렇게 밀어붙이는 것도 '우리가 계속 집권할 테니까 국정화해서 밀고 간다'는 의사표시인 거죠?

노회찬 방식이 폭력적인 게, 사실은 몇 달 전 노사정 합의할 때, 물론 민주노총이 빠진 반쪽 노사정 합의지만, 그때 합의문에서는 취업규칙 문제하고 쟁점이 됐던 해고요건완화는 향후 협의를 해서 합의된 것을 반영한다고 되어 있었어요. 그런데 이제 일체의 협의 없이, 합의 없이 전부 입법화하겠다고 나선 거예요. 그러니까 본인들이 국민 앞에서 한 약속도 스스로 무효화시키고 힘으로 밀어붙이고 있는 상황인데.

진중권 진짜 파시즘이네, 막가네요.

정태인 네, 파시즘적 요소가 많이 보이고 있습니다.

진중권 앞으로 좀 힘들겠네요. 노동계라든지, 참여연대 같은 시민사회랄지.

정태인 노동계 먼저 공격을 하고, 그게 되면 참여연대 같은 데도 건드릴 가능성이 있다고 저는 보고 있습니다.

진중권 어쩌자고 거꾸로만 가는 건지 모르겠습니다. 지금 상황을 단순하게 정리해보면 이렇죠. 경제가 어려우니까 구조조정을 해야 한다, 구조조정이 시작되면 시끄럽게 굴지 말고 나가라.

유시민 조국을 위해서 조용히 해고당해라, 이거지.

정태인 네, 하지만 그렇게 구조조정을 하게 되면 장기침체가 아니라 경제위기로 만드는 계기가 될 거다….

유시민 지금 우려되는 상황은 장기침체인데, 그에 대한 대답을 이런 식으로 하게 되면 장기침체에 머무르는 게 아니라 패닉… 단기적인 위기로 발전할 가능성이 있다는 거죠?

정태인 내수위축, 소비위축, 그다음에 신용경색, 가계부채….

진중권 다른 한편으로는 상속세가 있죠. 상속세는 부의 대물림을 막을 수 있는 유일한 제도인데 사실상 무력화하고 있습니다. 작년에 정부가 법령을 개정해서, 건물주도 가업이라고 하면서 500억까지는 세금 한 푼 안 내고 자식에게 증여할 수 있게 되었다고 합니다.

그것도 모자라서 금액을 1000억으로 확대하자는 법안까지 발의되고 있는 상태인데요. 이거 완벽한 금수저잖아요.

정태인 그런데 어떻게 해야 1000억을 가질 수 있는 거죠?

유+진 강남에 건물 두세 개 가지고 있는 거 아니에요?

노회찬 가업이라는 것이 원래 독특한 기술을 가지고 좀 소규모로 유지되어오는 그런 기업을 얘기하는 거잖아요. 가업을 인정하면서 세금혜택을 주려고 했던 기본취지는 그런 장인정신을 살려내고 보호하기 위함인데, 건물을 가지고 있는 게 어떻게 가업이 될 수 있는지.

정태인 그것은 뭐, 오랜 가업이죠. 옛날의 대지주들. 지금 건물 가지고 있는 사람들이 옛날로 치면 대지주들이잖아요.

진중권 그런 건 토지개혁 과정에서 없어져야 하는 거잖아요.

정태인 없어졌죠, 원래는. 우리나라가 상당히 평등한 나라였어요. 토지개혁을 하고, 또 6 · 25 때 지주계급이 소멸해버렸거든요.

유시민 시가보다 훨씬 적게 주고 땅을 사서, 그걸 농민들에게 시가보다 적게 받고 나눠줬잖아요. 무상몰수 무상분배가 아니라고 비판하는 사람들도 있지만, 100점짜리는 아니라도 괜찮았던 거예요.

정태인 정부가 유상몰수를 하는데, 예를 들어 정부가 1000만 원을 줄 돈이 없잖아요. 그래서 1100만 원을 10년에 걸쳐서 110만 원씩 주겠다고 지가증권을 줬습니다. 그런데 6 · 25 때 지주들도 먹고살아야 하니까 이걸 다 팔아버린 거예요. 그러면서 사실상 우리나라에 지주가 사라졌거든요. 저는 이게 우리나라 성장의 원동력이었다고 생각해요.

유시민 본의 아니게 무상몰수처럼 돼버린 거죠.

정태인 그렇죠. 가장 평등한 상황에서, 90년대 중반 이후로 가장 빠른 속도로 지금 자산과 소득의 집중이 일어나고 있습니다.

유시민 이게 조선시대, 일제강점기 때 소작제도하고 뭐가 달라요? 똑같은 거예요. 지주 아들은 또 지주 하고, 계속.

정태인 중남미의 경우 60년대에 우리보다 훨씬 잘살았거든요. 그런데 지주가 돈이 많으니까 제조업도 금융도 다 가져가고, 정치도 장악하고. 이렇게 되면 나라 망하는 거거든요. 우리나라는 세계에서 가장 빠른 속도로 지금 그리로 가고 있습니다. 지금 이걸 확 뒤집지 않으면 미래 세대는 희망을 갖기가 어렵죠. 젊은이들이 헬조선이라고 부르는 것도 어찌 보면 당연해요. 아무리 열심히 일해도 계층상승은 불가능하다고 느끼니까요. 조선시대에는 너무 심하다 싶으면 국가가 개입할 수 있었어요. 그때는 왕의 땅이었으니까요. 그런데 지금은 안 되거든요. 생각해보세요. 월 200만 원을 벌면 우리나라 중위소득보다 높은 건데, 그런데 매달 100만 원을 월세로 낸다면요. 그런데 재산을 가진 사람은, 아까 얘기한 500억을 가지고 있는 사람에게 100만 원이 가봐야 아무것도 아니거든요.

노회찬 소비되지도 않는 돈이죠.

정태인 네, 소비되지도 않고 저축이 되는 거고 다시 부동산이나 금융으로 가겠죠. 그런데 200만 원 가진 사람이 100만 원을 자산가에게 주면, 이 사람은 정말 사는 게 힘들어지죠.

유시민 전세값이 1년에 몇천만 원씩 올라가면, 젊은 사람 둘이서 아무리 맞벌이를 해도 그걸 어떻게 하겠어요.

정태인 그러니까 헬조선이죠.

진중권 이렇게 되면 자본주의가 유지는 되나 모르겠어요. 예를 들어서 예전 같으면 경쟁의 초기 조건은 비교적 평등했잖아요. 지금은 교육도 상위가 다 받고, 구조 자체가 재산을 물려받는 이런 식으로 가면.

정태인 그러니까 피케티가 '현재의 자본주의는 세습자본주의다'라고.

진중권 세습자본주의라는 게 자본주의 자체가 무너지는 거죠, 지금?

정태인 걱정은 민주주의가 무너진다는 데에 있겠죠.

노회찬 그러니까 다른 형태의 자본주의, 이게 원래의 자본주의라는 거예요. 자본이 주인이잖아.

정태인 케인스가 했던 얘기는 '그러면 자본가도 못 산다'는 거죠. 아니, 물건을 만들어 팔아야 할 거 아니에요.

유시민 숙주가 죽으면 바이러스도 못 산다는 거 우리가 다 알잖아요.

정태인 그렇죠, 그게 거시경제학이죠.

진중권 아니, 포드 같은 사람도 딱 공장생산, 자동화한 다음에 이 차를 노동자가 사야 한다고 임금을 올려줬잖아요.

정태인 우리나라가 선진국 문턱까지 올라온 건 맞는데, 지금처럼 빠른 속도로 자산과 소득이 불평등해지면 다시 3류 국가로 떨어질 거예요. 해법은 딱 하나예요. 좀 더 평등해지면 분명히 선진국이 되고 세계에서 가장 존경을 받는 나라가 될 수 있습니다.

진중권 평등해지려면 어떻게 해야 될까요?

정태인 자산하고 소득을 재분배하는 방법은 얼마든지 있습니다. 복지를 늘리는 것도 하나의 방법이고, 자산에 세금을 부여하는 방법도 있고요. 무엇보다도 시장에서 임금이 계속 올라갈 수 있도록 노조라든가 노동세력이 강화되는 것이 가장 중요하고요. 또 중소기업이 제대로 하청 단가를 받게 하려면 중소기업들이 세력화돼야 하거든요.

유시민 그게 뉴딜이지. 독점 제한해가지고 불공정거래 관행 같은 걸 못 하게 하고, 소비자들 착취하는 것 제약을 두고, 노동자들이 교섭력을 강화할 수 있도록 노동조합을 북돋아주고, 부족한 내수를 보충하기 위해서 토목사업 좀 하고 병원 짓고 학교 짓고 한 거 아니에요. 이미 70년 전에 효과를 본 건데….

정태인 지금은 정부가 할 게 많아요. 인프라라고 해도 길 닦는 거 말고 생태인프라도 굉장히 많거든요. 문화에 관해서도 인프라 할 거 많아요. 그건 자본 낭비도 아니고 훨씬 더 자원을 절약하면서도 성장률도 올릴 수 있거든요.

유시민 지금 루스벨트를 우리나라에 영입해오면 종북 빨갱이 소리 들을 거예요.

노회찬 진실하지 못한 사람이 되는 거죠.

진중권 지금 네 가지를 말씀해주셨는데… 복지를 강화하는 것, 그다음에 자산세를 강화하는 것, 세 번째가 임금을 올려줘야 하는 것이고, 네 번째가 중소기업과 대기업 간의 불공정한 문제 그걸 바로 잡아야 되는 건데….

정태인 그런데 지금 완전히 거꾸로 가고 있어요. 더 놀라운 건 박근혜 대통령이 그걸 약속하고 당선된 분이에요. 경제민주화, 생애주기별….

유시민 아, 그 얘기 좀 하지 마요….

노회찬 취임식하던 날부터 경제민주화 용어는 안 쓰기 시작했으니까.

정태인 어떻게 보면 야당한테는 굉장한 기회예요. 지금 실정이 너무나도 분명하게 드러나고 있고 경제가 더 나빠지고 있는데 이때 희망을 줄 수 있어야죠.

진중권 집값은 어떻게 될 것 같습니까?

정태인 집값은 계속 올리려고 노력한 결과가 현재의 집값이에요. 조금 들썩거렸잖아요, 중산층이 '지금 안 사면 영원히 못 사겠다' 해서 확실히 들썩거렸는데. 이미 주택 과잉공급이죠. 아무리 정부가 막으려고 해도 떨어지기 시작할 겁니다. 내려가는 일만 남았는데, 폭락은 어떻게 해서든 정부가 막아요. 제가 집권을 하고 있더라도 전 국민연금을 동원해서 막을 거예요. 왜냐하면 집값이 폭락하게 되면 금융위기가 오니까…. 서서히 떨어뜨리는 것이 제일 좋죠. 그래서 젊은이들이 내가 적어도 10년 20년 열심히 일해서 저축을 하면 집을 살 수 있겠구나 하는 희망을 주지 않으면 뭐, 희망이 없는 거죠.

진중권 오늘 한국경제에 대해 짚어봤습니다. 거의 위기라는 말을 써야 할 정도로 어려운 시기인 것 같은데요….

정태인 정상적으로 가면 위기로 가는 게 그렇게 쉽지가 않아요. 물론 중국이 폭락을 한다든가 러시아나 브라질에서 금융위기 일어나고 그게 우리나라에까지 파급되면 패닉 상태에 들어갈 수 있지만, 갑자기 마이너스로 가고 전체 경제가 패닉 상태로 들어가지 않도록 할 수도 있거든요. 그런데 지금 정부가 하려는 정책은 '그렇게 만들고야 말겠다' 하는 것처럼….

유시민 정부가 위기를 만들고 있다?

정태인 네, 내수위축을 조장해서 마이너스로 가고, 가계부채에 옮겨 붙으면 패닉이거든요. 거기까지 갈 수 있죠.

진중권 오늘 특히 인상적이었던 건 그거였어요. 우리는 정치와 따로 이해를 해왔는데 그게 경제적 토대하고 딱 연결되는 부분이 있네요. 결국은 이렇기 때문에 파시스트적인 잘못된 해법을 내고, 굉장한 반발이 있기 때문에 그것을 억누르기 위해 막가파식이 나오고. 국정교과서 문제라든지 '이게 왜 뜬금없이 갑자기 튀어나왔나' 했던 것도 지금 맥락에서 보면 전체적으로 분위기가 이해가 되실 것 같습니다. 예, 헬조선. 지금 대한민국이 지옥이나 다름없이 사는 게 힘든 신분제 사회라는 말이 있는데요. 여기서 더 나빠지면 뭐라고 불러야 할지 잘 모르겠습니다. '헬조선을 다스리는 데에는 역시 파시즘밖에 없다' 이렇게 생각하는 사람들이 참 많아요. 그들의 시대착오적 망상이 그냥 망상으로 끝나는 것이 아니라 현실이 될 수도 있거든요. 우리가 모두 정신 바짝 차려야 할 것 같습니다.

5.

내가 쏠게,
네가 내라

‘내가 쏠게 니가 내라’ 보육대란

정치카페 84편 2부 ● 2016년 1월 12일

이재정 경기교육감 **+ 김용민** 국민TV PD, 시사평론가 **+ 노회찬 + 유시민**

김용민 ‘내가 쏠 테니 돈은 네가 내라’ 이런 말은 친구 사이라도 농담으로나 가능한 말인데요, 정치인이 국민을 상대로, 더군다나 어린아이들에게 쓸 돈을 가지고 진지하게 이런 행동을 한다면, 이게 상상이 됩니까? 실제로 이런 일이 우리 눈앞에서 벌어지고 있습니다. ‘국가가 취약 전 아동들의 보육과 교육과정을 유치원, 어린이집 구별 없이 책임지겠다’ 이게 바로 박근혜 대선후보의 누리과정 공약이었는데요. 이름 하여 0세부터 5세까지 보육과 유아교육의 국가완전책임제. 그런데 책임지겠다는 대통령은 사라졌고, 교육감들이 약속을 어기고 있다면서 도리어 직무유기로 고발당하고 있습니다. 오늘은 파국을 맞은 누리과정 사태에 대한 이야기를 나눠보도록 하겠습니다. 요즘 직무유기로 고발당하시는 교육감, 이재정 경기교육감님 모셨습니다.

이재정 네, 안녕하세요? 반갑습니다.

노+유 안녕하세요? 어서 오십시오.

김용민 경기도의 유치원과 어린이집 원아가 35만 명이죠. 그 중 한 명이 제 아이이기도 합니다.

이재정 아, 그렇습니까?

김용민 예, 어린이집에 다니고 있는데, 경기도가 전국에서 가장 많죠? 인구도 제일 많은 경기도니까요.

이재정 전국 어린이의 27퍼센트입니다. 가장 규모도 크고요, 들어가는 예산도 1조 559억입니다. 경기도 예산 가운데 가장 큰 부분이 될 수 있는 거죠.

김용민 국가에서 한 아이에게 30만 원 가까이 지원하던 것이 지급이 안 되면서 '보육료 폭탄이 떨어졌다' 이런 반응이 있을 것 같습니다.

이재정 사실상 보육료 폭탄이 현실화된 거죠. 경기도는 아직 예산이 확정되지 않았지만 나머지 열여섯 개 시도는 확정이 됐습니다. 어린이집과 유치원 부분이 다 0원으로 처리된 곳이 서울, 광주, 전남 세 군데고요. 어린이집이 0원으로 된 곳이 충남북, 강원, 전북 이렇게….

이재정

사실상 보육료 폭탄이
현실화되었습니다.
경기도는 아직 예산이 확정되지
않았고요. 어린이집과 유치원이
모두 0원으로 처리된 곳은
서울, 광주, 전남 세 군데입니다.
어린이집이 0원으로 처리된 곳은
충남북, 강원, 전북이고요.

김용민

다 진보 교육감인 지역이네요?

김용민 다 진보 교육감인 지역이네요?

이재정 어쨌든 열일곱 개 교육청 가운데 100퍼센트 예산편성된 곳은 한 군데도 없습니다. 어린이집이건 유치원이건 누리과정 예산을 다 합산하면 4조1000억 정도 되는데 그 가운데 편성한 것이 27퍼센트 정도밖에 되지 않습니다. 경기도뿐 아니라 지금 전국 곳곳에서 대란이 일어나고 있는 거죠.

김용민 한마디로 얘기해서, 박근혜 대통령이 대선 때 국가가 하겠다고 약속했는데 당선돼놓고 이 뒷감당을 다 지역의 교육청에 떠안기면서 비롯된 사단 아닙니까?

노회찬 국가완전책임제라는 것이 알고 보니까 국가가 지방교육청에게 완전히 맡기겠다는 것으로, 지금 사실상 그렇게 돼버리고 있는 거죠.

유시민 지금 정부와 여당에서 그렇게 명확하게 이야기하고 있지는 않지만 들어보면 그런 의미예요. 누리과정 보육비 지원하라고 돈을 다 줬는데 교육감들이 그걸 제대로 안 쓰고 더 달라고 한다, 그렇게 말을 해서 그렇게 오해하시는 분들도 많아요.

김용민 최경환 부총리가 4조를 전부 다 보냈다고 얘기를 했단 말이죠. 그런데 이 4조는 원래 내려가는 돈에 다 포함된 4조 아닙니까?

이재정 그게 제일 중요한 부분인데요. 박근혜 대통령의 공약에 의해서 무상보육으로 가기 시작한 해가 2012년입니다. 2012년에

이재정

박근혜 대통령의 공약에 의해
무상보육을 시작한 해가 2012년입니다.
기재부가 2012년에
중기재정계획을 발표했는데
'매년 세수가 좋아져서 8.8퍼센트씩
교부금이 올라간다'고 했어요.
그런데 그 8.8퍼센트라는 것이
전혀 산출 근거가 없습니다.

는 5세부터, 2013년도에는 4세, 2014년도에 3세, 이렇게 만들어갔단 말이죠. 2014년까지는 그래도 광역단체가 얼마, 국가가 얼마, 교육청이 얼마 이렇게 나눠 맡았습니다. 그런데 2015년도부터는 100퍼센트 교육청에 떠맡겼어요. 그럼 어떤 과정으로 그렇게 됐는지 살펴볼 필요가 있는데요. 기재부가 2012년에 중기재정계획을 발표했는데 '매년 세수가 좋아져서 8.8퍼센트씩 교부금이 올라간다'고 한 겁니다. 8.8퍼센트면 약 3~4조 됩니다. 그러니까 이 돈이면 누리과정 예산을 충분히 감당할 수 있다는 것이 기재부의 판단이었고, 교육부가 이것을 받아들여서 5개년계획을 발표한 거죠. 아마 제 짐작으로는 누리과정에 대한 전체적인 운영계획을 대통령에게 보고하면서 이대로 했을 겁니다. 그런데 그 8.8퍼센트라는 것이 전혀 산출 근거가 없습니다.

김용민 747같이요?

이재정 그럴 수도 있습니다. 2012년에서 2013년 될 때 한 번 2조6000억 원 정도가 늘어났어요. 그대로 올라가게 되면 그 계산이 맞을 수도 있었는데, 2013년이 지나면서부터 이 계획이 완전히 무산됐습니다. 그래서 2015년도 작년에는 본래 기재부의 계산으로는 49조 원의 교부금을 내려보내도록 되어 있는데, 실제로 온 것은 39조 원이었습니다.

유시민 10조 원이 부족했던 거네요.

이재정 네, 그런데 문제는 아시다시피 우리나라가 OECD 회원국이 됐으니까 교육수준도 올라가야 되지 않겠느냐 해서 학급당 인원수를 25명으로 줄여나가기 시작했습니다. 기재부의 논리는 인구도 줄고 학생 수도 줄어드니까 예산도 당연히 줄어든다는 것이었는데요, 그런데 반대로 학급당 인원수를 줄이니까 학급 수가 늘어나고, 학급 수가 늘어나니까 시설도 늘려야 되고, 교사 숫자 늘어나고 해서 비용이 더 들게 되는 거죠. 실제로 경기도의 경우 2010년부터 2015년까지 5년 동안 늘어난 교사 수가 3,000명이 넘습니다. 기간제 교사까지 합하면 5,000명이 넘고요. 학급 수가 1,100개 이상 늘어나고, 또 신도시가 많이 생기니까 학교가 170여 개 늘어났어요. 그런 건 생각을 안 하는 거예요. 무슨 계산법인지 알 수가 없어요. 그리고 결국 작년에 39조가 내려오면서 계획이 무너지기 시작한 겁니다.

노회찬 실은 2012년도에 누리과정에 대한 기본계획이 성립될 때, 세수수입에 대한 전망을 너무 크게 잡았던 거예요. 전체 세수가 늘어날 걸로 매년도 예상치를 높게 잡고, 그러면 지방교육재정으로 들어갈 돈도 많아질 테니까 이런 것을 다 소화해낼 수 있다고 생각했던 건데 그게 아닌 게 확인되면서…. 그러면 별도로 돈을 더 주든가 아니면 세수개발을 위해서 증세를 하든가 해야 하는데.

유시민 아니면 못 한다고 하든가!

노회찬 그렇죠, 그런 거 없이 '원래 있던 돈 가지고 그냥 써라' 하는 식으로 된 거죠.

유시민 중기재정계획 세울 때 경제성장률 보면 막 4~5퍼센트 잡아놨는데, 실제로는 작년에도 2퍼센트대였잖아요. 당연히 국세수입이 예상만큼 안 늘어나고, 그러면 지방교육재정 교부금이 줄어드는 거니까…. 그 돈으로 못 하니까 더 줘야 한다고 하는데 자기들은 다 줬다는 얘기 아니에요, 지금.

이재정 그런데 우리 교부금의 기준이 전전년도의 세입이 기준입니다. 2015년도에 얼마 될 것이라는 건 다 알고 있는 겁니다. 8.8퍼센트라는 건 국민을 속이고 대통령을 속이고 모두를 속인 거죠.

유시민 그러니까 사실 대통령이 지금 담화문을 발표할 때예요. '국민도 속고, 저도 속았습니다' 그래야 되는 거 아니에요?

이재정 그런데 교부금을 주면서 '거기에 다 넣어줬다' 그러는 거 아닙니까. 최경환 부총리도, 이영 교육부차관도 다 그렇게 얘기하지 않습니까.

유시민 새빨간 거짓말이잖아요.

이재정 새빨간 거짓말도 이런 거짓말이 없죠. 경기도의 경우 2016년도에 교부금 내시된 액수가 8조4000억 원입니다. 그런데 인건비만 해도 8조5000억 원이에요. 이걸로는 인건비도 감당을 못 하는 거예요. 교부금으로 인건비도 감당하지 못하게 된 때가 작년부터입니다. 그러니까 이 누리과정을 전액 부담시키면서부터 이렇게 된 거죠. 그러면 이제, '정부는 다 줬다는데 그럼 어떻게 된 거야?' 의아한 분들이 많을 거예요. 교육부가 이 교부금을 나눠줄 때 '기본재정수요'라는 항목을 만들어서 줍니다. 작년에는 이거 넣고 금년에는 저거 넣고, 그렇게 한 마흔여섯 가지 정도 항목이 있습니다. 39조 원을 작년에 내려보내면서 그 항목 가운데 하나로 누리과정을 집어넣은 겁니다. 경기도에 1조 넣고 이제 자기들은 했다는 거예요. 그런데 인건비나 학교 건축 등등 다른 부분을 마음대로 줄여서 그냥 숫자만 맞춰놓은 겁니다.

유시민 장부에서만요?

이재정 네, 장부상으로 숫자는 맞는데, 실제로 현장에서 그대로 할 수가 없어요. 전혀 맞지가 않는 거예요.

김용민 교육청과 아무 상의도 없이 그렇게 했다는 겁니까?

이재정 상의가 어딨어요. 일방적으로 가죠. 우리나라를 아직 그렇게 생각하세요? 상의가 있나요? 누리과정을 결정할 당시에도 교육감들과 상의한 적 없습니다. 그냥 지시를 내리는 거예요. 일방적으로. 실은 2014년 말에 2015년도 예산을 다룰 때 제가 아주 집중적으로 문제제기를 했는데….

유시민 작년 이맘때 이것 때문에 시끄러웠어요.

이재정 그렇죠. 여기에는 근본적으로 두 가지 문제가 있어요. 하나는 지금 얘기한 대로 재정 자체에 문제가 있는 거죠. 이상해요, 제 이름이 이재정인데…. 우선 돈의 절대 액수가 문제입니다. 2016년도에 정부가 1조8000억 원을 더 줬는데 왜 모자르다고 하느냐 이렇게 얘기합니다. 그런데 실제로 2016년도에 내놓은 교부금 총액이 2013년도 액수하고 비슷합니다. 지난 몇 년간 인건비 늘어난 것만 해도 1조 가까이 되거든요. 그런데 그런 상황에서 누리과정 4조1000억을 그냥 갖다 얹어버린 겁니다.

노회찬 그런데 유치원은 법률적으로 교육과정으로 규정되고 어린이집은 보육과정인데, 지금 어린이집에 대한 관리감독권이 교육청에 있습니까?

이재정 아닙니다. 그것이 두 번째로 드리고 싶은 말씀인데요. 법률적으로 보면 교육감의 직무는 교육과 학예로 국한되어 있습니다. 보육은 저희 사업이 아닙니다. 이건 교육법에 나와 있는 거죠.

노회찬 그럼 어린이집 예산을 교육재정으로 감당해야 할 이유는 뭐죠?

이재정 어린이집 부분은 애초에 보건복지부 관할업무예요. 그러니까 누리과정 비용도 우리에게 맡겨진 일은 단순히 정부에서 돈이 오면 그걸 도지사 회계구좌에 전달하는 게 다입니다. 이건 이상한 거거든요. 그래서 재작년에 사실 2015년 예산을 하면서 교육부가 분명히 약속한 것이 법령을 정비하겠다….

노회찬 정비해야 되겠네요.

이재정 어린이집을 가령 교육감 산하에 둔다고 한다면 여러 개 법을 바꿔야 해요. 교육법도 바꿔야 되고, 지방재정법도 바꿔야 되고, 교부금법도 바꿔야 됩니다. 지금 교부금법에 의하면 교부금은 누리과정에 쓸 수 없도록 되어 있습니다.

유시민 교육재정 교부금은 누리과정에 못 쓴다고요?

이재정 네, 못 쓰게 되어 있습니다. 이걸 법을 못 바꾸니까 영유아보육법 시행령에다가 '누리과정의 경비를 예산의 범위 내에서 보통교부금에서 부담한다'라고 한 겁니다.

김용민 이걸 국무회의에서 통과시킨 겁니까?

이재정 네, 국무회의에서 통과시켰어요.

유시민 원래는 이게 법제처에 가면 다른 법하고 상충한다고 해서 재검토 지시가 내려와야 맞죠. 법제처에서 이거 딱 받아 보면 '이거 안 돼요'라고 바로 말하죠.

노회찬 '시행령이 법을 위배하고 있습니다.'

김용민 그래서 모법을 준수하라는 차원에서 여야가 합의했는데, 합의해준 유승민 원내대표가 철퇴를 맞은 거 아닙니까?

유시민 그렇죠, 배신자라고.

이재정 그래서 이것을 우리가 주장하니까 영유아보육법 시행령을 바꾸지 않고 이번에는 어떻게 했느냐면, 지방재정법 시행령에 교부금을 쓸 수 있는 '의무편성부담'으로 이 누리과정을 갖다 집어넣어 버린 겁니다. 이건 시행령을 가지고 국회 입법권도 무시한 거고, 교육감에게 부여되어 있는 예산편성권도 빼앗아 가버린 거고, 또 교육자치의 원칙도 무시한 거고요. 그래놓고 최경환 부총리도 교육부도 우리보고 법대로 하라고 그러는 거예요. 사실 지방재정법에는 국가사업을 지방재정으로 전가할 수 없도록 하는 것도 규정되어 있거든요.

김용민 그렇다면 남경필 경기도지사가 "아… 이거 뭐 해결이 안 되면 우리 경기도가 도비로 어떻게 해보겠습니다" 이런 것도 잘못된 거네요.

이재정 아유, 잘못된 얘기죠. 그걸 할 수 있는 법적 근거가 없다고 보는데요. 이건 분명 국가사업으로 시작한 거예요.

유시민 그렇죠, 안 그러면 지방자치단체별로 결정해서 우린 한다, 안 한다 할 수 있는 건데.

이재정 그렇죠.

노회찬 법률적으로도 국가사업인데 시행령을 통해서 지방사업으로 밀어붙인 거죠.

유시민 그러면 1월부터 어린이집, 유치원 보육료를 이제 부모들이 바로 내야 되는 건가요?

이재정 내야 되는 거죠. 이제 이미 전국적으로 대란이 시작된 겁니다. 왜냐하면 1월 1일에 교육청이 교육지원청으로 돈을 내려보냅니다. 그러면 매월 4일까지 교육지원청은 그것을 계산을 해서 유치원 쪽에 다 내려보내요. 그러면 이것이 집행되는 게 1월 20일입니다. 벌써 1월 1일, 4일이 지나지 않았습니까? 그러니까 이미 집행할 수 있는 기간은 다 끝난 거고, 유치원은 벌써 사고가 난 거예요. 어린이집의 경우는 조금 다릅니다. 아이사랑이라는 카드를 은행에서 학부모들에게 발행하면 학부모들이 그걸 가지고 어린이집에 직접 결제를 해요. 그러면 은행은 각 광역시도로부터 돈을 받아서 그걸 처리하는 거죠. 그러니까 가령 은행이 '광역단체가 뭐 부도야 내겠어?'라고 생각해서 몇 달 봐준다고 하면 봐줄 수 있는 그런 여유가 있는 겁니다. 그러니까 아직 학부모님들은 실감하지 못할 겁니다. 설마 국가에서 약속했던 건데 이걸 갑자기 직접 내라고 하겠느냐 하는 생각을 하실 겁니다.

노회찬 지금 고의적으로 다른 것과 충돌시키려고 하는 면이 있죠. '무상급식은 왜 하냐, 무상급식을 중단해라' 사실 무상급식 중단한다고 해서 그 돈으로 누리과정을 채울 수 있는 것도 아닌데, 그런 식으로 싸움을 붙이고 있는 상황인 거죠.

김용민 이 정부를 보면 항상 충돌을 시킵니다. 유치원, 어린이집 보내는 부모하고 학교 보내는 부모. 이뿐 아니라 정규직, 비정규직 혹은 노년층, 청년층 이렇게 갈등을 야기시킨단 말이에요.

이재정 이 누리과정을 하다가 교육청들이 빚더미에 앉았어요. 2012년도에 전국 시도 교육청이 진 빚이 2조 조금 넘었는데요, 2015년 작년에 무려 10조7000억 원이 됐습니다.

유시민 그런데 지방교육채도 지금 발행한도까지 찬 거 아니에요? 더 이상 채권발행 못 하는 거 아닙니까?

이재정 그래서 작년에 법을 바꿨죠.

유시민 더 할 수 있게요?

이재정 네, 작년에 그렇게 법을 바꿔서 누리과정 빚을 낸 겁니다.

노회찬 그러니까 정작 해야 하는 것은 예산지원인데, 빚을 더 질 수 있게 법을 고쳐준 거예요.

이재정 지금 2016년도에 전국 교육청이 현재 예상으로 보면 예산 대비 약 36.3퍼센트가 빚입니다. 경기도 교육청은 58.7퍼센트입니다. 원칙적으로 보면 이미 파산이 된 거죠.

유시민 그럼 해법이 뭡니까? 이제 시민들이 궁금해하는 건 해법일 텐데요. 지금 교육감협의회에서는 어떤 해결방법을 원하고 있습니까?

이재정 지금 당장 1월부터 문제가 커지게 됐으니까, 제일 쉬운 방법은 대통령께서 결심을 해서 국고에서 부담하는 길밖에 없다, 그렇게 보고 있죠. 왜냐하면 교부금을 늘리려면 교부금법을 바꿔야 될 거 아닙니까. 선거가 내일모레인데 그게 국회에서 심의가 되겠습니까?

노회찬 불가능하죠.

이재정 불가능한 얘기죠. 그럼 지방채 얻어서 해라, 그러려면 도의회의 심의의결을 받아야 하니까 이것도 두어 달 이상 걸려야 되죠. 그러니까 당장 이 대란을 막으려면 국고에서 부담하는 길밖에 없고, 원칙적으로도 국고에서 부담하는 것으로 가야 한다고 생각합니다.

유시민 그런데 이 해법을 그전부터 정의당에서 얘기하지 않았어요?

노회찬 그랬죠. 지금 이 문제가 크게 불거지고 있지만 실은 재작년에 이미 문제가 됐었어요. 그때 정부가 약속한 대로 국고에서 부담해야 한다고 얘기했었죠.

유시민 지금 지방교부세가 내국세의 20.27퍼센트, 그렇죠?

이재정 그렇습니다.

유시민 요즘 내국세 세수가 한 300조 원 되면, 지방교육재정교부금 비율을 한 1퍼센트포인트 올린다면 3조 원 정도 만들어지지 않습니까. 이렇게 해서라도 제도적으로 해결하고, 금년도에는 이미 이 조처를 하기에는 늦었으니까 예비비를 당겨 쓰든가, 아니면 추경편성을 급하게라도 하든가. 그리고 빚을 내더라도 중앙정부에서 빚을 내야지. 그런 거 아니에요?

이재정 그렇죠, 지방정부는 더 이상 빚을 낼 수가 없습니다. 2014년에 2015년도 예산을 다룰 때 똑같은 상황이었는데요 그때는 기재부에서 적극적으로 나서서 국고도 일부 내고, 이걸 지방채로도 좀 하자 해서 국회와 협의해서 지방재정법을 바꾸고 했었습니다. 원래 지방재정법에서 지방채를 제한해놨던 이유는 지방자치단체에 건

전예산을 만들기 위한 하나의 조치였거든요. 그런데 그 룰을 깨고 어떻게든 법을 바꿔서 작년에 1조의 지방채를 발행하도록 한 것도 기재부입니다. 작년에는 그래도 문제해결을 위해서 기재부가 앞장서서 그렇게 했습니다. 교육부도 이걸 따라갔고요. 그런데 금년도에는 기재부에서 한마디 얘기도 없는 거예요. 뿐만 아니라 기재부의 최경환 부총리가 나서서 담화문을 발표하면서 행정적으로, 재정적으로, 법적으로 압박을 가하는 거죠. 심지어는 감사원의 감사를 시키겠다, 대법원에 재소하겠다 이러는 판인데. 저는 그 얘기 들으면서 참… 국민으로부터 선임을 받은 교육감들을 정부의 장관들이 이렇게 밀어붙이는 게 도대체….

노회찬 지금 진보 교육감이 다수가 있다 보니까 어찌 보면 이런 걸 통해서 정부가 진보 교육감들을 공격하는 소재로 쓰고 있는 측면도 있어요.

김용민 교육감 직선제 없애자, 지금 계속 군불을 때고 있는 거 아닙니까, 이것도.

이재정 저는 지금 우려되는 바가 또 한 가지 있습니다. 작년에 역사교과서 국정화 이야기가 나오면서 한편으로는 교육감 직선제 폐지운동을 벌이지 않았습니까? 작년에 김무성 대표가 수원에 오셔가지고 대규모 집회를 하면서 교육감 직선제가 가져오는 폐해에 대해서 열변했죠. 그런데 이게 잘 안 되자 이번에는 한국교총에서 헌법소원을 내지 않았습니까. 그랬다가 헌법재판소에서 그건 아니라고 판결이 나니까 직선제 폐지 얘기는 들어갔단 말이에요. 그런데 이제 교육감이 가지고 있는 예산편성권을 이번 일을 문제 삼아 빼앗아 가려는 게 아닌가, 또 시행령 하나 만들어가지고…. 이런 우려가 돼요.

유시민 예산편성권을 가져가면 교육감을 왜 뽑아요?

노회찬 교육자치는 헌법에 규정되어 있는 겁니다.

이재정 교육자치가 무너지는 거죠.

김용민 교장 임명이나 하라고 그러는 게 아닐까요.

이재정 교장 임명도 저희가 못 해요. 교장 임명장은 대통령 임명장이에요.

유시민 그렇죠. 교육감이 대행하는 거지.

노회찬 그것도 교육자치 정신에 따르면 대통령이 놔야 될 권한이죠. 오바마 대통령이 미국의 초등학교 교장 임명합니까?

이재정 이게 큰 문제입니다. 경기도 교육청 같은 경우 교부금을 학생 수로 나눠보면 1인당 연간 615만 원 되더라고요. 경기도가 다른 시도 평균치에 훨씬 못 미치긴 합니다. 한 187만 원의 차액이 있습니다. 우린 워낙 적게 받아요, 교육규모대로 안 주거든요.

유시민 똑같이 비례해서 주면 안 되죠. 규모가 있는데.

이재정 아니, 그런데 어쨌든 간에 그건 좋다 이거예요. 그런데 이 615만 원에서 누리과정을 하려고 하면, 학생 1인당 돌아갈 교육비에서 66만 원을 빼야 합니다. 615만 원에서 66만 원은 15퍼센트 가까운 돈인데, 교육 자체가 벌써 부실해질 것 아니겠습니까. 이건 일방적으로 기재부나 교육부에서 이야기할 일이 아니고 우리도 받아들일 수 있는 문제가 아니다, 이건 국민적 합의가 있어야 한다, 우리가 어떻게 이걸 마음대로 받아들이냐, 우린 그런 주장이죠.

유시민 누리과정 보육비 부담을 누가 해야 되느냐에 대해서 최근 여론조사 나온 것을 보면 '중앙정부가 해야 된다'는 응답이 압도적으로 높더라고요.

이재정 네, 대체로 65대 23 정도입니다. 그런데 많은 분들이 '지금까지 잘해오던 것이 별안간 왜 이래? 왜 교육청이 돈을 안 낸대?' 이렇게 생각하세요. 심각하게 생각하지 않는 겁니다. 이 문제를 좀 더 들여다보고 인내심을 가지고 근본적으로 해결을 안 하면…. 아니, 형 누나 교육비 빼가지고 영유아 동생 보육비 낸다, 이 얘기는 안 되지 않겠습니까.

유시민 이게 이제 초중고등학교 학부모들하고 유치원, 어린이집 엄마들하고 싸움 붙이는 거죠.

김용민 그렇죠, 또 다른 국면에서 싸움을 붙이는 거예요. 이렇게 싸움을 붙여서 싸움을 붙인 사람은 잊혀버리게 만드는 거죠. 싸우는 두 당사자만 남기는 이런 기묘한 수법, 이 수법은 아주 특허기술인 것 같습니다.

노회찬 또 일반 사람들이 볼 때는 관 내부의 일로 생각하는 거예요.

이재정 그렇습니다.

노회찬 관 내부에서 자기들끼리 싸우고 있다. 피해자는 국민이다.

이재정 지금 보도 나오는 거 보면 다 그거예요. 교육부와 교육청 간에 싸움이 벌어졌다, 이런 거죠.

김용민 내용을 모르고 그냥 '밥그릇 싸움이다' 이런 표현도 쓰고요.

이재정 네, 그렇습니다. 그런데 교육부에서 대안이라고 내놓는 게 뭐냐면요, '너희 2016년에 갚을 빚이 한 4800억 원 되는데 그거 1년간 유예해줄 테니까 그거 갖다 써라.' 또 학교용지부담금이라는 걸 교육청과 지방자치단체가 반씩 부담하거든요. 경기도가 부담할 돈이 5000억 원 좀 넘어요. 그걸 매년 분할해서 받기로 되어 있거든요. 2020년까지 4~5년 동안에 5000억 원을 받도록 되어 있습니다. 그런데 그거 한꺼번에 받아서 좀 써라, 이런 얘기를 대안으로 내놓고 있는 거예요.

유시민 한꺼번에 받아서 쓰면 한 해는 되겠죠.

이재정 한 해는 되겠지만 학교용지는 또 어떡해요. 그다음에 또 하나 안이 나온 게 뭐냐면, 이건 아주 기가 막힌 얘기예요. '너희 기간제 교사가 너무 많으니 한 3,000명 줄여라' 심지어는 이렇게 말하고 있습니다.

김용민 그럼 어떻게 하란 말입니까?

이재정 교육이 불가능한 거죠.

노회찬 아랫돌 빼서 위에 괴라는 얘기예요.

김용민 그럼 일단 대안은 없는 건가요, 중앙정부가 뭔가 획기적인 카드를 내놓기 전에는?

유시민 아니, 방법은 확실하지 않아요? 1월, 2월은 예비비 갖다 쓰고 그다음에 3~4월 이후로는 추경편성하고, 내년 이후 상황에 대해서는 교부세율 인상하고, 그렇게 하면 해결되지 왜 안 되겠어요.

이재정 그렇죠.

유시민 그 대신에 중앙정부가 다른 데서 세출 구조조정을 해야죠. 지방교육청한테 줄이라고 할 게 아니고 중앙정부에서 판단해서 줄일 거 줄여서 한 4조 원을 빼야 되는 거죠.

노회찬 보육의 국가완전책임제가 바로 그거죠. 그렇게 하지 않으면 방법도 없습니다.

이재정 2010년 이후 지금까지 교부금 세율이 전혀 변동이 없었습니다. 교육규모는 커지고 교육수요는 많아졌는데 한 푼도 늘어나지 않은 그런 상황에서 누리과정이 별안간에 여기 덧붙여지면서 이번 교육대란이 온 거예요. 저는 20대 국회가 열리기 전에 경기도에서 500

만 명 정도 서명을 받아서 입법청원을 하려고 합니다. 교부금법 가지고 도저히 안 되고, 이렇게 교육재정을 가지고 정치권에서 다투고만 있으니 아예 우리 힘으로 좀 강력하게 입법청원을 내서 20대 국회가 교육재정에 대한 근본적인 해법을 찾을 수 있도록 청원을 할 그럴 계획입니다.

김용민 교육청에서 수익사업은 못 합니까?

이재정 전혀 못 하는데요. 전혀 못 할 뿐만 아니라 가령 김용민 선생님이 '아이고, 그런 어려움이 있으니 한 10억을 주겠다'라고 해도 받을 길이 없습니다.

김용민 아, 그렇군요. 그럴 돈도 없네요, 안타깝게도요. 예, 이재정 교육감님, 지금 당면한 현안 지혜롭게 잘 풀어나가길 바라면서 대신 저희가 응원의 박수를 보내드리겠습니다.

6.

누군가는 1970년대로 돌아가길 바란다

국정교과서, 파시즘의 기운이 온다

정치카페 스페셜 1편 ● 2015년 11월 11일

한상희 건국대학교 법학전문대학원 교수 + **박한용** 민족문제연구소 교육홍보실장 + **유시민**

유시민 역사교과서 국정화 문제, 오늘은 헌법에 비춰서 이 문제를 짚어보려고 합니다. 우리가 서로 의견이 다르고 싸움이 날 때는 궁극적으로 기댈 수 있는 곳이 헌법 아니겠습니까. 그런 취지에서 헌법학자를 모시고 한번 깊이 있게 살펴보려 합니다. 먼저 저하고 함께 진행해주실 민족문제연구소 교육홍보실장 박한용 선생님 나오셨습니다. 소개를 좀 해주시겠어요?

박한용 네, 안녕하십니까? 제가 별로 소개할 내용은 없는데, 저는 민족문제연구소 교육홍보실장 겸 《친일인명사전》 편찬위원이고,

고려대학교 한국사연구소 연구교수로 있습니다.

유시민 네, 그리고 건국대학교 법학전문대학원에서 지금 헌법, 인권법을 가르치고 계시는 한상희 교수님이십니다. 어서 오십시오. 우리 한상희 선생님도 자기소개 좀 부탁드려요.

한상희 뭐 학교에만 있어서 소개해드릴 게 별로 없네요. 참여연대 사법감시센터 일을 했었고요, 운영위원장도 맡았었습니다. 지금은 참여연대에서 팟캐스트에 해당되는 참팟 고정게스트로 출연하고 있습니다. 좀 많이 청취해주시면 고맙겠습니다.

유시민 전에 안진걸 참여연대 사무처장이 여기 나오셨을 때 시험방송 시작했다고 막 자랑하시면서 아직 이름도 안 정했다고 그랬는데, 참팟으로 정해졌군요. 자, 본론으로 들어가서, 우선 법학자로서 최근 국정화 교과서와 관련해서 소해를 좀 부탁드려요.

한상희 사실 우리나라에 헌법이라는 것이 있는가 하는 생각이 듭니다. 헌법은 분명히 다양성과 다원성을 바탕으로 하는 민주주의체제를 지향하고 있거든요. 여기서는 절대적인 선도 없고 절대적인 올바름도 없습니다. 모든 사람들이 모여서 자신의 이야기를 하고 그 속에서 다 함께 진리를 찾아나서는 게 헌법의 기본정신인데, 어느 날 갑자기 그동안 우리가 이루어왔던 민주화의 성취를 일거에 무너뜨리고 자신들의 말만이 옳은 것이다, 또는 99.9퍼센트의 사람들은 전부 왜곡된 것이고, 정말 '혼이 비정상'인 사람들이라고 규정하고 0.1퍼센트의 말만이 진실이라고 주장하는, 전체주의적이고 절대주의적인 이야기가 판을 치는 그런 세상이 되어버렸습니다. 어찌 보면 헌법이라는 것이 존재하지도 않는, 민주주의라는 것이 사라져버린 그런 세상이 돼버린 거죠. 그런 의미에서 여태까지 헌법 공부를 헛했는가, 내가 공부했던 헌법이라는 게 과연 무엇인가 하는 회의가 들기도 합니다.

박한용 저는 오늘 박근혜 대통령이 발언하신 내용 있죠, '왜 국정화를 해야 되느냐'에 대해서 다섯 가지 정도를 내놓았는데요, 그것을 잠깐 읽어보겠습니다. '대한민국은 정부수립으로, 북한은 국가수립으로 서술되고' 이게 첫 번째 이유입니다. 두 번째로 '대한민국에 분단의 책임이 있는 것처럼 되어 있다', 세 번째 '6 · 25전쟁 책임도 남북 모두에게 있는 것처럼 기술되었다', 네 번째 '전후 북한의 각종 도발을 축소했다', 다섯 번째 '세계가 부러워하는 대한민국 경제발전은 반노동자적으로 묘사하고 기업의 부정적인 면만 강조해서 반기업정서를 유발하며' 이 다섯 가지 이유로 결과적으로 '학생들에게 그릇된 가치관을 심어주게 되었다'라고 하면서 아주 유명한 말씀을 하셨어요. '자기 나라 역사를 모르면 혼이 없는 인간이 되고, 바르게 역사를 배우지 못하면 혼이 비정상이 될 수밖에 없습니다. 참으로 무서운 일입니다.'

유시민 역사교과서를 국정으로 하는 이 문제를 우리 헌법의 정신이나 혹은 헌법의 규정에 비추어서 어떻게 받아들여야 될까요?

한상희 헌법 19조에서 말하는 '양심의 자유', 10조에 나오는

'인격권', 그리고 31조 4항에 나오는 '교육의 자주성 · 전문성 · 정치적 중립성'에 정면으로 반한다고 이야기할 수 있습니다. 사실 역사라는 것은 어떻게 보면 인생관, 세계관, 그리고 사건을 바라보는 인식의 틀과 같은 것을 교육하는 중요한 과목이지 않습니까. 학생의 인격이 형성되고 양심이 형성되는 그 과정에 중요한 영향을 미칩니다. 바로 이런 부분에 국가가 나서서 직접 개입을 하는 거죠. '너희는 세계를 이렇게 바라봐야 하고 시대는 이런 식으로 이해해라'라고 강요하는 셈이 되거든요. 이것은 자유민주주의사회에서는 있을 수 없는 일입니다. UN이 베트남에 대해서 국정교과서 하지 말고 검인정이나 자유발행제를 하라고 권고까지 했던 것도 그런 이유거든요.

유시민 실제로 UN 회원국 중에 국정교과서로 하는 나라는 거의 없죠?

한상희 그런 이야기를 하대요, 북한은 한다고. 북한이 하니까 우리도 따라 하겠다고 하면 그건 국가보안법 7조 고무찬양에 해당되죠. 92년도에 헌법재판소의 결정도 있었습니다만, 교육의 자주성 · 전문성 · 정치적 중립성이라는 것은 한편으로 선생님이 자주성과 교사로서의 전문성에 입각에서 가르친다는 측면이 있지만, 또 한편으로는 학생과 학부모가 선생님의 전문성에 기반한 교육을 받을 권리가 있다는 측면도 있거든요. 국정교과서는 이런 부분을 정면으로 침해하는 것이죠.

사실 역사라는 것은
인생관, 세계관, 그리고 사건을
바라보는 인식의 틀 같은 것을
교육하는 중요한 과목입니다.
학생의 인격이 형성되고 양심이
형성되는 그 과정에 중요한 영향을
미칩니다. 바로 이런 부분에
국가가 나서서 직접 개입을 하는 거죠.
'너희는 세계를 이렇게 바라봐야 하고,
시대는 이런 식으로 이해해라'라고
강요하는 셈입니다.
이것은 자유민주주의사회에서는
있을 수가 없는 일입니다.

한상희

유시민 그런데 박근혜 대통령이 우리 방송에 안 나오니까 제가 대신해서 늘 노력하고 있어요. 우리 박근혜 대통령을 이해해보려고. 그런 각도에서… 국정화를 지지하는 국민도 3분의 1은 있지 않습니까? 그분들의 생각을 들어보면, 우리가 하나의 공동체를 형성하고 살아가야 되고 또 우리의 공동체가 그냥 안전한 공동체가 아니라 북한과 대치하고 있는 상황이기 때문에 우리의 안전과 생존을 보장받으려면 생각을 모으고 단결해서 우리 힘을 최대로 발휘해야만 우리 이 공동체를 유지하고 보존할 수 있지 않겠느냐, 의견이 하나로 통일되려면 결국 우리 역사를 이해하는 시각도 좀 공통성이 있어야 된다, 그러려면 국가에서 기준을 정하고 그것을 중심으로 해서 역사교육을 해야만 우리 대한민국이라는 공동체의 정신적 통일성이 유지될 수 있다… 이렇게 생각하는 것 같아요. 이것도 일리가 있지 않나요? 어떤가요?

박한용 그런데 제가 볼 때… 독재자들이 하는 전형적인 말씀을 유시민 작가께서 지금 해주신 거예요.

유시민 제가요?

한상희 그게 총화단결의 논리죠. 유신 때 한창 이야기가 되었던 것인데요, 총화단결의 논리는 벌써 진시황이 분서갱유를 할 때 써먹었던 논리고, 1933년에 히틀러가 게르만주의 혹은 나치즘에 어긋나는 책을 전부 불태웠던 그때 써먹었던 논립니다. 독재자 또는 전체주의자들이 하나의 사고만 강요하기 위한 수단으로 만들어놓은 잘못된 논리죠. 실제로 민주주의를 앞서 실현했던 나라에서 '통합'이라고 말할 때는 그런 개념이 아닙니다. 단일한 생각을 하자는 것이 아니라 사회 소수자들, 사회에서 여태까지 배척되고 배제됐던 사람들도 아우르면서 같이 살아가자는 것입니다. 이런 표현 많이 하지 않습니까, 마치 샐러드가 여러 가지 야채가 섞여서 맛의 조화를 이뤄내듯이 그러한 다양성 속에서 국가나 사회를 만들어나가자는 것이 기본적인 이념이거든요.

유시민 우리가 이 문제를 단순히 '국정화를 추진하고 찬성하는 사람들은 정신이 잘못된 사람이야, 무지한 사람이야' 이렇게 몰아버리기에는 너무나 많은 사람들이 그런 생각을 하고 있어요. 그렇다면 저는 그런 판단을 뒷받침하는 어떤 기본적인 사고 패턴 같은 게 있지 않냐는 거예요. 지금 한상희 교수님이 분서갱유 말씀하셨지만 이 생각이 인류역사와 더불어서 존재해온 굉장히 뿌리 깊은 사고방식일 수 있다는 거죠.

한상희 역사에는 분명 그런 부분이 있습니다. 하나의 생각으로 다른 사람들을 억누르고 지배하는…. 정치가 나쁜 방향으로 흘러가면 그런 형태로 나타나는 거죠. 그리고 인류의 역사는 그런 지배와 억압의 잘못을 이미 깨우쳤는데요, 대표적으로 프랑스혁명에서부터…. '너희 생각만이 옳다고 이야기하는 것은 폭력이다, 반인륜적이고 반인권적이다' 하고 배척을 했죠. 그리고 그 과정에서 만들어진 것이 민주주의고요. 그런 과정에서 우리가 하나의 문서로서 약속을 한 것이 헌법이고, 입헌주의라는 거죠. 현대인류의 이성, 지금의 시대정신은 하나의 생각이 통용되는 세상이 아니라 다양한 생각이 서로 어울려서 같이 살아가는 세상을 추구하고 있는 거죠.

유시민 저도 전적으로 동의하는데요, 저는 다만 이런 사고방식의 뿌리가 얼마나 강한지에 대해서 우리가 경각심을 가져야 할 필요가 있다고 봐요. 그러한 일이 불과 60~70년 전에 독일에서도 있었잖아요. 그게 무슨 사건이죠? 분서사건?

박한용 네, 분서사건이죠. 나치의 책 화형식.

유시민 베를린에서 나치 청년조직이 벌인 사건이잖아요. 여기서 칼 마르크스의 책뿐만 아니라 프로이트, 토마스 만 이런 천재적인 학자, 작가들의 아주 지성적인 책도 불태웠고요. 그때 어떤 시인이 '책 불사르는 놈은 언젠가는 사람도 불태울 것이다' 그랬는데.

박한용 하이네가 그랬죠.

유시민 그렇게 얘기를 했더니 정말 가스실 만들어서 600만을 죽이고 다 불태웠던 거잖아요.

박한용 그때 어떤 시인은 내 책은 왜 분서 안 했냐고, 내 책도 불태워달라고 했습니다.

유시민 그런데 만약 교과서를 국정화하게 되면 현재 아이들이 고등학교에서 공부하고 있는 일곱 종류의 검인정교과서는 사실상 불만 안 태웠을 따름이지 다 폐지공장으로 가야 되는 거 아니에요?

한상희 사실 불태우는 것과 마찬가지죠.

박한용 역사학자로서 화가 나는 게 그런 겁니다. 우리가 비판적으로 바라보는 이러한 일이 왜 역사적으로 몇천 년 동안 지속됐느냐… 그런데 그 계속된 사건을 보면 언제나 전체주의예요, 1인 독재고. 진시황 같은 경우는 영원히 제국을 유지하기 위해서, 나치의 경우도 나치로의 통일을 위해서. 이들은 꽃밭을 원하지 않아요. 아주 예쁜 장미꽃이 피어 있어요, 그런데 들판 전체가 다 장미꽃이에요. 그럼 그건 꽃밭이 아니고 장미꽃 재배단지라고요.

한+유 그렇죠!

박한용 독재자들은 자기가 맘에 드는 꽃만 피라고 하는 거예요. '내가 들판에 명하노니 오늘부터는 장미꽃만 모두 피어라.'

한상희 이런 논리가 바로 국민들이 생각하는 걸 싫어합니다. 생각하지 말라는 거죠. 내가 이야기하는 것만 진실이니까 그 외 다른 건 생각하지 마라, 알려고도 하지 마라.

유시민 결국은 헌법에서 자유와 다양성을 토대로 경제 · 사회 · 정치적인 질서를 규정한 건 '권력이라는 것이 내버려 두면 이렇게 가는 경향이 있기 때문에 그것을 못 하게 하기 위한 것이다' 이렇게 보면 되나요?

한상희 네, 맞아요. 사실 헌법이 추구하는 가장 본질적인 것은 국민의 기본권보장과 권력통제입니다. 프랑스 인권선언에서도 그런 이야기가 나왔거든요. '국민의 권리를 보장하지 않고, 권력의 분립을 이루지 않은 체제는 헌법을 가진 나라라 할 수 없다.' 그게 우리 헌법의 기본적인 틀입니다. 가장 밑바닥에 깔려 있는 거죠. 절대권력은 절대부패한다, 그러니까 그것을 통제하기 위해서는 권력을 분립시키고 국민들이 정치과정에 참여하고 그리고 다양한 생각이 자유롭게 꽃필 수 있도록 하라. 이게 헌법의 명령이거든요.

유시민 헌법과 관련지어서 국정교과서 문제를 다루는 데 두 차원이 있는 것 같아요. 하나는 국정교과서에 담을 것으로 예측되는, 예를 들어 1948년 8월 15일이 정부수립이 아니고 국가수립이라고 쓰면 현행 헌법의 전문과 충돌하느냐 안 하느냐 하는 것이 하나의 논쟁이에요. 대개 이 부분이 많이 얘기되고 있어요. 또 하나는 교과서를 국정으로 하는 그 자체가 헌법의 기본질서에 반하느냐인데 이 논의는 지금 별로 없는 것 같아요.

한상희 사실 헌법학자로서는 그게 좀 안타깝긴 해요. 교과서에 어떤 내용이 담기든, 설사 7종 교과서의 내용이 종합되어서 국정교과서에 담긴다 하더라도 국정교과서 제도는 잘못된 것이죠.

유시민 위헌이다? 우리 헌법의 기본구조나 가치에 어긋난다는 거죠?

한상희 한 가지의 이야기를 국가의 권위로 밀어붙이는 것이 되거든요. 그러면서 국가는 그런 말을 하지 않는다 하더라도 은연중에 '국민들은 이것과 다른 부분에 대해서는 생각하지 마'라고 강요하는 것이죠.

유시민 좋습니다. 일단 우리가 첫 번째 다룬 주제는 이렇게 정리할 수 있겠네요. 국정교과서에 한국사 서술이 어떻게 되든 그 내용에 상관없이 오로지 하나의 관점, 하나의 시각으로, 또 단일한 기준으로 선택한 사실만 가지고, 국가가 인정한 단일한 해석만으로 우리 현대사를 인식하게 만드는 이 제도 자체가 헌법에 어긋난다.

박한용 그러니까 한마디로 얘기하면 '내 마음의 국정화'죠. 어떤 분이 그런 표현을 쓰셨어요. 내 마음 자체가 국정화되는 거예요. 정해진 회로대로만 사고하라는 뜻이잖아요. 뇌는 5차선, 6차선, 복잡한 고가도로도 있고 지하도로도 있는 복잡한 통로인데 1차선 편도로 만들어버리는 거예요. 그리고 여기서 또 한 가지 우려되는 건 검인정도 내용상 국정화해버리면 똑같다는 거죠.

유시민 사실 그 얘기를 드리려고 했어요. 지금 교학사까지 8종이 있지만, 이것도 교육부에서 정한 집필기준에 따라서 집필한 거니까 현행 검정제도도 마찬가지로 위헌 아니에요?

한상희 사실 그렇습니다. 물론 국가가 교육과정에 완전히 개입하지 않을 수는 없습니다. 그런데 개입을 하더라도 고 1이면 이 정도, 고 2는 이 정도 가르쳐라 하는 방향성만 제시해야지 구체적인 내용까지 지시해서는 안 되거든요.

유시민 지금 하고 있잖아요.

한상희 검인정제도는 지금 그걸 하고 있죠. 이번 국정화 과정에서도 몇 번 이야기가 되었던 건데요, 일곱 개의 교과서에 대해서 교육부가 수정명령을 내린 것이 있습니다. 지금 그게 재판과정에 들어가 있죠. 1심에서 거의 지다시피 했는데요, 어쨌든 그 내용을 보면 교육부가 아주 세세한 부분까지 수정하라고 했습니다. 이건 어찌 보면 실질적인 국정화인 겁니다.

유시민 그조차도 마음에 안 들어서 지금 국정화한다는 거 아니에요. 저는 사실 현행 검인정제도의 교육부에서 제공한 서술기준, 그걸 보면서 '이게 국정교과서 아니야?'라는 생각이 들더라고요.

박한용 그래서 일본에서 국정화를 시도할 때 UN에서도 계속 한 얘기가 그겁니다. 첫째, 민주주의의 문제입니다. 교과서의 국정화에서 사실 국가는 없어요. 특정 정권이 교체하는 겁니다. 국정화란 것은 국가가 역사의 내용을 규정하고 정리를 해준다는 것인데 정부가 바뀔 때마다 자기 입맛에 맞게 바꾸기 때문에 사실상 교과서의 사유화, 사당화입니다. 두 번째로는 교육의 정치적 중립에 관한 문제예요. UN에서도 이야기하지만, 특히 근현대사로 갈수록 검정이든 국정이든 간에 정치권의 유혹을 받을 수밖에 없다고 하죠. 자기를 비판하지 않게, 찬양고무하게 만들고 싶잖아요. 따라서 두 개의 안전장치가 필요하다는 거예요. 하나는 정권이 바뀌더라도 교육에 함부로 개입할 수 없는 시스템. 또 하나는 검정이나 국정으로 하더라도 그 안에서 인간의 보편적 가치, 민주주의, 인권, 다양성 이런 것을 토론하고 즐길 수 있도록 해줘야 한다는 거예요. 이것이 최후의 안전장치예요. 이 모든 것을 무너뜨린 것이 박근혜정부가 내놓은 국정화입니다.

한상희 사실 교육기본법에서도 민주시민으로서의 자질을 양성하는 것이 교육의 목표라고 했거든요. 지금 말씀하신 이 부분이 92년도 헌법재판소 결정문에 그대로 나옵니다.

유시민 지금 막 그 부분으로 넘어가려고 했는데, 사실 우리가 합의가 안 되고 다투고 시끄럽고 이럴 때는 헌법에 비춰보면 어느 정도 답이 나오잖아요. 때로 헌법해석을 둘러싸고 또 분쟁이 있을 때는 결국 헌법재판소에 가지고 가잖아요. 헌법재판소는 아시다시피 1987년 6월 항쟁의 승리로 헌법개정을 할 때 새로 넣은 거죠. 그리고 1988년도에 만들어지자마자 이 헌법소원이 들어갔던 거 아니에요. 누가 낸 거예요?

한상희 그게 제 아이가 다니는 학교였는데요, 휘경중학교 국어선생님이 소송을 제기했습니다.

유시민 호오, 평범한 선생님이? 대단하십니다.

박한용 그게 민주주의예요. 보통 사람이 문제제기를 해야 민주주의입니다.

한상희 아주 평범한 일반시민들이 국가권력에 대해 도전할 수 있다는 것, 이게 바로 헌법의 정신입니다.

유시민 민주주의라는 게 진짜 좋은 거네요. 그게, 92년도에 헌법재판소 결정문이 나왔으니까 몇 년간 심의를 했을 거 아니에요?

한상희 한 3년 정도 걸렸죠.

유시민 그러니까 유신체제, 5공의 이 국정교과서로 가르치는 것은 헌법에 위반된다고 평소에 생각하고 있다가 헌법재판소가 만들어지니까 바로 갖고 갔어요. 그런데 그때 위헌결정이 난 건 아니었죠?

한상희 합헌이라고 결정이 났죠. '위헌이라고 할 수 없다.'

유시민 위헌이라고 할 수 없다…. 그렇지만 위헌이라고 주장할 수도 있다는 논리적인 근거가 있음을 인정한 거 아니에요? 그 내용을 좀 간략하게 소개해주시죠.

한상희 중학교 국어과 선생님이 학생들을 가르치면서 국어교과서가 너무 형편이 없으니까 제대로 된 교육을 하기 위해서 교재를 만들어서 쓰고 했던 거죠. 그런데 이게 국정교과서 체제에서 징계 대상이 됐어요. 그래서 헌법소원을 제기한 겁니다. 헌법재판소에서는 8대 1의 판결로 '위헌이라고 할 수 없다'라고 결정을 했습니다. 하지만 그때가 어찌 보면 노태우정권 때 보혁구도가 아주 심화됐던 그런 시절이었거든요. 헌법재판소가 정치적인 압력에 밀렸다고 볼 수 있죠. 실제 그 내용을 보면 이 국정교과서 제도는 다시는 해서는 안 되는 반헌법적인 제도라는 것이 한눈에 들어올 정도입니다.

유시민 내용은 그런데… 결정은 합헌으로요?

한상희 내용은 그렇게 해놓고 결정은 '위헌이라고 할 수 없다' 굴복한 거죠. 사실 이 결정에서 뭘 이야기하고 있느냐면 '교육은 교육자에게 맡겨라. 국가가 개입하지 마라. 교육은 다수결이 지배하는 영역이 아니다. 교육은 교육자의 전문성이 지배하는 영역이고, 자주성이 지배하는 영역이고, 더 나아가서 정치적인 중립이 요구되는 영역이다. 따라서 파당적이고 편향적인 가치가 지배하는 정치의 영역이 국가라는 이름으로 교육에 개입하는 그런 틀이 되어서는 안 된다. 국가가 교육내용을 결정하는 것은 결코 바람직하지 않다'라는 겁니다.

유시민 그런 내용이 결정문에 들어 있긴 들어 있습니까?

한상희 그렇죠. 그러면서 다섯 가지 이유를 듭니다. 첫째, 국정교과서 제도는 학생들의 창의력을 저해한다. 둘째, 시대와 상황이 바뀌어가는 데 대해서 능동적으로 대처할 수 없게 한다. 셋째, 핵심적인 건데요, 자유민주적 기본질서에 어긋난다.

유시민 오, 그래요?

한상희 넷째, 이건 기본권이죠, 교사와 학생들의 교재 선택권을 침해하는 것이다. 다섯째, 교과서를 중심으로 주입식 교육이 이뤄진다…. 국정교과서는 국가가 만드는 것이다 보니까 많은 학생들이 또는 많은 사람들이 국정교과서에 적혀 있는 내용이 진실이라고 믿어버릴 가능성이 있다는 거죠. 또는 진실이라고 강요될 가능성이 있다는 겁니다. 결국 국정교과서 체제는 민주주의의 틀뿐만 아니라 사상이나 인격의 형성에도 큰 부작용을 초래하게 된다고 보고, 그래서 이것은 실질적으로 위헌이라는 생각을 합니다. 이 결정문의 의미는 결국 국정교과서보다는 검인정제도가 오히려 낫다, 그리고 검인정보다는 자유발행제가 낫다는 거거든요.

유시민 그러나 국정을 위헌이라고 단언하지는 않겠다, 그렇게 이야기를 한 거네요?

한상희 교육제도 같은 것은 법률로 정하게 되어 있으니까, 법률로 그렇게 정해져 있으니 어떻게 하겠느냐 뭐 이런 정도였죠.

유시민 법적으로 그렇고… 혹시 두 분은 고등학생 시절에 국정교과서의 내용에 얽힌 추억 없으세요? 그때 배웠던 것 중에 지금 생각해보면 황당한 거요.

박한용 저는 기억이 나요.

유시민 어떤 거 있으세요?

박한용 중학교 1학년 때 시나리오인지 연극 대본 같은 게 있었어요. 국어책이었던 것 같아요. 한 청년이 아주 큰 와이셔츠를 입었어요. 동네 어른이 보고서 '너 그게 뭐냐?' 하니까 '이거 외제예요. 미제예요, 미제' 그런 거죠. 그러자 어른이 '이 사람아, 자네 몸하고 안 맞잖아. 옷이 아무리 좋으면 뭘 해? 네 몸하고 안 맞는데' 하면서 바르게 이끌어줬다는 내용이 있었어요.

유시민 한국적 민주주의? 그러니까 민주주의는 서양에서 수입한 건데 우리 몸하고 안 맞다, 또 우리 몸에 맞게 수선한 것이 유신헌법이다, 그 얘기 아니에요? 되게 잘 만들었다, 그거.

박한용 저는 처음에는 무슨 말인지 몰랐어요. 나이가 어려서. 그런데 알고 보니까 '유신헌법, 한국적 민주주의의 토착화'라고 하는 것이 정답이었어요.

유시민 그렇죠. 저는 기억나는 게 국민윤리인가 반공도덕 교과서가 있었는데요.

박한용 반공도덕은 중학교 때, 고등학교 때는 국민윤리.

유시민 그렇죠. 고등학교 때 배운 국민윤리 책에 그런 내용이 있었어요. 그때 반공도덕이 국민윤리의 일부로 들어가 있었죠? 무슨 내용이냐 하면, 유물론에 대한 설명이었어요. 워낙 인상적이어서 지금도 기억이 나요. '인간의 몸은 탄소, 뭐, 뭐, 뭐 하는 물질로 구성이 되어 있어서 죽으면 물질은 다 흩어져 자연으로 가버리고 영혼은 사라진다' 이게 유물론이래요. '공산당은 이 유물론을 신봉하고, 그래서 종교도 부정하고 인간정신을 부정한다' 이렇게 나와 있었어요. 그래서 제가 들으면서 '이게 맞는 말 아니야? 우리 몸은 물질로 구성되어 있고 우리가 죽으면 물질은 자연으로 흩어지고 그 물질에 기거하던 정신은 없어지는 거고. 이건 맞는 건데 왜 그러지?' 그 생각을 했던 기억이 나요. 그런데 답은… '공산당은 유물론을 신봉하기 때문에 인간정신의 가치를 부정한다' 이렇게 써야 되는 거예요. 그런데 아무리 생각해도 우리 몸이 물질로 이루어져 있다고 믿는 것과 인간정신을 인정하는 것이 서로 배제하는 게 아닌데?

박한용 그렇죠.

유시민 왜 이렇게 하지? 생각하면서도 정답이 있기 때문에 시험을 볼 때는 그렇게 썼죠. 국정교과서라는 게 잘못 가면 이렇게 엉터리가 될 수 있다는 것을 혹시 박근혜 대통령은 모르는 게 아닐까요? 국정교과서로 안 배워봤기 때문에.

박+한 모르는 건 아닐 거예요.

박한용 핵심이 저는 청소년들에 대한 국정화가 아니라 전 국민적인 국정화를 노리는 거라고 봅니다. 일단 미래 세대에게 특정 정권의, 특정인의 입장을 그대로 빵틀로 찍어낸다는 거죠. 그리고 이것이 수능시험에 나오잖아요. 그러면 학생들은 그것을 진실로 받아들여야 되죠. 그런데 그다음은 뭐냐면 각종 공무원시험이에요. 여기에 국정교과서 내용이 나오는 거예요.

한상희 국정교과서가 나오면 그것이 가장 권위적인 서술이 되는 거죠.

박한용 이제 그걸 핑계 삼아서 각종 국가고시에 내게 되는 겁니다.

유시민 아, 그런 목적으로 이걸 하는 거예요?

박한용 대기업에서 면접하거나 시험 볼 때 바로 거기서 내는 거예요. 천안함에 대해서 어떻게 생각하느냐, 교과서에 나오면 물어도 아무 문제가 없잖아요.

유시민 그렇게 깊은 뜻이…? 저는 그렇게까지는 생각을 못 해 봤는데…. 내가 많이 부족하구나….

박한용 전 국민의 국정화예요. 그리고 세대교체를 거치면서 마음으로써 국정화의 DNA를 넘겨버리겠다는 거예요.

유시민 네, 그렇군요.

박한용 박근혜 대통령이 유신 때 했던 게 새마음운동이에요.

유시민 새마음운동 총재였죠?

박한용 이거 굉장히 중요한 문제예요. 정치가들의 발상이 국민의 마음까지 통제하겠다고 할 때가 가장 무서운 거거든요. 그러니까 교과서를 통해서 교과서가 아니라 생각을 통제하겠다, 생각을 바꾸겠다, 이게 다 유래가 있어요. 일제강점기의 농촌진흥운동이 사실 새마을운동의 역사적인 전신입니다. 농촌진흥운동의 내용과 새마을운동을 비교해보면 똑같거든요. 실제로 박정희 대통령이 농촌에서 교사생활을 했었고, 그런 과정을 다 봤죠. 그런데 이 농촌진흥운동이 물질적 운동이라면, 마음 개발운동으로 '심전개발운동(心田開發運動)'이라는 게 있었습니다. 새마을운동을 할 때도 그랬습니다. 물질적으로 바꾸는 운동을 해도 마음이 안 된다는 거예요. 그래서 새마을운동에 이어 새마음운동으로….

유시민 그러니까 새마을운동이 하드웨어 개량운동이라면, 새마음운동은 소프트웨어 개량운동인 거죠?

박한용 내면적인 어떤 프로그램을 교육시키겠다는 거죠. 이런 발상이 그들은 너무나 정당한 거예요. 그 자신이 유신의 퍼스트레이디였습니다.

유시민 그래서 정리해보면 국민들의 마음을 통제하겠다는 이 사상은 본래 인류역사에서 아주 뿌리가 깊은 사상이고, 그 아버지가 또 그 사상에 따라서 권력을 잡고 국가를 18년 동안이나 통치를 했고, 그때 5년간 퍼스트레이디로 있었고, 이제 60대가 되어서 청와대에 다시 들어와 대통령으로서 국가를 운영하니까 당연히 그런 패턴의 사고방식에 입각한 정책이 너무나 자연스러운 거라는 거죠?

박한용 자연스럽다기보다는 본인 자신은 그런 것이 잘못된 것이라고 생각을 못 하는 거죠. 프로그램이, 자기가 프로그램 작동 때 내 프로그램이 어디 있는지 몰라요.

유시민 버그가 낀, 그러니까 트로이의 목마가 들어와서 문제가 생긴, 이미 악성코드가 들어와서 감염이 된 프로그램은 스스로 못 고친다는 거죠?

박한용 그렇죠. 계속 번지게 하는 것만이 자기의 목적이죠. 역사의 무의식적 도구라고 하죠.

한상희 사실 그동안 우리 사회는 얼마나 많이 바뀌었습니까. 시민항쟁도 있었고 체제가 바뀌고. 그런데 그것을 전혀 인식을 못 하고 있는 겁니다.

박한용 역사를 보면 박근혜 대통령의 그 사고가 낯선 것이 아니에요. 교과서에서 보던 진시황의 분서갱유나 나치의 책 화형식, 일제의 심전개발운동과 국어(일본어) · 국사(일본사) · 수신 교육. 이 수신이 바로 반공도덕이거든요. 박정희 대통령은 교사를 하면서 이런 교육의 효과를 다 확인한 사람이에요. 그래서 정권을 잡았을 때 국정화를 주도했고요. 나도 검인정이 아니라 국정화를 해서 더 훌륭한 딸이 될 때라고 하는 그런 생각…. 지금은 때가 늦은 것인데 말이죠. 이런 전체주의적 사고를 없애고 뿌리 뽑는 과정이 사실 우리 역사의 과정이거든요.

한상희 그렇죠.

유시민 우리 헌법의 정신, 기본원리와 관련해서 국정교과서의 문제를 좀 살펴봤습니다. 그런데 헌법과 관련한 논쟁점 중에 지금 제일 뚜렷하게 나와 있는 건 이 문제예요. 1948년 8월 15일을 '정부수립'이 아닌 '대한민국수립' 그러니까 결국 '국가수립'으로 하도록 지금 이미 지침을 낸 거잖아요? 그러면 국정교과서에는 그렇게 나올 거라고요. 그런데 이게 우리 헌법 전문과 충돌한다 하는 문제가 나와 있어요. 실제로 그런 거예요, 어떤 거예요?

한상희 사실 그렇죠. 우리 헌법 전문에서는 이렇게 기조가 나와 있습니다. '3 · 1운동으로 건립된 대한민국임시정부의 법통을 이어받는다.' 더구나 건국의 아버지, 국부로까지 얘기되는 이승만 대통령이 있을 때 만들어진 제헌헌법에도 '기미3 · 1운동으로 대한민국을 건립하여 세계에 선포하였다'라는 이야기가 나오죠. 우리 헌법은 이렇게 보는 거예요. '개천절 이후로 한민족이 굳건히 이어오면서 하나의 국가를 만들어왔고, 이 국가가 일제에 의해서 쟁탈되니까 대한민국임시정부의 형태로 다시 만들어졌고, 그 대한민국임시정부가 선포했던 공화국의 법통을 계속 이어받겠다'는 것을 선언하고 있는 것이거든요. 그래서 그 이전의 경우는 왕조체제니까 좀 그렇다고 하더라도 적어도 3 · 1운동에 의해서 만들어진 대한민국임시정부가 대한민국 공화국 체제의 출발점이라고 보고 있는 거죠. 그래서 대한민국이라는 국가는 우리 헌법에서는 '1919년 그때 만들어진 것이다, 그리고 1948년에 그 당시 대한민국임시정부가 결의하고 있던 실효성이 있는 정부가 다시 만든 것이다' 이렇게 규정하고 있는 거예요.

유시민 그러면 '대한민국수립'이라고 하면 헌법과 명시적으로 충돌하게 되는 거 아닌가요?

한상희 그렇죠. 1948년 8월 15일을 건국절로 만들겠다는 것은 그 이전의 역사를 완전히 부정하겠다는 거죠.

유시민 그러니까 지금 국정교과서가 헌법에 위반되게 쓰여질 수가 있다는 거예요?

한상희 만약에 그렇게 쓴다면 헌법 위반이죠.

박한용 박근혜정부가 통과시킨 교학사 교과서는 현재 명백하게 반헌법 교과서예요. 물론 거기에는 '정부수립'이라고 되어 있지만 전체적인 부분에 대해서 우리 역사학자들과 법학자들의 판단이 그렇다는 겁니다. 그런데 국정화 교과서로 가면 이 '정부'란 말을 빼겠다는 거잖아요. 새누리당에 법학자나 고시 붙은 사람들 많아요, 그들이 법을 모르는 게 아닙니다. 우리가 이렇게 생각해야 돼요. 왜 이들은 굳이 '건국'이라는 말을 쓰고 싶어 하느냐, 여기에 있는 정치적 의도를 봐야 된다는 거죠.

한상희 한 가지 교정할 게 있는데요, 지금 새누리당에 있는 법 전문가들은 대개 유신헌법으로 공부한 사람들입니다. 그때는 이 조항이 없었어요.

박한용 아, 그걸 미처….

유시민 우리가 아홉 차례에 걸친 헌법개정이 있었는데 헌법 전문에 이 '3 · 1운동으로 건립된 대한민국임시정부의 법통을 계승한다'라는 표현이 없었던 헌법은 유신헌법 딱 하나죠?

박한용 그렇죠. 그런데 저는 국정화 교과서 문제가 자꾸 법률적 논쟁으로 가면 안 된다고 생각하는 게요, 그것보다 '그런데도 불구하고 왜 이들은 밀어붙일까?' 그 집요함이 더 중요하다고 보거든요.

유시민 그 동기가 말이죠?

박한용 네, 그 동기가 본질입니다. 건국절 법안은 2003년부터 시작됐습니다. 그러니까 12년에 걸친 일종의 역사 쿠데타예요. 건국절이라는 말을 붙이려고 하는 이유를 이렇게 얘기합니다. '1948년 8월 15일은 역사적인 날인데 이게 1945년 광복절과 날짜가 같아서 한 번도 생일상을 못 받아봤다. 그러니 위대한 대한민국의 탄생에 대해서 건국절로 격상시켜 축하해주자.' 그런데 핵심은 이겁니다. 1945년 8월 15일은 우리 스스로 독립을 쟁취한 것이 아니라 미국 등 연합군의 도움을 받았기 때문에 이것은 사실 '해방'이라고 불러야 한다, 실제로 한국인들이 목적의식적으로 그리고 스스로의 힘으로 만들어낸 45년 8월 15일부터 48년 8월 15일까지의 3년 동안의 노력이 진정한 의미의 건국운동이다, 이렇게 시기를 구분하는 거예요. 1945년 8월 15일까지는 독립운동기, 1945년 8월 15일부터 1948년 8월 15일 3년간은 건국운동기.

자, 이렇게 되자 아까 말한 헌법 문제하고 임시정부 문제가 나오는 거예요. 즉 대한민국이 일제로부터 독립한 나라라고 할 때는 '친일을 했느냐, 항일을 했느냐'가 가치기준이 됩니다. 그런데 대한민국 건국으로 하면 좌우투쟁과 반공투쟁이 건국운동이 되는 거예요. 그래서 친일문제가 면죄부를 받게 됩니다. 그리고 대한민국의 건국에 참여한 자, 정부수립에 공로가 있는 자들이 건국공로자로 얘기가 나오게 되죠. 더 쉽게 실제 사례를 들어볼게요. 2008년도에 5만 원권을 만들 때 사실 이승만 대통령을 하고 싶었어요. 그런데 그건 너무 보여요. 그런데 뜻밖에도 1위가 김구 선생이 나온 거예요.

유시민 네, 그때 여론조사 결과가 그랬습니다.

박한용 그때 KBS 이사장하는 이인호 씨가 뭐라고 했어요? 백범 김구 선생은 독립운동의 공로가 많지만 대한민국 건국에는 기여한 바가 없기 때문에 부적합하다고 해서 기각시킵니다. 그러면서 대한민국 정부하고 아주 먼 조선시대 신사임당을 넣어버렸어요. 그 당시 《친일인명사전》이 나오고 있었고, 또 노무현정부가 친일반민족행위진상규명위원회를 만들었잖아요. 지금까지 자기 자신들을 치장해왔던 민족의 지도자가 친일반민족주의자가 되어버렸어요. 기득권을 이어가야 하는데 어떻게 합니까. 그러니까 뉴라이트가 건국절을 제안하자 '야, 이거 써먹을 만하겠구나' 그러고는 이제 건국에 대한 공과론이 나오는 거죠.

유시민 아, 그래서 새누리당 김무성 대표가 여기에 적극 동의하는 이유가….

박한용 네, 역사세탁이에요.

유시민 내 아버지가 일제강점기 때 애국활동을 했느냐, 친일활동을 했느냐는 이 논란 자체가… 건국절로 가면 이제 일제강점기는 나라 없던 시절이 되니까요?

박한용 네, 그렇죠. 그렇게 돼요. 그래서 2003년에 나온 법안이 '대한민국 건국공로자에 대한 특별예우법'이에요. 이 법을 만드는데 지금 네 번째 준비하고 있어요. 하지만 워낙 법학계와 역사학계에서 친일문제를 떠나서도 앞뒤가 안 맞고, 임시정부를 부정한다는 것은 대한민국이 애비 없는 자식이 되는 거잖아요, 환부역조(換父易祖)라고 하니까, 이제 교과서에 '건국'이라는 말을 집어넣어서….

유시민 아이고, 애달프다.

박한용 그렇게 해서 교과서를 정당화해서 또 시험문제도 내고, 그다음에 건국절을 확실히 해야겠다는 거예요. 그렇게 되면 그다음이 뭐겠어요? '대한민국 건국공로자에 대한 특별예우법' 발효겠죠?

유시민 독립유공자가 아니라 건국유공자….

박한용 교학사 교과서에서 시인 최남선에 대해 공과론을 실었어요. 문학에 대한 공로가 있어서 어떤 상을 주면 좋을까요? 그런데 나중에 친일을 해서 어떤 벌을 주면 좋을까요? 이런 식의 공과론을 실은 거예요. 건국절은 사실은 친일파의 역사범죄 재구성을 위한 도구입니다.

유시민 그렇게 깊은 뜻이 있었네요.

박한용 그럼요. 그렇지 않고서는 2003년부터 네 번이나 법안을 올리고 또 '대한민국수립'이라고까지 해서 '건국'이라는 내용을 집어넣으려고 할 이유가 없습니다.

유시민 그런데 저는 어떻게 해석을 했냐 하면, 박근혜 대통령이 어제도 국무회의 석상에서 북한은 '국가수립'으로 표시하고 대한민국은 '정부수립'으로 해서 북한을 더 높였다는 거예요. 그런데 저는 박근혜 대통령이 저 맥락을 잘못 이해했다…. 왜냐하면 우리 한반도의 국가의 맥이 끊어졌던 건 9년밖에 안 돼요, 제 생각에는. 1910년에 조선병탄, 그때는 대한민국이 없었어요. 그때는 조선이라는 왕조국가가 일본제국에 의해서 병탄당해서 우리 국가가 사라져버린 거예요. 그 9년 동안 국가 없이 있다가 1919년에 민중이 들고 일어나서 민족지도자들하고 같이 독립선포를 하고, 대한민국이라는 국호를 그때 내세운 거 아니에요.

박한용 네, 그렇죠.

유시민 그러니까 1919년에 대한민국이 대한제국의 복원이 아니고 대한민국으로, 전혀 다른 정치체제를 가진 근대적인 국가로 가겠다는 의지를 3 · 1운동으로 선포를 했고, 그걸 이어받아서 독립지사들이 여기저기 임시정부를 세웠는데 그중에 상하이에 세운 임시정부가 규모도 제일 크고 또 지도자들도 훌륭하고 해서 우리 민족사 속에서 상해임시정부가 대한민국을 수립했다고, 다만 일제가 점령하고 있으니 여기다 정부를 못 세우고 중국에 가서 일단 임시정부를 세워놓고 열심히 싸우고 그랬던 거 아니에요. 그때 국가는 있는 거예요, 그렇죠? 다만 정부는 없어요, 임시정부만 있는 거죠. 그리고 1948년에 대한민국 정부가 수립이 된 거고요. 따라서 우리 한반도의 진짜 정통성이 있는 국가는 대한민국이다… 그렇게 볼 수 있거든요. 왜냐하면 3·1운동 때는 한반도 전체 민중이 다 한 거니까, 우리는 이걸 이어받았으니까요. 이렇게 저는 생각해왔어요. 우리가 정부를 수립했다고 표현한 게 임시정부의 정통성을 이어받았음을 의미하는 것이고 그래서 북한에 대해서 정통성의 우위가 있다고 해석해왔는데, 그게 북한의 국가수립보다 낮게 표현한 거라고 하니까 잘 이해가 안 되더라고요.

박한용 대통령이 지금 국가수립과 정부수립의 차이를 구분 못 하고….

유시민 제가 생각한 게 이상한 거예요?

한상희 그게 맞습니다.

박한용 말하다 보니 생각나는데, 이 건국절은 박근혜 대통령으로서도 굉장히 난감한 일인데 그걸 잘 모르고 있어요. 헌법적 문제도 있지만 그것보다, 자, 예를 들어 김구 선생조차 독립운동은 했지만 건국에 공로가 없다고 해서 5만 원권 화폐에도 못 들어가는 치욕을 겪었잖아요. 그렇다면 박정희 대통령은 어떻게 돼요? 1945년 8월 15일부터 1948년 8월 15일까지 3년 동안 뭘 했죠?

유시민 1945년 8월 15일에는 일본군이었어요.

박한용 네, 적국 장교였어요. 레지스탕스로 보면 독일군 장교예요. 45년 9월부터 광복군에 있었던 것은 사실 독립운동하러 간 게 아니고, 돌아갈 차비가 없고….

유시민 자기 부대가 해산돼서, 그때 광복군에서 군경력 있는 장교 출신들을 찾고 있으니까 3지대에 가서 광복군 장교가 된 거 아니에요.

박한용 자, 그것까지도 봐줍시다. 비밀 광복군. 아무도 모르는 혼자만의 비밀 광복군인데… 그런데 여순사건 때까지 남로당이었잖아요. 건국운동 시기에 박정희 대통령은 남로당이었어요. 당시에 반국가 사범이죠.

유시민 말하자면 북한 건국운동한 거지….

박한용 그렇죠? 이건 무슨 얘기냐면, 건국절 자체는 얼핏 보면 친일파들 전체에게는 면죄부를 주지만 박근혜 대통령에게는 그렇지가 않은 거예요. 아버지였던 박정희 대통령이 그럼 건국운동에서 최후까지 반항한 사람이에요. 그것도 무장공비를 준비하는 남로당의 군 조직책으로서….

유시민 아니… 정부가 수립되고 난 후에까지 남로당을 했잖아요.

박한용 여순사건 때까지니까요. 그러니까 상당히 잘 생각하셔야 돼요.

한상희 한마디로 불효막심이네요.

박한용 그렇죠.

유시민 도대체 어떻게들 보좌하는 거야, 이거?

박한용 그러니까 박근혜 대통령은 역사공부를 다시 해보셔야 합니다.

유시민 박근혜 대통령은 아버지를 이렇게 대하면 안 되지. 이거는 불효막심한 거지….

박한용 건국의 최후까지 무장으로써 거부했던 사람이에요.

유시민 그러니까 이게 단순히 우리 헌법 전문에 나오는 상해 임시정부 법통 계승이라는 명시적 표현과 충돌하는 데 그치는 게 아니고.

박한용 그 배후에는 친일파들의 역사세탁이 있다는 것.

유시민 지금 한국에서 권력을 가지고 있는 사람들의 조상 중에 친일반역활동을 한 사람들의 경력에 대해 면죄부를 주는?

박한용 그렇죠. 이제 대한민국을 얘기할 때는 일제 때 친일한 것보다 3년간의 건국운동 시절에 무엇을 했는지를 보라는 거예요.

유시민 국가가 없던 시절에 한 거니까 뭐, 그거는 큰 흠이 안 되지 않냐… 이렇게 말할 수 있다는 거죠?

박한용 그렇죠. 3년 동안 적극적인 반공투쟁을 해서 오늘날의 대한민국을 있게 하지 않았느냐, 국부 이승만과 함께. 그 공로야말로 건국의 아버지로 불러달라는 거죠. 그러니까 이승만을 띄울 수밖에 없는 거예요.

유시민 그러니까 북한은 '국가수립'으로 표현해주고 우리는 '정부수립'으로 표현해서 우리 자신을 폄훼했다, 이 논리는….

박한용 반대로 봐야 하죠.

유시민 그 말을 듣고 말 된다고 생각하는 분들이 많은 것 같더라고요. 그런데 그 내용을 들여다보면 오히려 우리를 높이는 표현인 거잖아요.

박한용 놀랍게도 3 · 1운동 이후에 만들어진 대한민국의 임시정부는 민주공화국이었어요. 그때 순종이 살아 있었거든요. 그런데 황제를 제쳐두고 민주공화정을 선택한 거죠. 이게 가능했던 이유는, 3 · 1운동 때 민중이 나왔기 때문이에요.

유시민 우리는 왕조 복원운동을 한 게 아니고, 그냥 근대국가 설립운동을 해버렸죠, 바로.

한상희 세계에서도 드문 예죠.

박한용 이 부분에서 우리가 주목할 것이 있어요. 우리의 독립운동을 민주주의운동이라고 보는 거예요. 한국의 독립운동은 민주공화국 수립이라는 세계역사의 민주주의운동과 같은 흐름에 있는 거죠. 당시에 이것이 받아들여지게 된 것은, 만일 유생들만 의병을 한 것이었다면 공화정이 아니라 왕정으로 갔겠지만 3 · 1운동에는 남녀노소 모두가 다 참가했습니다. 그 피의 대가로 민주공화국을 쟁취한 거예요. 그 자랑스러운 역사와, 또 우리가 영국보다 더 빨리 부인의 참정권을 얘기했잖아요, 왜 이러한 정신을 끊어내면서까지 환부역조하냐 이 거예요.

유시민 이게 자학사관 아니에요?

박한용 자학사관에다가, 내가 봤을 때 자학을 넘어서 자살사관이에요.

한상희 뭐, TV 광고에서 그러잖아요. 우리 유관순 알지 못합니다. 그렇게 광고 냈잖아요.

유시민 초등학교 때 다 배운 건데 왜 몰라.

한상희 자기들이 유관순을 몰라요.

박한용 유관순 시험문제 내면 틀릴 사람 많습니다. 뉴라이트나….

한상희 48년을 건국절로 하면…. 지금 우리 헌법 전문은 이렇게 시작합니다. '유구한 역사와 전통에 빛나는 우리 대한국민은….' 아마 이렇게 바뀌어야 할 거예요. '겨우 70년의 역사밖에 없는 우리 대한국민은….'

박한용 유구한 반만년이 없어지죠. 건국절의 본래적 의미로 보면 개천절이 건국절이에요. 미국의 경우에는 미국정부수립일이 아니고 미국독립선언서를 발표한 7월 4일. 그런 거죠. 그런 정신적 가치인 거예요.

한상희 48년을 기념하고 싶으면 제헌절을 기념하면 돼요.

박한용 예전에 박정희 대통령이 국무회의에 역사학자를 초빙해서 2년 동안 장관들과 함께 국사강좌를 들었어요. 박정희 대통령은 역사의 중요성을 인식하고 있었는데 권력자의 입장에서 인식했죠.

유시민 어쨌든 중요하다고 생각은 했네요.

박한용 박근혜 대통령도 중요하다고 생각하는데, 역시 '권력자의 입장+아빠의 입장'이 추가가 된 거예요. 아버지의 명예회복도 하고 싶은 거죠.

유시민 우리 이걸 효녀사관이라고 이름을 붙이죠.

한상희 이대로 하면 효녀가 아니고 불효녀인데요.

유시민 결과적으로는 불효가 되지만 주관적으로는 효녀죠.

박한용 그러니까 저는 개인의 일기장으로 쓸 것을 교과서로 만든다는 사실 자체가 참 민망한 거예요. 일기장에 쓰세요. 효녀일기는 있어도 효녀국사책은 없어요. 진정한 효도는 뭐냐면, 우리가 독립운동가 기념사업회 하잖아요. 이때 후손들은 개입 안 합니다. 노골적으로 안 나서는 이유가 있어요. 공적인 가치가 퇴색될까 봐서 그런 거예요. 후손이 기념하면 사적 인물이 되거든요. 그래서 대부분의 기념사업할 때는 후손들은 뒤로 빠지고 이해관계가 없는 사람들이 모이는 거지요. 그러니까 박근혜 대통령도 마찬가지예요. 아버지에 대해서 평가받고 싶으면 역사학자들이 전문적으로 합니다. 역사학자들이 자기들이 독단적으로 하는 게 아니잖아요. 또 긍정과 부정을 같이 쓰고 있잖아요. 그것이 바로 역사적 평가인데, 그걸 개인적으로 한다는 건….
일기장을 국사책으로 만들어내라는 건 조선왕조에서도 없었어요.

한상희 밀턴이 허가받지 않고 인쇄할 자유를 위해 영국의회에 보냈던 글 〈아레오파지티카(Areopagitica)〉에서 이런 이야기를 했습니다. '사람을 살인하는 것은 하나님의 형상을 한 피조물 하나를 없애는 것이지만 좋은 책을 없애는 것은 하나님 형상 그 자체를 없애는 것이다.' 이성을 없애는 것이죠. 그게 우리 헌법정신의 기본적인 바탕을 이루고 있습니다. 다양한 생각이 존재하는 그 자체가 '이성'이라고 부르는 또는 하나님의 형상이라고 표현되는 그 진리를 향해서 나아가는 길이거든요. 바로 이런 것을 국정교과서 체제는 여지없이 본질에서부터 무너뜨리는 것이 됩니다. '다른 생각하지 마, 이 생각만 해, 이게 정답이야' 이것은 우리 헌법의 정신에도 어긋나고 인류가 여태까지 수많은 시행착오를 겪으면서 만들어놓은 보편적인 상식 자체를 저버리는 것이 되는 거죠. 어떻게 보면 '반인권적'이고 '반헌법적'이고 '반인륜적'인 조치라고 할 수 있는데요. 어쨌든 지금 박근혜 대통령은 대통령 취임할 때 헌법을 수호하겠다는 선서까지 한 사람입니다. 헌법정신이 무엇인지 다시 한 번 생각을 해보고, 무엇이 이 나라를 위해서 또는 이 사회의 미래를 위해서 바람직한 것인지를 고민해봤으면 좋겠습니다.

유시민 네, 오늘 헌법과 국정교과서. 깊이 있는 역사적인 맥락까지 함께 짚어보면서 긴 이야기를 나눠봤습니다. 이미 이 문제에 관해서는 찬반 어느 쪽으로든 의사를 굳힌 분들이 많이 계신데요. 여론조사표를 보면 약 10퍼센트 내외만 잘 모르겠다고 답하고 90퍼센트는 이미 태도를 결정하고 있어요. 그런데 그것을 결정했다고 하더라도 내가 가지고 있는 기존의 생각이 어떤 근거가 있고, 또 내가 찬성하지 않는 다른 입장에는 또 어떤 근거가 있는지를 좀 더 살피면서 깊이 있게 생각해보면 좋겠습니다. 그러면 우리 사회의 인식과 여론의 깊이를 더할 수 있는 기회가 될 수도 있지 않을까요? 오늘 두 분 모두 수고하셨습니다. 고맙습니다.

2017년 〈노유진의 정치카페〉 시즌 2는 가능한가?

어쩌면 이 글이 그 첫 예고가 될지 모르겠다. 〈노유진의 정치카페〉는 20대 총선이 열리는 2016년 4월 13일을 전후로 2년여의 방송을 마무리한다. 남자 셋이 모여 떠는 수다, 토크쇼로는 나름 충분한 시간이 아니었나 생각한다. 2년 전의 '지방선거를 겨냥한 떴다방 방송'이라는 혐의도 어느 정도 벗은 것 같고, 무엇보다 2년 동안 매주 반복된 일정으로부터 출연자들의 휴식이 필요한 시점이기 때문에 그렇다. 그렇다면 남는 문제는 2017년 대선이 2년도 안 남은 현재 상황에서 과연 언제쯤 〈노유진의 정치카페〉를 다시 들을 수 있는가 하는 것이다. 결론부터 말씀드리는 편이 낫겠다.

"모릅니다."

노회찬 대표는 이번 총선을 통해 빼앗긴 국회의원 신분을 되찾고

의정활동으로 국민들과 다시 만나기를 기대하고 있다. 유시민 작가는 그동안 방송에 투자했던 시간을 저술 작업에 집중하면서 새로운 책으로 대중과 만날 예정이라고 알고 있다. 진중권 교수 역시 교수로서 제자들과 만나는 시간과 저술 그리고 고양이 루비의 집사 역할에 집중할 것으로 생각한다.

이 세 사람이 최근 〈노유진의 정치카페〉를 능가하는 인기의 총선 특집 팟캐스트 〈시민표창, 양비진쌤〉처럼 새로운 프로그램을 기획하고 각각 또 다른 의기투합을 만들어낼 것인지, 아니면 각자의 영역에서 휴식을 취한 다음 다시 〈노유진의 정치카페 대선특집 편〉으로 돌아올 것인지는 알 수 없다. 다만 한 가지 확실한 것은 있다. 그것은 노유진 세 사람 모두 '때'를 아는 천재들이라는 점이다. 물러나야 할 때, 나서야 할 때, 모여야 할 때, 그리고 헤어져야 할 때를 안다. 그리고 그에

합당한 행동을 하는 데 있어 내가 아는 한 최고의 내공을 가진 사람들이다. 그들이 언제 무엇을 어떻게 할지, 그것이 대중의 요구와 일치할지에 대한 문제는 전혀 걱정되지 않는다. 그들을 지켜보는 것만으로 충분하니까.

대한민국을 대표하는 최고의 지성과 함께 정치시사 콘텐츠를 제작하는 행운을 누렸다. 그리고 그들 콘텐츠가 청취자의 마음을 흔들고, 정의당을 흔들고, 미혹한 망상에 빠진 세상을 흔드는 전율도 경험했다. 〈노유진의 정치카페〉 제작자로 쓴 이 글이 제작자의 경험을 독자와 공유하는 데 작은 도움이라도 될 수 있길 바란다.

그리고 이 자리를 빌려 〈노유진의 정치카페〉 기술편집을 맡아주신 소닉스튜디오 문영범 실장님, 정의당에서 시나리오 작성부터 회계 업무까지 온갖 궂은일을 함께 해준 조한아 부장님, 톡톡 튀는 아이디어로 〈정치카페〉 1편 티저광고를 제작하고 이후로도 제작 실무를 오랫동안 함께해준 김하철 국장님, 듣는 콘텐츠를 읽는 콘텐츠로 멋지게 재탄생시켜준 출판사에도 독자로서 고마움을 전한다.

마지막으로 1억 회가 넘는 에피소드 다운로드로 〈정치카페〉를 성원해주신 청취자들께 큰 감사 인사를 드리며, 이 책이 좋은 선물로 다가갈 수 있길 기도한다.

백정현 **〈노유진의 정치카페〉 PD**

부록

〈노유진의 정치카페〉 뒷이야기

나는 〈정치카페〉가 시작된 날을 알고 있다 시작된 시간을 알고 있다 왜 시작되었는지도 알고 있다

방송을 듣다 보면 출연자들이 책이나 영화 등을 소개할 때가 왕왕 있다. 유시민 작가가 근래 보기 드문 정치인의 자서전으로 소개한 미국 민주당 상원의원 엘리자베스 워런의 《싸울 기회》도 그런 책 중 하나다. '나는 내가 철든 날을 알고 있다. 내가 철이 든 시간을 알고 있다. 왜 철이 들었는지도 알고 있다'로 시작되는 자서전이다.

처음 〈진중권의 정치다방〉이라는 급조(사실 방송에 관한 한 급조하지 않았던 것이 있었는지 모르겠다)한 이름표를 허겁지겁 만드는 일부터 시작해 첫 회부터 마지막 회까지 〈노유진의 정치카페〉 제작을 맡았다. 2년 가까운 시간 동안 큰 사고 없이 국민적 사랑을 받은 방송의 PD로 일했던 행운이 방송 뒷이야기에 관한 글을 쓸 수 있는 기회로 다시 이어졌다.

이제부터 독자 여러분께 드릴 이야기는 〈노유진의 정치카페〉가 어떻게 시작했고, 무엇을 이야기하려고 했으며, 무엇을 남겼는지에 대한 백정현 PD의 주관적인 보고서다. 스튜디오의 방음창 너머 녹음실에서 벌어지는 출연자들의 지적 향연을 가장 먼저, 가장 가까이에서 방청하는 첫 번째 청취자가 바로 PD니까 조금은 특별한 청취 후기로 읽으셔도 좋다.

그럼 지금부터 함께 〈노유진의 정치카페〉가 시작된 처음 그날, 처음 그 시간으로 돌아가보자.

첫 번째 미션, 캐스팅 진중권

방송 출시 D-7일, 저녁 8시 무렵, 서울역 3층 ○○카페.

경북 영주시에 있는 동양대학교에서 강의를 마치고 서울로 돌아오는 진중권 교수를 기다리는 중이다. 내 임무는 새내기 당원 진중권을 팟캐스트의 바다로 끌어오는 것. 한국 사회를 대표하는 진보논객 진중권 교수는 2013년 말 느닷없이 정의당 입당을 단행하면서 큰 반향을 불러일으켰다. 그의 정의당 입당은 창당 후 철저한 대중의 무관심에 허덕이던 당과 당원들에게 커다란 희망이 됐고, 시민들도 진 교수의 입당을 계기로 정의당을 주목하게 되었다. 언론까지 앞다퉈 '존재감을 상실한 정의당, 도약의 발판이 될 수 있을 것인가'라는 기사를 쏟아냈으니 말이다.

진 교수의 정의당 입당에 얽힌 에피소드 한 토막을 먼저 짚고 가야겠다. 진 교수가 정의당부설연구소 초청으로 당원 대상 강연을 하기 위해 여의도의 정의당 당사를 방문했던 날로 돌아가자. 강연이 끝난 후 진 교수는 자신에게 지급된 강연료 전액을 당에 후원하겠다고 뜻을 밝혔다. 말이 떨어지기 무섭게 당직자가 대답했다.

"현행 정치자금법상 당원이 아닌 국민이 정당을 후원하는 것은 금지돼 있습니다."

일반 시민이 자신이 지지하는 정당에 단 한 푼도 후원할 수 없다는 안타까운 답변을 들은 진 교수는 한순간도 망설이지 않고 이렇게 말했다.

"당원만 할 수 있다고요? 그럼 입당할게요."

세상에 이런 사이다 입당이! 덧붙여 말하자면, 진보정당의 발전을 가로막는 대표적 악법 가운데 하나였던 '정당후원금지 조항'은 2015년 12월 23일 헌법재판소의 헌법불합치결정으로 사라지게 되었다.

그리고 다시 서울역으로. 서울역에서 진 교수를 기다리고 있던 내 임무는 그렇게 정의당 평당원이 된 진중권 교수를 팟캐스트 무대에 올리는 것이다. 목표는 진중권 교수를 진행자로 세우고 평당원 유시민과 노회찬이 출연하는 팟캐스트를 제작하는 것이었는데…. 코앞으로 다가온 지방선거(2014년 6월 4일)까지 두 번 또는 세 번 연속 방송이 필요했다. 그러나 진 교수가 팟캐스트 플랫폼 자체에 대해 호의적이지 않을 것이란 걱정이 앞섰다. 〈나꼼수〉가 엄청난 인기를 구가하던 당시 진 교수가 〈나꼼수〉와 SNS에서 벌인 설전이 떠올랐다. 혹시 진 교수가 팟캐스트라는 인터넷라디오 플랫폼 자체에 대한 거부감이 있다면 어떻게 설득해야 하지? 기다리는 내내 초초했다.

교수님, 팟캐스트 한번 해보시죠!

작은 테이블에 마주 앉은 진중권 교수에게 당직자라며 명함을 내밀었는데, 돌아오는 첫마디가 이거였다.

"곧 지방선거인데 당 지지율이 너무 안 나오네. 뭐라도 합시다."

역시 사이다. 이제는 혹시라도 모를 '사이다 진 교수님 팟캐스트 거부증'만 극복하면 된다.

"교수님, 왜 팟캐스트 안 하세요. 제가 나름 잘나가는 팟캐스트 꼼꼼히 듣고 드리는 말씀인데요, 교수님이 팟캐스트 진행만 결심해주시면 당장 차트 1위는 문제없다고 봅니다!"

〈정치카페〉를 기획했던 2014년 5월 팟캐스트 시장은 〈나꼼수〉의 화려한 종방 이후 〈이이제이〉 〈전국구〉 등의 여러 정치시사 팟캐스트가 그 명맥을 잇고 있었다. 그러나 이들 외에 무언가 새로운 콘텐츠로 시민에게 다가가는 팟캐스트가 있으면 하는 바람이 느껴졌고, 이건 한 사람의 청취자로서 내 바람이기도 했다.

최신 이슈에 대한 믿음직한 분석과 비판을 주요 식자재로, 한국 정치를 관통하는 세 출연자 각자의 관점과 증명된 입담을 양념 삼아 만드는 방송이라면 정말 최고 아니겠는가! 그러나 진 교수의 입에서는 정말 뜻밖의 대답이 흘러나왔다.

"나 지금 팟캐스트 하고 있어요. 〈진중권의 문화다방〉이라고 ○○ 출판사에서 하는 방송인데…."

본능적으로 팟캐스트 어플을 검색했다. 알고 찾아 듣지 않고서는 존재를 알기 힘든 순위였다. 그러니 내가 몰랐지…. 어쨌거나 진 교수가 팟캐스트 플랫폼에 거부감이 있을지 모른다는 기우는 완전히 내려놓게 됐지만, 동시에 재미가 없으면 순위도 없다는 팟캐스트 시장의 냉정한 철칙에 뒷덜미가 서늘해지는 순간이기도 했다.

"노회찬 대표님은 뭔가 하실 테고. 유시민 씨가 나하고 방송할지 모르겠네? 만나봤어요?"

"아뇨. 내일 뵙고 부탁드려야죠."

"그래요, 확정되면 전화 주세요."

진 교수가 진행자로 참여하는 것이 확정되면서 새로운 팟캐스트의 타이틀은 진 교수가 진행 중인 〈진중권의 문화다방〉을 패러디해 짓기로 결정했다. '문화'를 '정치'로 바꾼 〈진중권의 정치다방〉. 그러나 이 얄팍한 작명은 첫 회가 나간 직후부터 〈진중권의 문화다방〉을 제작 중인 ○○출판사의 항의를 받게 됐다. 결국 3편을 제작하는 날 저녁에 〈노회찬 · 유시민 · 진중권의 정치카페〉를 줄인 〈노유진의 정치카페〉라는 이름으로 낙점했다. 다행히 반응은 좋은 편이었다. 그리고 전국에서 '노유진'이란 이름을 가진 사람들이 다양한 경로로 응원 메시지를 보내주셨다.

진짜 나빠, 진짜 화가 나

이제 유시민 작가가 남았다. 2013년 2월 홀연히 정계 은퇴를 선언한 전 국민참여당 및 통합진보당 대표이자 정의당 평당원. 유시민 작가의 〈정치카페〉 합류 스토리에 앞서 개인적인 얘기를 좀 해야겠다.

백 PD는 1993년에 대학에 입학했다. 92년 겨울 어찌어찌 지원한 학교에 합격했다는 전화 음성을 듣고, 왠지 교양인이 되어야 할 듯한 즐거운 의무감에 취해 발걸음이 절로 동네 서점을 향했다. 수험서만 사러 들렀던 그곳에서 대학입학 예정자 신분으로 처음 집어 든 책이 바로 유시민 작가의 《부자의 경제학, 빈민의 경제학》이었다. 책날개에 인쇄된 저자의 흑백사진은 강렬했고 그가 풀어내는 서로 다른 두 세상은 더 강한 충격으로 백지상태에 가깝던 열아홉의 의식 세계를 접수해나갔다. 그랬던 내가 세상에 유시민을 만나게 되다니! 그것도 내가 제작할 방송의 출연을 요청하기 위해서라니! 맙소사!

당시 정의당 사무총장이던 권태홍 선배와 함께 유 작가의 작업실인 자유인의 서재로 향했다. 긴장됐다. 첫 방송 주제로 세월호 참사를 선정하고 토크의 흐름을 담은 A4 한 장짜리 큐시트를 준비했다. 일체의 정치활동 중단을 선언한 이후 당과 엄격한 거리를 유지하고 있는 그에게 팟캐스트 출연을 끌어낼 수 있을까? 온갖 부정적 상상이 머릿속에서 나래를 폈다. 조금 후 내 눈앞에 TV나 사진에서 봤던 것보다 훨씬 키가 큰 유시민 작가가 등장했다. 그런데 그는 화가 나 있었다. 그날은 다름 아닌 세월호 참사 33일째로, 박근혜 대통령이 눈물의 담화문을 발표한 날이었던 것이다. 국민들이 대통령 담화에서 악어의 눈물을 목격한 바로 그날, 그 시간이다. 그가 말했다.

"진짜 나빠. 진짜 화가 나. 팟캐스트가 됐든 뭐가 됐든 일단 뭐든 하자고!"

"세월호 참사를 주제로 1시간 반 정도 토크를 제작하겠습니다."

백 PD가 대답했다. 단호한 정계 은퇴 선언으로 당과 일정한 거리를 두고 있던 유시민 작가의 정의당 팟캐스트 합류는 이렇게 예상보다 수월한 과정을 거쳐 결정됐다. 일전에 인터넷매체 〈프레시안〉과 〈노유진의 정치카페〉 탄생에 얽힌 이야기를 인터뷰한 적이 있는데, 그때 '우리 방송의 배후는 박근혜다'라고 말한 대목이 바로 당시 상황을 설명한 것이었다.

사실 당사자인 유시민 작가가 자신의 선택에 어떤 의미를 부여했는지는 잘 모르겠다. 하지만 평당원 유시민의 정의당 팟캐스트 참여 결정은 이후 유 작가의 팬들뿐 아니라 일반 시민 그리고 정의당을 포함한 야권 전체에 엄청난 영향력을 미친 사건이 되었다.

진실을 있는 그대로 가감 없이 청취자들에게 전달하는 유시민 작가의 목소리는 진중권 교수와 노회찬 대표의 검증과 부연과 문제제기까지 더해지며, 격동의 한국 정치를 치우침 없이 해석하는 데 가장 중요한 교본이 되었다.

유시민 작가의 〈정치카페〉 합류와 관련해 한 가지 더 재미있는 에피소드가 있다. 유 작가의 정계 은퇴 선언 직후 딴지총수 김어준이 유 작가와의 대담을 팟캐스트로 제작한 적이 있는데, 그때 김 총수가 청취자들에게 이런 말을 남긴다.

"유시민이 정치를 그만두겠다니 정말로 그만둘 것 같다. 그런데 나의 직감은 그가 정치가 아니면서도 아주 정치적인 방법으로 막강한 정치적 영향력을 행사할 것 같다."

김어준 총수의 예감이 맞았던 것이다.

새내기 당원 진중권과 정계 은퇴 후 은둔 모드로 당 관련 행사에서는 모습을 볼 수 없었던 평당원 유시민, 그리고 당이 요청하는 곳이면 험지와 사지를 가리지 않고 달려가는 진정한 당의 일꾼이며 지도자인 노회찬 대표. 정의당 평당원 삼총사의 도원결의는 그렇게 각자의 공간과 장소에서 이뤄졌다. 그리고 역사적인 첫 방송은 인터넷 망을 타고 전 세계로 송출되는 데 성공했다.

촌철살인의 대가, 정의의 호빵맨

앞서 소개한 대로 진중권 교수와 유시민 작가가 방송의 성패를 결정짓는 스타였다면, 노회찬 대표는 당이 원할 때면 언제나 당이 원하는 자리를 지켜온 진정한 스타이자 일꾼이라고 할 수 있다. 일정이 안 맞을 수는 있어도 출연은 보장되는 노회찬 대표라는 존재는 '어떠한 악조건이 닥쳐도 결방을 막을 수 있다!'는 자신감의 원천이기도 하다. 그러나 이만큼 시간이 지나고 돌이켜보니, 세 명의 출연자 중 빈자리의 위력을 가장 실감하게 만든 출연자가 바로 노회찬 대표 아니었나 싶은 생각이 든다.

청취자들은 깔끔하면서도 토크의 깊이를 보장하는 진중권 교수의 진행에 배꼽을 분실했고, 어떤 상황이라도 일목요연하게 정리해주는 유시민 작가의 통찰력에 무릎을 탁 치며 동의했고, 노회찬 대표의

촌철살인에서 완결성이 이루어졌다고 말한다. 이렇듯 노회찬 대표는 수많은 청취자들을 〈노유진의 정치카페〉에 중독되도록 만든 주인공이었다. 그와 동시에 세 명의 공동진행자 중 유일한 현역 정치인으로 지난 2년간 진행된 주요 정치 일정에 현역병으로 참전하는 역할 역시 도맡아야 했다.

2014년 지방선거 직후에 치렀던 서울 동작(을)구 국회의원 재보궐선거에 후보로 출마했고, 이듬해인 2015년 7월에는 당대표선거에 출마했다. 그리고 이 글을 쓰는 2016년 3월 현재는 경남 창원 성산에서 고군분투하고 있다. 노 대표의 현역 정치활동은 곧바로 〈정치카페〉 제작 결장으로 이어진다. 물론 월요일마다 돌아오는 〈정치카페〉 출연을 최우선 순위에 놓고 일정을 결정하지만, 가장 결정적인 순간에는 유권자 곁을 지켜야 하는 것이 현역의 운명인 것이다.

노회찬 대표는 〈노유진의 정치카페〉 출연부터 최근의 경남 창원 출마까지, 단 한 번도 당의 등판 요청을 거절한 적이 없다. 오늘도 그는 자신의 일을 묵묵히 수행하고 있다. 아직까지 청취자들이 목 놓아 기다리는 승전보는 도착하지 않았다. 그러나 우리의 노회찬 대표가 정의당과 한국 정치를 위해 바친 희생과 헌신은 이번 4·13 총선에서 응답을 들으리라 확신하고 있다. 〈정치카페〉 마지막 회가 노회찬의 당선사례와 함께할 것임을 독자 여러분을 믿고 기다린다.

몇 편이나 만들 생각인지?

방송은 매주 월요일에 제작된다. 1부 타임라인에서 유시민 작가가 한 주간의 정치권 동향을 정리하고, 2부 백분토크에서는 이슈의 중심에 서 있는 인물을 스튜디오로 초청해 출연자들과 좀 더 깊이 있고 현장감이 살아 있는 토크를 만들어간다. 2년 가까이 반복된 제작 패턴이다.

방송 초기에는 이런 편성원칙이 없었다. 몇 회가 될지도 모를, 어쩌면 길어야 3회 정도 제작될지도 모를 방송을 만들면서 고정 꼭지와 타이틀을 편성한다는 것이 조금 우습기도 했다. 그래서 초기 몇 편은 그냥 방송 러닝타임을 보고 청취자들이 이용하기 쉽도록 1부와 2부를 구별하는 데 그쳤다. 그런데 방송에 대한 반응이 피부로 느껴지기 시작했다. '폭발적이라는 말은 이럴 때 써야 하는구나' 싶은 생각이 절로 들었다. 스트리밍을 제외한 다운로드 이용자가 100만 명을 훌쩍 넘었고, 정의당 관련 기사를 한 꼭지도 쓰지 않던 언론에서 〈노유진의 정치카페〉의 출연자 발언을 인용한 기사를 써대기 시작했다.

방송게시판인 팟빵게시판과 이런저런 게시판에서는 '〈정치카페〉를 지방선거용 떴다방 방송으로 서너 편만 제작하고 끝낸다면 다시는 정의당을 거들떠보지도 않겠다'는 협박이 이어졌다. 물론 제작자로서는 쾌재를 부를 상황이었다. 노유진 세 분 역시 '일정 때문에 더 이상 방송 출연이 힘들다'는 말을 하지 않았다. 대신 방송 제작을 월요일 오후로 고정하자는 PD의 제안에 '매주 월요일 오후는 약속을 잡지 않겠다'는 말로 화답했다. 드디어 청취자가 예상하고 신뢰할 수 있는 편성의 원칙이 적용될 시점이 온 것이다. 그리고 1부 타임라인과 2부 백분토크가 탄생했다. 시작만 있었던 방송이 안정적 운행을 시작한 것이다.

알파고의 등장을 예고하다

글을 쓰는 지금은 〈정치카페〉 93편을 제작하기 하루 전인 2016년 3월 13일이다. 대한민국은 오늘 무엇을 주제로 토크쇼를 진행하고 있을까? 실시간 검색어를 보니 '이세돌' '알파고'가 단연 핫한 키워드다. 실제로 만나는 사람마다 인공지능이 불러올 미래상에 대해 이야기를 한다. 이세돌과 알파고가 반상 위에서 벌이는 전쟁을 흡사 '인간 vs 기계의 전쟁을 다룬 SF영화'로 느끼는 것이다.

그러나 놓치지 말아야 할 것은 〈정치카페〉가 이미 오래전인 2015년 1월에 신년특집 기획으로 카이스트 김대식 교수를 초정해 '인공지능 기술의 전반'을 토크로 섭렵했으며, 같은 해 12월에도 한겨레 사람과디지털연구소의 구본권 소장을 초청해 '인공지능으로 열리는 로봇의 시대'를 점검했다는 사실이다. 구글의 알파고로 다시 인공지능이 핫이슈로 부상하자 유명 온라인커뮤니티를 중심으로 〈정치카페〉 '인공지능' 편 다시듣기 링크가 새삼 공유되고 있다. 인공지능에서 연장선에서 뇌과학의 세계를 다룬 '내 안의 작은 우주, 뇌' 편 역시 동일한 문제의식으로 제작된 에피소드다. 한마디로 앞을 내다본 〈노유진의 정치카페〉가 아닐 수 없다.

비단 인공지능 분야뿐만이 아니다. 지난 2년 동안 〈정치카페〉가 발행한 200여 개의 에피소드 중 가장 폭발적인 다운로드를 기록한 주제는 다름 아닌 주식이었다. 전직 애널리스트 김영익 서강대 교수를 게스트로 초청해 경제문제, 특히 중국경제와 우리 주식시장의 미래를 점검한 '세계 화폐전쟁' 편은 2016년 3월 현재까지 152만 명이 해당 에피소드를 자신의 디바이스에 다운로드했던 기록을 보유하고 있다.

거기가 끝이 아니다. 음악평론가에서 명리학자로 변신한 강헌 씨의 이야기를 다룬 '운과 명' 편을 비롯해 그동안 다뤄왔던 다양한 주제에 대중은 뜨거운 관심으로 화답해오고 있다. 몇몇 사람들은 왜 정의당이, 또 당에서 운영하는 정치시사 팟캐스트가 그런 주제를 다루느냐고 묻기도 했다. 이런 질문을 받을 때마다 반문했다.

"정치가 다룰 수 없는 문제가 뭐예요?"

"정치랑 관련 없는 문제가 있을까요?"

오히려 〈노유진의 정치카페〉는 '정치란 인간 삶의 모든 영역을 아우른다'는 전제에서 벗어나지 않았다. 또한 대중의 관심이 필요하다 생각되는 문제라면 가리지 않고 인문학과 정치학으로 중무장한 세 남자의 수다 속에 녹여냈다. 그 결과물은 올드미디어의 퇴조 속에 뉴미디어의 총아로 각광받는 팟캐스트 채널을 이용해 대중에게 직접 전달됐다. 이렇듯 예상 밖의 기회로 뜬금없이 혜성처럼 나타난 〈노유진의 정치카페〉는 정치시사 팟캐스트의 차원을 한 단계 끌어올렸다고 확신한다. 결국 〈정치카페〉는 팟캐스트계의 빌보드차트라고 불리는 팟빵 순위차트에서 거의 모든 에피소드가 1위를 기록하는 진기록을 달성했는데, 이는 아마도 〈나꼼수〉 이후 팟캐스트 플랫폼 최고의 성과일 것이다. 그러나 가장 중요한 사실, 〈정치카페〉가 가져온 변화 중 가장 위대한 변화는 '정당을 변화시켰다'는 점이었다.

정의당 최대계파 '노유진계'

실제로 정당과 정치에 있어 계파의 존재는 정당정치의 본질적인 부분으로 여겨진다. '친박' '친이' '친문' '친노' 등등 언론을 통해 우리가 접하는 이런 용어는 특정 정당의 리더십을 둘러싸고 경쟁하는 계파를 지칭하는 말이다. 때론 이 계파 간의 투쟁이 정당과 정당이 집권을 놓고 벌이는 투쟁보다 더 살벌할 때가 있고 그럴 때 사람들은 지나친 계파 간의 투쟁이 정당정치를 해치는 것으로 받아들이기도 한다.

〈노유진의 정치카페〉를 탄생시킨 정의당 역시 계파가 존재하고,

계파의 이해를 중심으로 정당의 문제를 보려고 하는 계파주의가 존재한다. 방송에서도 자주 언급된 바 있는 정의당의 계파주의는 당대표 선출선거나 비례대표 국회의원 선출선거처럼 당원만이 선출절차에 영향력을 미칠 수 있는 과정에서 부정적 측면이 언급됐다. 계파로 동원되는 당원들이 국민적 관심과 이해를 외면한 채 계파의 이해관계에 매몰돼 자신의 투표권(당원의 권리)을 행사할 경우, 그 정당은 국민이 납득하기 어려운 생각과 능력을 가진 대표나 국회의원을 선출하며 국민의 지탄을 받게 되는 문제를 지적한 것이다. 이런 문제는 주지하다시피 과거 진보정당의 당대표 및 비례대표 후보 선출과정에서 반복됐던 현상이다.

주목할 것은 정의당이 〈노유진의 정치카페〉를 만든 이후 방송을 청취하고 정의당에 입당한 사람들이 줄을 이었다는 사실이다. 아주 개인적인 추측이긴 하지만, 현재 3만여 명으로 이루어진 정의당 전체 당원 가운데 3분의 1 정도가 창당 초기부터 활동했던 사람이라 생각된다. 그리고 〈노유진의 정치카페〉가 시작된 이후 당원으로 가입한 사람이 3분의 1, 노동조합과 단체 등에서 자신이 속한 단체의 집단입당 결정으로 당원이 된 사람이 3분의 1. 나름 꽤 멋진 황금비율이다.

이 가운데 〈정치카페〉 방송 이후 입당한 1만여 당원의 경우가 바로 '노유진계'이다. 이들은 당내 계파주의에서 가장 자유로운 당원 집단으로 평가되고 있다. 정의당 내부에 '어떤 주장이나 요구가 당 전체의 공감대를 획득하려면 상식과 합리성으로 무장한 당원들의 동의를 얻어야 한다'는 실질적인 구조가 생성된 것이다. 이 구조야말로 정의당을 '국민이 신뢰하는 현대적 진보정당'으로 발전시킨 원동력이라 생각하며, 그 중심에는 〈노유진의 정치카페〉가 있다고 자부한다.

20대 총선, 야권공영방송의 선거전망

아마 이 책을 받아 든 대다수 독자들은 2016년 4월 13일의 20대 총선 결과를 확인한 뒤에 이 글을 볼 것이라 짐작한다. 이쯤에서 한 가지 양해를 부탁드릴 것이, 글을 쓰는 백 PD의 현재는 총선까지 몇 회 더 제작을 남겨두고 있는 2016년 3월이라는 점이다.

총선이 한 달도 남지 않은 이 시점, 한국 정치는 요동치고 있다. 1번 당의 친박 공천과 2번 당에서 벌어진 사심 공천 논란은 93편 1부 타임라인에서 '거대 양당의 왕정 시대'로 묘사할 만큼 현대 민주주의와 동떨어진 후진적 양상으로 진행되고 있다(2016년 3월 14일 방송).

특히 기득권 유지와 분열주의로 점철된 야당들의 모습은 '정권교체야말로 현재 한국 정치의 대의'라 생각하는 대다수 야권 지지자들에게 큰 실망감을 안겨주었다. 이와 더불어 야당 주요 지지층의 투표열기에 찬물을 끼얹는 결과로 나타나지 않을까 하는 우려도 커지고 있다.

유시민 작가는 (구)새정치민주연합이 당내 혁신안을 놓고 본격적인 계파 갈등에 몰입했던 당시(정확히는 2015년 가을부터), 〈정치카페〉 타임라인에 객관적이고 정확한 정보와 분석내용을 제공하여 청취자들과 소통했다. 정의당이 제작하는 방송을 '남들 이야기'라 생각할 수 있는 제1야당인 새정치민주연합에 대한 내용, 즉 새정연의 혁신의제와 이를 둘러싼 갈등을 매주 연속으로 편성한 것 때문에 정의당 당원 청취자들 중 일부는 불만을 말하기도 했다. '굳이 다른 당의 현안을 〈정치카페〉에서 다뤄야 하는가?' 하는 것이 그 내용이었다. 그러나 새정치민주연합 당원들로부터는 '언론에서 들을 수 없는 우리 당 이야기를 정의당의 팟캐스트에서 들을 수 있어 다행'이라는 반응을 얻었다. 이 같은 제작 배경은 〈노유진의 정치카페〉의 신념을 보여준다. 박근혜 정부의 실정을 비판하고, 이에 대한 대안을 제시하며, 마지막으로 정권교체를 통해 민주공화국이라는 대한민국의 정통성을 지켜야 한다는 것이다.

노 · 유 · 진 세 공동 진행자는 정권교체를 해야 한다는 절박성을 인식하고 있다. 그리고 야당을 대표하는 제1야당은 좋은 정당이어야 한다는 것, 그래야만 야당끼리의 경쟁과 민생과 정치개혁이 좋은 결과물로 나타날 수 있다는 사실을 절감하고 있다. 바로 이러한 접근이야말로 〈정치카페〉가 정의당이 만드는 방송임에도 불구하고 당리당

략에 매몰되지 않는, 말 그대로 '공영방송' '공영팟캐스트'의 입지를 차지하게 된 비결은 아닐는지.

그러나 〈정치카페〉가 정의당 외의 야당들에게 보였던 호의는 하루하루 더 실망스러운 행태 속에서 그 의미를 잃어가고 있다. 총선이 한 달도 남지 않은 현재 시점, 왕정으로 복고한 더민주의 모습에 실망한 유권자들의 지지가 정의당으로 옮겨오며 정당 지지율도 탄력을 받고 있는 듯하다. 하지만 노유진이 그다지 기뻐하지 않는 이유도 바로 여기에서 찾아야 한다.

팟캐스트, 인터넷라디오를 위하여

〈정치카페〉 뒷이야기는 팟캐스트 혹은 인터넷라디오에 대한 이야기로 마무리해야 할 것 같다. 〈노유진의 정치카페〉라는 정치시사 팟캐스트 기획의 가장 근원적인 출발점은 바로 백 PD가 팟캐스트를 통해 느꼈던 재미와 즐거움이었다. 〈노유진의 정치카페〉가 세상에 나오기 전에도 백 PD는 이미 〈나는 꼼수다〉 〈이이제이〉 〈전국구〉 〈지대넓얕〉 〈그것은 알기 싫다〉의 열혈 청취자였다.

백 PD는 원래 신문기자 출신이었다. 10년 가까이 모니터 앞에서 텍스트를 만들고, 그 텍스트를 종이에 담아 대중과 소통하는 일을 업으로 삼고 있었다. 그러던 어느 날 불현듯 '팟캐스트'를 만나게 된다. 이 인터넷라디오는 신세계 그 자체였다. 논리적 글쓰기는 도저히 흉내조차 낼 수 없는 매체였다. 팟캐스트의 '수다' 혹은 '토크'의 힘이 보여주는 그 경이로움이란! 훗날 백 PD는 이 경이로움을 실천하는 데 성공했고, 그 결과물이 바로 〈노유진의 정치카페〉이다.

수다와 토크의 엄청난 힘은 스마트폰이라는 무소불위의 디바이스를 통해 지금도 정확한 정보와 재미에 목마른 사람들을 사로잡고 있다. 에피소드 다운로드의 규모와 청취자들의 사랑을 감안한다면 신문이나 방송은 이미 팟캐스트의 경쟁 대상이 아니다. 그리고 이런 흐름은 지상파, 신문, 방송 등 주류 매체가 지금처럼 저널리즘의 본분을 망각한 추태를 멈추지 않는 한 계속될 것이다. 물론 이런 흐름의 이면에는 팟캐스트에 대한 정부의 규제 시도라는 우려도 함께한다. 주류 언론의 팟캐스트 진출이 아마도 그 촉매가 될 것 같다.

그러나 우리는 믿는다. 정부의 규제 시도, 그리고 자본 혹은 주류 매체의 팟캐스트 시장 진출이라는 위험에도 불구하고 우리에게는 '청취자들의 힘'이 있다. 적어도 다가오는 2017년 대통령선거까지는, 이 힘이 팟캐스트라는 해방구를 충분히 사수해주리라 믿고 있다. 그리고 바로 그 힘만이 청취자들의 가장 강렬한 민원을 해결할 수 있다고 믿는다. '〈노유진 정치카페〉를 지상파방송에서 보고 싶다'는 민원 말이다. 그날을 기다리며 이 글을 끝맺는다.

노유진의
할 말은 합시다

초판 1쇄 찍은날 2016년 3월 25일
초판 1쇄 펴낸날 2016년 4월 1일

글 노회찬+유시민+진중권
디자인 김성엽의 디자인모아
펴낸이 박성신 | **펴낸곳** 도서출판 쉼
등록번호 제406-2015-000091호
주소 경기도 파주시 회동길 37-14
전화 031-955-8201 | **팩스** 031-955-8203
전자우편 8200rd@shim1101.com

ISBN 979-11-956682-4-3 03300